北京教育学院英语学科
市级骨干教师工作室研修成果

青年教师专业发展丛书

中学英语教学 设计优化策略

ZHONGXUE
YINGYU JIAOXUE
SHEJI YOUHUA
CELÜE

李宝荣 /主编

张敏　吴薇
/副主编

U0652395

北京师范大学出版集团
BEIJING NORMAL UNIVERSITY PUBLISHING GROUP
北京师范大学出版社

图书在版编目（CIP）数据

中学英语教学设计优化策略 /李宝荣主编 . -- 北京：北京师范大学出版社，2016.12（2025.8 重印）

（青年教师专业发展丛书）

ISBN 978-7-303-21558-4

Ⅰ.①中… Ⅱ.①李… Ⅲ.①英语课—教学设计—中学 Ⅳ.①G633.412

中国版本图书馆 CIP 数据核字 (2016) 第 278233 号

出版发行：北京师范大学出版社 https://www.bnupg.com
　　　　　北京市西城区新街口外大街 12-3 号
　　　　　邮政编码：100088
印　　刷：北京虎彩文化传播有限公司
经　　销：全国新华书店
开　　本：787 mm × 1092 mm　1/16
印　　张：21.25
字　　数：331千字
版　　次：2016年12月第1版
印　　次：2025年8月第8次印刷
定　　价：49.00元

策划编辑：郭　翔　　　　　责任编辑：齐　琳　刘卫珍
美术编辑：焦　丽　　　　　装帧设计：焦　丽
责任校对：陈　民　　　　　责任印制：马　洁

《中学英语教学设计优化策略》编委会

主　编

李宝荣

副主编

张敏　吴薇

编　委

（按姓氏笔画排序）

王玉萍　付　绘　关　媛　刘桂章　孙铁玲

邸　磊　杨彩春　李得武　易　燕　赵　盈

闻　超　秦月年　蔡　吉

前　言

　　根据《北京市中长期教育改革和发展规划纲要(2010—2020年)》(征求意见稿)和《北京市中小学教师"十二五"培训规划》(讨论稿)的精神和要求,"北京市中小学教师继续教育课程建设项目"英语学科子项目组制定了北京市中小学英语教师培训课程体系,旨在有计划、有步骤地提升北京市中小学英语教师的专业化发展水平,加强教师培训课程体系建设和新课程研发,提高培训的科学性、实效性和专业化程度,为北京市中小学英语教师培训项目的课程设计提供一定的参考。英语教师培训课程体系按照英语教师的不同发展需求和特点把英语教师的成长过程分为适应期、熟练期、成熟期、骨干期和专家期。本书中各章节的内容都是中学英语教师培训课程体系中的课程,力求帮助适应期、熟练期、成熟期的英语教师解决教学设计中的困惑与问题,以期提升其教学设计能力、教学实施能力以及专业发展能力。

　　适应期的教师一般是指刚参加工作的新教师到工作3年之间的教师。他们需要解决的问题主要是缺乏对英语教学的整体理解,缺乏教学实践经验,基本教学技能不熟练。此阶段培训课程的目标侧重点是帮助适应期教师了解新课程基本理念,形成必要的教学设计、实施常规技能,初步形成反思的意识和从听课中学习的意识和视角。熟练期的教师一般是指参加工作3年到6年,有了初级职称,教育教学技能比较熟练的教师。他们需要解决的问题主要是学科教学没有系统思路与系统规划,对教什么以及如何教缺乏思考与实践思路,教学方法、策略把握不到位,对学生缺乏系统关注与研究。此阶段学科培训课程目标的侧重点是使教师理解新课程理念，提升依据学生需求分析、教材分析确定教学目标、教学过程设计的能力以及教学实施技能，形成评价课堂教学效果、学生学习效果的初步能力，初步养成反思的习惯和一定的教学问题研究意识。成熟期的教师一般是指工作 6 年以上到工作 10 年，有了中级职称，教育教学经验比较丰富，但教学尚缺乏自己的特色和风格的教师。他们需要解决的问题主要是进一步提升其合理运用教材的能力、有效教学的能力、教育教学研究的能力。此阶段学科培训课程目标的侧重点是使教师在有效教学的理念与框架下，提升合理利用教材进行学生研究的能力，提升教学实施能力。此外，能对自己的教育教学进行反思和初步研究，形成以反思促进教学研究、教学改进的习惯。

本书的基本思路是以教学设计案例为载体，系统地探讨优化中学英语教学设计的策略。本书内容框架基本按照《义务教育英语课程标准（2011 年版）》中提出的学生综合语言运用能力发展所需要的五大方面——语言知识、语言技能、情感态度、学习策略、文化意识，同时加入了教学评价的设计和提升教学设计能力的策略——如何进行反思与听评课。

本书内容结构框架由李宝荣副教授、张敏副教授确定，全书由李宝荣、张敏、吴薇老师统稿、审校。参与编写的教师包括北京市中学英语骨干教师研修工作室指导教师——北京教育学院外语系李宝荣副教授、张敏副教授和邱磊副教授、吴薇副教授；北京市英语骨干教师——三位北京市特级教师，即北京市首都师范大学良乡附属中学闻超老师、北京市一六六中学赵盈老师、北京市第十七中学秦月年老师，五位北京市中学英语教研员，即北京教育学院石景山分院蔡吉老师、北京市东城教育研修学院关媛老师、北京教育学院丰台分院付绘老师、北京市东城教育研修学院易燕老师、北京市海淀区教师进修学校孙铁玲老师；以及北京市日坛中学杨彩春老师、清华大学附属中学永丰学校刘桂章老师、北京市第二中学通州分校李得武老师、中国地质大学附属中学王玉萍老师。

具体章节写作分工如下：张敏老师完成第一章第一节和第四章第二节，吴薇老师完成第一章第二节，闻超老师完成第一章第三节和第二章第四节，赵盈老师完成第二章第一节和第二节，杨彩春老师完成第二章第三节，秦月年老师完成第三章第一节，蔡吉老师完成第三章第二节，关嫒老师完成第三章第三节，付绘老师完成第三章第四节，邸磊老师完成第三章第五节，易燕老师完成第三章第六节，刘桂章老师完成第四章第一节、第六章第二节和第三节，李得武老师完成第五章，王玉萍老师完成第六章第一节，李宝荣老师完成第七章第一节，孙铁玲老师完成第七章第二节。

期待本书能够引发更多教师呈现教学智慧。

目录

CONTENTS

第一章　教学设计概述

第一节　教学设计的框架

【学习目标】
- 理解教学设计的内涵
- 掌握教学设计的整体框架与具体要点

【内容要点】
- 教学设计的内涵
- 教学设计的基本内容

一、教学设计的内涵

(一)教学与设计

　　教育是人类有目的的活动，教学是学校教育最主要的教育活动，具有明确的目的。教学目的表现为不同的教学目标，这些教学目标需要经过精心预设的教师的教学活动和学生的学习活动，以及师生的互动才能达成。教师作为教学的指导者，要设计出系列的活动以引导学生进行学习。学生在教师的指导之下，达到知识与技能、过程与方法、情感态度与价值观统一的学习目标。

信息科学技术的发展为教学提供了大量的教学技术。教学要采用一定的教学策略，并借助现代的教学技术，才能更好地达到教育的目的。教学活动是否达到了预设的教学目标，需要通过教学评价来验证。评价不仅可以检验教学活动是否达到既定的教学目标，而且可以检验教学的成果。

教学活动具有明确且已知的教学目标。教学计划是基于教学内容、教学条件、教学对象等已知条件而制订的，这种制订计划的活动就是对教学活动的设计。

(二)教学设计与教案

教学设计是教学前教师对教学进行的研究，以使学生能高效率地开展学习。具体而言就是分析教学对象的特点和知识结构层次，依据分析结果和英语教学基本规律设计教学目标和教学重难点，然后围绕教学目标策划教和学的教学过程，系统规划所要采取的教学策略、教学步骤及所使用的教学资源等，同时还要策划评价教学实施的结果。教学设计是将教学过程系统化、程序化的过程，同时也是将一节课的教学设计得完整、流畅、有条理性、有层次感的过程。教学设计能够减少教学的盲目性和随意性。教学设计为新课程以学生为主体，以启发、引导为宗旨的教学理念的贯彻与实施提供了科学的方法。

教案是教学设计中的一个重要部分。教案可以解释为教学方案，主要聚焦于教学内容与教学过程，涉及教学内容与方法；教学设计不但包括教学过程，也包括教学指导思想与理论依据、教学背景分析、学生需求分析、学习内容分析、教学方法与策略的选定、教学资源的设计与学习效果评价等。但是，教案只局限于课堂的"教"，而教学设计所包含的内容更广泛、全面，不仅能够使教师明确教学内容与方法，而且通过教学设计，教师对教学的依据会更加明确。

二、教学设计的基本内容

教学设计由三个基本部分组成：分析、设计和评价。分析是指对教学背景、教学内容及教学对象的分析；设计包括教学目标的设定，为达到教学目标所要实施的教学过程，即采取的教学步骤、选择的教学策略（教学模式或教学方法）及教学资源；教学评价设计是指设计出检验学生的学习是否达到了预期结果的方法。这三个基本组成部分互相联系，构成教学设计的基本框架。（鲁子问，康淑敏，2008）

（一）分析

1. 学习内容分析

《义务教育英语课程标准（2011年版）》（以下简称《课程标准》）规定，英语课程的学习内容包括语言知识、语言技能、情感态度、文化意识、学习策略五个层面。具体的学习内容是课程标准规定、通过教材实现的语言材料。进行学习内容分析的目的是要使教师和学生明白教和学的内容和策略。学习内容分析和教学目标密不可分。

进行学习内容分析时，教师首先要分析这节课的内容在整个学科教材中的地位，即本节课的学习内容与以前学习过的、今后将要学习的哪些内容有联系。这种"联系"包括三个层次：本节课内容在整个学科教材体系的地位和承上启下的作用，本节课的内容在所教学段中所处的地位和作用，本节课的内容在这个知识单元中所处的地位关系和作用。其次，教师要分析这一节课的内容期望达到的广度和深度，即在对上述整体联系的理解之下，确定本节课学习的内容与其他哪些内容要建立宽泛的观念联系以及需要达到的理解深度。最后，教师要梳理和研究诸多内容目标，分析这些教学目标中本节课在有限时间内需要重点完成和附带完成的内容。通过这样一个从整体到局部的内容分析，教师最终确定本节课的教学目标，清楚地知道自己制定的这些目标背后的知识脉络关系。在这个过程中，教师要明确需要重点完成的内容目标应该指向学科内容本质。在学习内容分析的基础上，教师要进一步做教学对象分析。

2. 学生分析

学生是学习的主体，学生分析是成功开展教学设计的一个重要因素。使学生学得更好，达到更好的教学效果是教学设计的中心内容。学生分析是整个教学设计的起点。因为只有准确把握学生的英语学习特征，才有可能设计符合这一特征的教学目标、教学策略、教学技术、教学过程与评价标准。教学设计的一切都基于学生的特征分析。

学生分析包括一般分析和具体分析。一般分析是对所教学生的个性特征、兴趣、信心、学习动机、学习风格、学习方法、认知能力和认知水平及语言知识所处水平的分析。学生分析通常在教师最初接触学生时开展。具体分析是在开展一个具体教学内容前分析学生的学习需求、目前相关知识与能力所处的水平、与预期目标之间的差距及其认知特点。同时，还要对学生在学习新语言知识时可能会出现的困难做出分析，确定他们的学习起点，并在此基础上制定教学目标，选择教学策略及教学资源并设计各个教学环节。学生分析要依据面向全体的原则，针对各类学生的学习起点，能够掌握都要对哪些内容进行具体的分析。

3. 学习需求分析

学生学习需求分析是通过调查与分析确定学习目标与学生起点水平之间的差距。学习目标的确定是学习需求分析的关键，确定学习目标需要考虑学生发展的需求，以及教学设施、教学媒体、教学材料、学生学习动机、家庭背景等教学活动的情况和条件。只有充分考虑这些因素的制约和促进作用，才能确定合理、科学的教学目标，进而通过教学活动达成教学目标。

(二)设计

设计是教学设计的关键环节，是对教学全过程进行设计，包括教学目标、教学策略(含各种教学活动)、教学过程、教学技术等。

1. 教学目标的设计

正确的教学目标是有效教学的基础，是课堂教学的关键。要确定教学目标，首先必须明确课程目标，将教材中的单元目标与课程目标相比较、联系，然后根据教材的具体内容确定单元教学目标。如果教材与新课程标准的要求一致，在确定单元教学目标和课堂教学目标时，就可以首先分析教材中的教学活动和认知层次，然后根据活动要求明确教学目标，将目标具体为行为表现。

其次，就英语课程而言，每一单元、每一堂课的教学目标还必须采用行为动词的表述方式，避免抽象概括的表述，如"理解""掌握"等；表述要以学生的学习所得为对象，而不能以教学行为为对象，如"培养""训练""激发兴趣"等。

2. 教学策略的设计

教学策略是为了完成教学任务、实现教学目标而采取的教学活动的程序、方法、形式和媒体等教学因素的总体设计，包括对知识与技能教学内容的序列设计，对教学活动过程的系统问题和期待的学生反应的设计，对媒体呈现信息方式的设计，对教学组织形式的设计，即课时的划分、教学顺序的设计、教学活动内容的选择以及活动方式的设计。

教学策略设计必须基于教学目标，切合教学内容，适合学习者特征，还要考虑实际教学条件的可能性，创造性、灵活地设计、安排教学活动，巧妙设计各个环节，合理安排相关因素，形成系统、总体的设计，使之发挥整体教学功能。

教学策略可以分为：组织教学过程、安排教学顺序、呈现特定教学内容的教学组织策略，确定教学信息传播形式和媒体、教学内容展开顺序的教学传递策略，将教学组织策略和教学内容传递策略协调起来的教学管理策略。

3. 教学过程的设计

教学过程的设计是教师依据英语学习的基本规律，系统、有层次地向学习目标推进的过程，内容包括教学环节的设计，教学活动的安排，教学各阶段、各步骤之间的过渡与衔接的设计等。教学设计的成果可以用教学流程图来展现。教学过程要有一定的层次性，每一层次间的过渡要流畅。教学过程设计主要解决"怎么学"和"怎么教"的问题，即在整个教学中如何调动学生的学习兴趣，激活学生的相关知识，使学生有效地感知、理解新的语言知识和学习内容；如何创设情境，使学生在贴近生活的情境中操练和巩固知识，训练和提高技能。教学过程是为实现教学目标而开展的多个教学活动组成的连续过程，这也是《课程标准》倡导的强调学习过程的英语教学途径。

4. 教学技术的设计

教学离不开技术，无论是传统的黑板、粉笔等板书技术，还是现代电子技术、互联网、多媒体技术的使用，都有助于提高教学的有效性。所以教学设计需要教学技术设计。

教学技术设计包括教学媒体的选择与使用和运用教学媒体辅助教学活动的设计。教师应基于学习目标、学习内容、学习者特征和教学策略与教学过程的设计，依据各种教学媒体所具有的教学功能和特性选择教学媒体，设计教学媒体辅助活动。各种教学媒体对于教学的功能不同，效果不同，各有所长，没有适用于所有教学内容和教学情境的媒体，也没有必不可少的媒体，只有有效的媒体和媒体的有效使用。

教学媒体的选择与教学媒体辅助教学活动的设计直接影响学习目标的达成以及教学策略的实施。在英语教学设计中，由于视频、音频媒体是语言教学的重要媒体，所以对于这些媒体的设计与选择非常重要，但是不能为了技术而选择技术，而应该以教学需要为依据选择和使用教学媒体。

(三)评价

评价是英语课程中重要的有机组成部分。科学的评价体系是实现新课程目标的重要保障。传统的英语教学评价就是单一的考试，只单纯注重对学生的语言知识结构的考查，忽视了人文性。新课程标准要求教师要更新评价理念，采用形成性评价与终结性评价相结合的形式，既要关注学生学习的结果，又要关注学生学习的过程；既要关注学生基础知识和基本技能的掌握，又要关注学生在语言实践活动中表现出来的分析问题、解决问题的能力与情感态度和价值观等方面的发展，实施对教学全过程和结果的有效监控。通过评价使学生在英语课程的学习过程中不断体验进步与成功，认识自我，建立自信，促进学生综合语言运用能力的全面发展。

学生是学习的主体，同时也是评价的主体。评价的最终目的是为了促进学生全面发展。英语学习中过程评价的意义要远远高于终结性评价。进行教学设计时，教师不要忽略积极的评价对学生的激励作用，要用科学的方式对学生学习过程中的优点和进步进行评价，而不是单一地用考试这一终结性评价方式来评价每个学生。通过形成性评价手段，使学生明确学习过程中自己的长处和不足，并及时反思、调整，更加自主地进行学习，从而取得不断进步。教师也能够及时获取英语教学的反馈信息，对自己的教学行为进行反思和适当调整，促进教师自身教学水平的不断提高。

思考与实践活动

一、结合本节内容，请思考以下问题：

1. 什么是教学设计？

2. 教学设计包括哪些方面？

二、实践活动。

请你根据某次教学设计分析以下方面：

1. 该教学设计是否包含了教学设计中的主要方面；

2. 分析该教学设计中的不同组成方面及相互之间的关系和影响；

3. 分析该教学设计的优势和不足，进一步明确教学设计的理论和实践关系。

参考文献

中华人民共和国教育部．义务教育英语课程标准(2011 年版)［M］．北京：北京师范大学出版社，2012：5.

鲁子问，康淑敏．英语教学设计［M］．上海：华东师范大学出版社，2008：46.

第二节　教材分析与利用

【学习目标】

· 正确认识教材的作用，形成教学内容价值分析意识

· 尝试运用纵向、系统的分析方法，把握教材内容的多元价值

· 形成创造性使用教材的意识和初步能力

【内容要点】

· 教材分析的必要性

· 阅读课教材分析中的问题及分析

· 提高英语教师教材使用能力的建议

一、教材分析的必要性

新课程改革以来，优化课堂教学、提高教学实效是广大教师追求的目标。而合理的教学设计和有效教学实施的前提和基础是对教材内容的合理分析和开发。《课程标准》指出，深入开展教材分析，把握教材设计理念，熟悉教材编排特点，了解教材所提供的资源是教师有效利用和开发教材的前提。教师只有深入研读教材，才能在教学中根据学生的水平和教学需要，对教材进行合理开发与利用，通过教材更好地激发学生的学习兴趣，开阔学生视野，拓展学生思维，满足不同学生的学习需求。

教材是教师开展教学的载体和依据。教师合理分析教材，对教材提供的素材的利用价值进行正确判断，能够确保教学目标的准确定位，进而有效设计课堂活动。可以说，高效的课堂教学始于准确、合理、有效的教材分析。目前英语教师都具有教材分析的意识，但笔者在课堂观察中发现教师在教材分析的具体操作层面仍存在一些问题。下面笔者结合实例探讨在阅读教学中教师分析教材时出现的问题，并提出相应的对策建议。

二、阅读课教材分析中的问题及分析

(一)对阅读文本的体裁定位不准确

教材是编写者经过从理论到实践的多重思考与验证的产物。教学时教师要依据《课程标准》的内容和要求，认真研究教材的编写意图、任务、活动说明，结合学情，用好教材。"分析篇章体裁是整体把握语篇的一种有效方法。在理解篇章主旨大意后，对语篇的细致学习有助于学生获得新的阅读能力，也是提高学生写作能力的最佳途径"（王媛，2009）。阅读教学中，教师首先要尊重教材，对阅读语篇内容进行客观、细致的分析，明确作者的写作意图，充分运用教材的现有内容实现教学目标，促进学生的英语学习。笔者在课堂观察中发现，一些教师对阅读文本的体裁定位不准确，一定程度上是由于教师仅凭自己以往的经验、主观判断或主观感觉进行阅读语篇的教学，忽视对文本体裁的分析与把握，或者文本体裁分析准确性不高，导致教材利用思路不合理，无法体现教材编写的本意，因而无法真正实现教材对学生发展的教育意义。

【案例 1】

某教师在执教人民教育出版社(以下简称人教版)八年级英语下册第 9 单元 *Have you ever been to Disneyland* 阅读课时,将阅读文本定位为介绍迪斯尼乐园的广告宣传性质的语篇。基于这样的分析将课文进行了改写,以突出对迪斯尼乐园各种活动的介绍。改写后语篇末尾段突出了主题:迪斯尼乐园对于不同年龄的游客来说都是一个游乐胜地。语篇中用黑体字强调关键词句,供学生读后进行输出活动时模仿。

在教学过程中,第一遍阅读时,教师让学生总结每一段的大意,并总结出全文的主题句,即 It is just so much fun in Disneyland! 第二遍阅读时,教师设计了细节阅读问题让学生回答,并思考如下问题:What's the purpose of this article? 教师给出的四个选项分别为:

A. To tell about all the activities you can do in Disneyland.

B. To explain why Disneyland is so much fun.

C. To tell the readers why Disneyland is so popular.

D. To attract more tourists to visit Disneyland.

教师给出的正确答案为 D。

读后输出环节,教师组织小组竞赛活动,要求如下:

Group work:Write an ad for Beijing.

1. Introduce 4 most attractive places / things to foreigners.

2. Further develop your introduction by adding detailed information.

3. Introduce something special in Beijing.

4. Don't forget to express the feelings.

【分析】

本案例中的文章是一篇事物说明文,主要对迪斯尼乐园主题公园(theme park)进行说明。文中提到的 Disney movies, Disney characters, Disney restaurants, Disney gifts, Disney cruise 等都是在迪斯尼主题统领下的活动,以说明迪斯尼乐园与一般性的游乐公园的不同之处。阅读任务的标题 Read this article about a theme park. Circle the places, things, and activities you think are interesting. 也突出了文章意在说明主题公园的特

性，让读者通过阅读了解到人们可以在主题公园中放松身心，同时从娱乐中获得主题下的知识和必要体验。教学中教师应该在话题信息方面突出主题公园与普通游乐园的不同之处，帮助学生对主题公园有更全面深入的了解。

从教学活动设计中可以看出，教师侧重对迪斯尼不同活动的介绍，以吸引更多游客前往。但是语篇的改写可能会改变文本体裁以及作者的写作主题和写作意图。就本文而言，作者要引导读者关注迪斯尼主题公园的独特之处。如果依照案例中教师的思路开展教学，则更多地关注如何介绍某一地点，以引起读者兴趣。这样的教学会对学生有所误导，不能准确理解作者的写作意图。经常出现这种问题，会直接影响学生对文本理解的准确性。该教师改写语篇是受本单元"自我检查"(self check)部分 *Have you ever been to Singapore* 阅读语篇的影响。尽管两篇文章的题目写法相同，但作者的写作意图不同。后一篇文章具有鲜明的广告宣传特征，作者要唤起更多中国人去新加坡旅游的热情。

初中英语教材中涉及的文章体裁主要有记叙文、说明文、议论文，以前两类居多。记叙文以叙述为主要表达方式，以描述人物经历和事件发展变化为主要内容。"说明文要解决两个问题：一是解释'某事物是什么'；二是该事物由何组成、功能如何、有何特征、怎样使用等。因此，说明型篇章的目的在于解释，使读者明白或理解作者所说明的事或物。"(戴军熔，2012)议论文主要针对某一问题或事件进行分析、评论或驳斥，表明观点、立场和看法主张。不同文体的特征和结构、写作目的、表现手法及语言特点各不相同，不同体裁阅读文本的教学重点也应有所侧重。例如，记叙文要关注时间、地点、人物、关键事件等记叙基本要素；"说明文要求学生能够对一些较为客观的事物和现象有所了解；议论文要求学生能够通过阅读来了解和把握作者的观点，并能够用自己的语言对这些观点进行适当的评论。"(何亚男等，2010，转引自蔡美莲等，2013)"在平时的有的教学中，教师可以根据不同体裁，把课文进行分类，设计出不同的阅读要求，从体裁角度出发，给予学生必要的阅读指导，从而使学生掌握不同文体的阅读方法。"(庄志琳等，2011)在此基础上引导学生进行有效的知识和能力迁移。

(二)对阅读文本的结构分析不清晰

"不同体裁的文章都会遵循一定的结构，甚至相同体裁的文章也会采取不同结构。例如，记叙文可能会采取顺叙、倒叙、插叙等方式"(蔡美莲等，2013)；说明文的结构通常包括总分式、总分总式、分总式、并列式、递进式等；议论文的基本结构形式包括总分式、并列式、递进式、正反式、对比式、归纳式、证明式等。文本结构的安排蕴含了作者的行文思路以及观点表达的技巧，有助于达成其写作目的。"通过解读文本结构厘清文章的基本线索与脉络，有助于掌握篇章知识，整体把握文本的语言如何铺陈、篇章结构如何搭建"(戴军熔，2012)，并促进学生写作能力的提升。在教学中如果教师对文本结构分析不清晰，文脉把握不准确，对于学生理解作者的写作意图，以及写作技巧的培养都会产生负面影响。

【案例 2】

某教师在进行人教版七年级下册第 8 单元 *Maybe you can learn to relax* 阅读语篇的结构分析时，将第一段定位为对学生参加课外班现状的描述，第二、三、四段是三个人从不同角度表述对于学生参加课外班学习的不同观点。本课教学要求学生在理解不同人对参加课外班所持观点的基础上表述自己的观点。基于这样的结构分析，该教师把教学目标确定为：

①通过阅读，学生能够找到每一段的主题句及文章主线。

②学生能够总结出不同人对于学生参加课外班的不同观点。

③学生能够自主表达自己的观点：同意或者反对参加课外班，并给出理由。

【分析】

仔细阅读文本可知这是一篇事理说明文，即向读者阐述某一客观事理。文章呈现了学生参加课外班学习、承受压力这一世界范围内的普遍现象，而无论普通人还是专家学者都认为压力过大对于学生来说无益，进而启发读者思考如何进行减压、放松。整个语篇沿着这条主线脉络展开。文章采用了递进式结构。前两段描述中国和美国学生参加课外班学习的现状，其中第二段隐含了美国家长对于孩子参加课外班学习、承受压力这一现状的一种无奈心情；第三、四段分别从普通人和专家学者的视角，表达他们对学生参加课外班这一现象持有的观点。文章引导读者思考在这样的现实情况下，如何通过不同方式减压。正如标题 *Maybe you can learn to relax* 所示：或许你可以学会放松。如果按照该教师教材分析的思路，教学设计和实施围绕着该不该参加课外班展开，就很容易偏离作者的写作本意，达不到针对"学生承受的压力大"这一问题提出建议、解决问题的目的。

不同体裁的文章具有各自的文体特点。作者为了清晰地阐述自己的观点，也会采用最合适的结构组织语篇。对于读者而言，如果仅从词汇、句子的角度去理解语篇，那么只能停留在文章表层信息的加工层面，并不能完全解读作者的写作意图（廖少云，2012）。通过解读文本结构，根据文章大意总体把握语篇，能够从宏观上解析作者写作的主题立意，在此基础上把握篇章的结构组织和脉络，更好地理解文章。因此，建议教师开展"语篇理念下的阅读教学，强调语篇结构和语义的完整性，在阅读中超越句子层面的理解，走向以语篇为单位的整体阅读理解"（戴军熔，2012）。在这一过程中，教师可以关注文章标题、阅读活动要求等提示性信息，从中获取文章主旨的相关线索。另外，建议中学英语教学采取集体备课的方式，在个人理解的基础上共同研讨，以达成理解上的共识。

(三)对阅读文本的利用价值挖掘不充分

教材中的阅读文本不但是学生在语境中学习词汇与语言结构的载体，也是学生开阔视野、发展思维、丰富人文知识的媒介。教师要深刻理解新课程理念，依据《课程标准》中英语学科的五维教学目标，即语言技能、语言知识、情感态度、学习策略和文化意识进行教学内容利用价值的分析和定位。在教材分析时教师容易产生的一个误区是过于偏重对语言知识的解读，忽视教材文本的其他教育功能。还有的教师由于学生基础比较薄弱，对教材的分析仅停留于文本信息的表层提取，不进行语言深层含义的挖掘。长期如此导致的直接后果是学生的思维仅停留于浅层次。实际上，学生的思维培养应长期贯穿于教学活动的始终，不能因为学生基础薄弱或者年级低就弱化或者放弃对学生思维能力的培养。仅仅关注表层语言知识的教学体现了教师狭隘的语言教学观，无法实现培养学生综合语言运用能力的英语课程总目标。

【案例 3】

仍以人教版七年级下册第 8 单元 *Maybe you can learn to relax* 为例。在第一遍阅读环节中教师设计了填表格活动。

Paragraph 1：Chinese children are busier on weekends because they take _____ .

Paragraph 2：Taylor thinks the activities are _____ for children's future.

Paragraph 3：Linda Miller thinks parents _____ too hard.

Paragraph 4：Dr. Alice's opinions about _____ for children.

在第二遍细读环节中教师针对四个段落分别设计了如下活动。

Paragraph 1：Answer the questions.

1. Are Chinese children sometimes busier on weekends than weekdays or not?

2. How many kinds of after-school classes are mentioned in paragraph 1? What are they?

Paragraph 2：Fill in the tables.

Questions	The Taylors
What did the children do?	
What does Taylor think of activities? Why?	

Paragraph 3：Answer the questions.

1. When does the competition start and continue?

2. What do many mothers do to continue the competition?

3. What does Linda Miller think of parents' pushing their children so hard?

Paragraph 4：Decide whether the sentences are true or false.

1. Doctors think too much pressure is good for Children's development.

2. Dr. Alice believes it's normal for parents to expect their children to be successful.

3. He agrees that it's important to have successful children than happy children.

4. Dr. Alice agrees with Linda.

随后的读后活动教师组织学生小组讨论，完成两个任务：首先每位小组成员在组内就学生是否应该参加课外班和课外活动发表自己的观点并说出理由，各小组将讨论情况以表格形式记录下来；之后每个学生根据自己小组的讨论情况完成书面报告。

【分析】

从以上教学活动可以看出，教师在组织阅读教学过程中更多地关注事实性信息的提取，没有多角度对文本进行充分利用。此文的整体框架是陈述事实，提出问题，通过对事实现状以及不同人观点的阐述引发读者对问题的思考，从而得出解决问题的办法，培养解决问题的能力。教学中可以设计活动引导学生从文章中寻找有关信息，理解大意，之后引导学生体味文章的观点如何提出，框架如何搭建，哪些句子最能够代表作者的写作意图。对全文脉络的梳理不仅有助于学生理解语篇，而且对写作结构的构建、行文的逻辑性、论述的充分性等能力的培养也非常有益。

另外，可以充分利用本语篇培养学生猜测词义的策略。教材文本呈现了这一培养目标，并设计了相关练习活动。"能根据上下文猜测生词的意思"是《课程标准》四级读的技能要求之一。需要注意的是，词义猜测一定要置于文本语境中进行。这样做的目的是培养学生进行自主阅读时，不会因为有生词而产生焦虑，干扰正常的阅读进程。

此语篇还可以用来培养学生基于阅读文本中提取的信息及词汇、结构和语句表述自己观点的能力。原文中的一些词块，如 take after-school classes，learn exam skills，practice sports，sports training，compete and win 以及不同人表述观点的语句，如 Maybe I should cut out a few of the activities，but I believe these activities are important for the future. Although it's normal to have successful children, it's even more important to have happy children. Kids should have time to relax and think for themselves. Parents should just let their kids be kids. People shouldn't push their kids so hard. 等都是用来表述观点的很好的素材。

本阅读语篇还具有进一步提高学生发现问题及解决问题能力的价值。本单元的话题是 give suggestions。通过阅读语篇，学生应该对目前存在的问题有所认识，并提出相应的解决建议。可以让学生通过讨论意识到压力过大会产生一系列问题，并就如何解决这些问题给出一些建议，如平时生活中尽量平衡学习和休闲的关系，劳逸结合；在学校认真听讲、提高效率，就可以减少参加课外班；课后多参加课外活动放松身心，形成良性循环等。

教师进行教材分析时要具有整体和全局意识，多元切入教学内容，进行科学、合理的分析。"中学英语教材中的多数内容具有多种教学利用价值，可以帮助教师实现不同维度的教学目标。教师可以分析教学内容的多元利用价值，从中确定教学内容的重点利用价值"（李宝荣，李慧芳，2011）。教师可以站在教学的角度思考这些问题：文本是什么体裁？其话题、主线是什么？文化背景如何？有哪些需要重点学习的语言结构和功能？需要提取哪些重点信息？教学中应重点关注的学习策略是什么？如何确定语言技能训练点和拓展点？教学内容是否具有文化意识培养的利用价值？学习内容对于学生情感态度与价值观的养成有哪些挖掘点？

（四）忽视从文本特征中获取信息

文本特征（text features）是指对印刷材料的改变带来的不同于标准印刷格式的视觉效果，包括对印刷页添加的一些视觉特征，如黑体字、下划线、斜体字、不同字形、字号，以及图片、图形、图表、工具栏、线条、提示框、说明、表格、图案、颜色等（Field，2007）。文本特征可以为教材分析提供一定的依据，帮助教师定位教学目标、设计教学步骤。教师进行教材分析时可以关注标题、小标题、插图、表格、特殊的字体、符号、标点、字体颜色、活动指令等文本特征，从中提取有价值的信息。但有些教师进行阅读教学时，往往直接进入文本段落的阅读，忽视了文本特征蕴含的信息，没有发挥文本特征应有的价值。

【案例 4】

人教版七年级下册第 12 单元 *What did you do last weekend*？Section B 的 2b 阅读部分 *A weekend to remember*。某教师进行本课教学时，先与学生自由交谈，讨论周末如何度过，然后直接进入阅读环节。第一遍要求学生速读，并根据自己的理解将所给的与课文情节相关的图片排序。第二遍向学生提出如下细读问题并要求学生依次回答。

1. Why did they have a trip?

2. How was Lisa's weekend?

3. What did the family do on the first night?

4. Why did Lisa and her sister get a surprise?

5. How did Lisa feel when she saw the snake?

6. What did their father do? Why did he do that?

7. What lesson did Lisa learn from the weekend?

8. What would you do if you sat under the moon?

9. Before this lesson，what will you do if you find a big snake is next to you?

【分析】

本文是一篇记叙文，主要叙述了丽莎（Lisa）和家人在一次野营中遇到蛇以及应对这一情况的事情。教师可以先引导学生通过关注标题对内容进行预测，为什么是难忘的周末？题目可以说明此次周末活动不同一般。然后再进一步利用标题引导学生思考如何在写作中紧扣主题。与一般周末相比，难忘的周末有哪些与众不同之处？是否有特别值得回忆的事，让人感到开心、难过或沮丧？是否有特别深刻的教育意义？等等。通过教师的引导，学生一方面能够关注阅读篇章的结构，另一方面能够学习到一些相关的写作技巧。教师再提示学生观察课文右上方带有蛇的图片，进一步进行预测。学生根据这些线索带着猜测去阅读，而且在阅读中不断验证自己的猜测，能够引发并保持阅读兴趣。

教师进行教材分析时要关注文本特征，从中寻找文本分析的切入点，获取教材分析的线索和依据。例如，很多情况下，文章的标题体现了语篇主旨和作者的写作意图，是文眼所在。学生进行阅读时首先看到的是文章标题。因此，阅读前教师可以引导学生从观察分析标题入手，利用其已有的背景知识以及对即将学习的主题所了解的信息预测课文内容，使已有知识储备与篇章间建立关联，充分激活已知。另外，中学英语教材中都配有大量插图，较为直观、形象地呈现了教学语篇的情境，能够帮助学生理解教材内容。有的教师在授课过程中虽然也利用插图，但处理较随意或简单，仅仅一笔带过。如果教师充分利用插图以及其他文本特征，可以很好地发挥其辅助教学的作用。

(五)忽略对教材提供的活动的分析

教材分析除了针对教材文本语料以外，还包括教材提供的练习、活动等素材。有的教师不认真分析教材，完全按照教材编排的活动从头至尾按部就班进行教学；也有的教师不考虑教材编者的意图，将教材活动完全弃之不用，另行编排练习和活动。这两种做法都没有体现教材活动应有的地位和作用。教材是实现教学目标的重要材料和手段。教师要善于根据教学的需要及学生现有水平分析教材活动的合理性，并进行适当取舍和调整。

【案例 5】

人教版八年级下册第 9 单元 Self Check 部分 *Have you ever been to Singapore?* 是一篇意在吸引更多中国人去新加坡旅游的语篇，属于旅游宣传手册性质的应用性说明文。文章的四个段落分别说明了新加坡的语言、位置、人口、食物、夜间动物园及天气情况。教材 Section 3 After You Read 部分安排了以下读后活动：

3a Complete the word map with the words from the reading.

3b Now add more words that you know to each group above. Compare your words with your partner's.

3c The statements below are all false. Using information from the reading, write four true sentences.

(1) Singapore is a big country in Europe.

(2) In Singapore you can only find Japanese food.

(3) It's good to see lions and foxes during the daytime because they'll probably be awake.

(4) It is best to visit Singapore in autumn.

教材 Section 4 部分安排了写作练习：Write an ad for your hometown or for a place you have been to. Include details about why people should visit there.

【分析】

上述教材活动的设计存在一定的问题。首先，读后的 3a 和 3b 两个问题均为针对词汇的练习。阅读教学的第一步应该是阅读理解活动，而整个活动设计中只有 3c 属于阅读理解活动，还被放到了第三个练习的位置。如果按照教材提供的活动顺序开展教学，学生的注意力从一开始就聚焦于对词汇的关注，而不是对全文内容的理解。此外本活动设计也缺乏一定的梯度。阅读语篇的教学中要有词汇知识的学习，但是词汇学习应该在语境中开展。其次，作为阅读课，活动和任务要体现对阅读理解过程的检验。对于 3c 中的（1）和（4）两个问题，稍有常识的人不必阅读语篇也可以给出正确答案。而且 3d 直接要求学生进行介绍某一地点的写作，缺乏给予学生一定的语言支撑和写作前的铺垫。如果教师完全按照这样的步骤教学的话，学生的写作很可能根本无法开展。

教材是组织教学活动的重要依据，但是有时教材活动本身的编排可能会存在一些不足，如"内容的难易度和梯度不适当，教材的整体性与延续性有欠缺，某些教学活动的可操作性不强，内容缺乏时代性，某些语言素材缺乏真实性等"（程晓堂，孙晓慧，2011）。教师在教学中要依据《课程标准》不同级别对应的要求，根据教学目标定位及学生的实际水平和学习需求，科学、客观地评价教材，对教材活动进行适宜性调整，如教材整体编写的逻辑性、系统性，选材的趣味性、科学性，语言知识的前后关联性、复现程度，话题螺旋上升的递进性，各部分活动设计的整体性、活动的合理性等，在此基础上对教材提供的材料和活动进行客观、科学的判断和适宜性分析，确定材料是否与自己学生的水平匹配，是否能够辅助达成教学目标，然后再进行教学设计。

三、提高英语教师教材使用能力的建议

《普通高中英语课程标准》（实验）（以下简称《高中英语课标》）对教材的使用建议为：教师要善于结合教学实际的需要，灵活地和有创造性地使用

教材，对教材的内容、编排顺序和教学方法等进行适当的取舍与调整。具体建议包括以下四项：对教材内容进行适当的补充和删减，替换教学内容和活动，扩展教学内容或活动步骤，调整教学顺序。教师在实践中要有系统地分析教材的思路，才能够具有取舍、调整教材内容的能力与策略，实现创造性利用教材与提升教学实效之间的和谐。笔者提炼出以下提高英语教师教材分析和使用能力的建议。

（一）正确认识教材作用，形成教学内容价值分析意识

要合理利用教材内容，教师首先要正确认识教材的作用。教材是教学内容的载体而不是目标，所以要"用教材教，而不是教教材"。教师还要有教学内容价值分析意识，即有意识地分析教材各部分内容可以用来做什么，可以用来实现哪些目标，并依据学生实际发展需求对这些目标进行取舍与整合。不同版本的教材在《课程标准》的统摄下，以不同的内容作为呈现《课程标准》话题、语法、词汇、各种阅读技能以及学习策略、文化意识培养的载体，如何合理分析、利用教材内容更好地为自己的教学目标服务是教师要思考、解决的问题。教材中的一些内容存在不系统、没有层次等问题，教师要有意识地建构起适合学生发展需求的分析、合理整合教材内容的思路与创造性利用教材的策略，而不只是思考如何实施教材中的教学任务。没有对教学内容多元利用价值的分析意识，教师就会盲目地照搬教材内容，造成教学目标缺失或者教学过程缺乏整体性与层次性，活动任务设计随意，导致教学实效低下。

（二）运用纵向、系统的分析方法，把握教材内容的多元价值

《课程标准》总目标是培养学生的综合语言运用能力，包括语言知识、语言技能、情感态度、学习策略、文化意识五个方面。依据《课程标准》内容要求，教材中每个单元的内容都有多元利用价值。中学阶段教材的多数教学材料具有多样的教学利用价值，如各种阅读、听说技能培养价值，词汇、语法等语言知识学习价值，话题语篇结构框架分析引导价值，话题信息捕捉、学习价值，各种学习策略培养价值以及情感态度培养、引导价值等。这些内容可以用来帮助教师实现不同的教学目标，促进学生知识、技能的发展。教师要结合《课程标准》话题项目表中的内容，分析教材内容的

多元利用价值，并不断自我诘问：本单元教材内容可以用来实现哪些目标？培养学生哪些知识和技能？从而确定教学内容的重点利用价值。

要分析教材内容的多元利用价值，教师要有从小学到高中的纵向教学观，要了解《课程标准》中的话题在小学、初中、高中的呈现方式、语篇结构特点、语言重点、承载了何种语法现象等，纵向系统地分析、把握教材内容的价值，在分析教学内容时才能够做到合理取舍，合理确定重点，而不是依据方便开展教学或者仅凭主观判断确定教学内容以及重点。

(三)创造性使用教材，提高教学实效

有了正确的教材观及教材内容多元价值分析观与分析方法，教师还要依据教学目标、学生水平、实际教学需要创造性地使用教材，通过落实教学内容重点来提高教学实效。

1. 依据教学目标，合理整合教学内容

创造性使用教材，对教材进行整合的一个重要依据是如何更好地使教学内容为教学目标服务。教师要在明确教学目标的前提下，合理确定教材的利用价值，整合教材内容，使教学内容紧紧围绕教学目标，提升教学实效。

2. 依据学生学习基础调研分析，删减教学内容

要创造性使用教材，教师要对学生已有的话题背景知识、语言知识与认知基础做调查，在调查基础上确定教材内容的利用重点及利用思路。

3. 依据教学需要，适当改写、浓缩教学内容

教材中的一些语篇的一个重要利用价值是可以用来开展语法学习的。一些教师认为教材语篇中带有新语法内容的部分较难或者承载新语法现象的部分比较分散，就用其他材料作为语法的载体。这种做法把语篇阅读与语法知识的学习割裂开来，造成教学内容安排的随意性，不利于语言知识的系统学习。

针对这种语法内容比较分散的情况，教师可以根据教学需要对教材内容进行浓缩性改写，既保留原文的主旨含义和语言，又集中体现新的语言现象，特别是语法现象。浓缩教学内容法能够较好地帮助教师解决因学生水平需求较低带来的教学困惑。当然，改写、浓缩教材内容的同时保留语

言、信息与技能培养等价值方面的内容精华，这对于教师来说很有挑战性。教师可以形成合作团队，在教研组内合力完成。

4. 本着输入与输出一致原则，调整教材中的输出任务

除了分析教材内容的利用价值外，在运用教材时，教师还要分析教材中的输出任务是否与输入相匹配，学生是否具有完成输出任务的储备，即输出任务的合理性和挑战性，以此为依据对教材中的输出任务做出适当调整。如果教师不加分析地实施教材提供的输出任务，学生在完成输出任务时可能会存在困难，而输入的知识和信息却因没有运用强化的机会而无法落实。

5. 调整教材内容顺序，提高教学实效

教材是实现教学目标的载体，教师要在合理分析教材的编写体系与内容安排顺序的基础上，合理确定教学内容的安排、调整、取舍的依据和原则，做到既不完全被教材内容牵制，也不随意删减调整。

要解决教材中部分教学内容缺乏层次性和系统性的问题，教师要实践宏观运用教材的思路，树立单元概念，调整教材内容顺序，按照主题重新设计教学单元。在"一标多本"背景下，教师可以借鉴不同版本教材的内容思路来处理自己的教学内容，这样可以很好地解决教教材的问题，还为教师选择、调整教学内容找到了合理依据。

四、结束语

英语教学的有效性由多种因素促成，其中教材的合理分析和有效利用是教学有效性的前提和保障。教师分析、运用教材的思路、策略与其对教材作用的认识，以及对自身在教材运用中的作用的认识紧密相连，同时也是教师综合素养的体现。

要合理分析教材内容、创造性地运用教材进行教学，英语教师要有较强的依据《课程标准》分析教材内容价值的意识和能力；要有较强的英语语言技能来欣赏、分析并把握教材内容的各种价值；要有较高的能力设计出目标明确、重点突出的教学方案；还需要确定教学内容重点的能力、教学判断能力，能够针对各种方案对所教学生的适配性做出专业判断，避免机械模仿他人的教学方案，造成低效教学。为此，英语教师应该加强相关理

论学习，阅读英语教学类以及教育心理学方面的书籍，增强教材分析意识，在实践知识充实下形成更多的实践智慧，展现更多实践策略，关注文本体裁、篇章结构、文体特征，充分挖掘阅读语篇的利用价值，发挥教材文本和教材活动的功能，在实践中切实提高教材分析能力和教材使用效益，使教材发挥其最大化价值，促进学生英语语言学习和综合运用能力的全面发展。

思考与实践活动

一、结合本节内容，请思考以下问题：

1. 你是如何进行教材分析的？

2. 你在进行教材分析时有哪些问题和困惑？

3. 你会利用本节中的哪些内容、思路来提升自己的教材分析与利用能力？

4. 你最需要从哪方面入手来提升教材分析与利用能力？

二、实践活动。

请你分析一节课教材内容的利用价值，并清晰描述对教材内容利用的思路：

1. 请结合所教学生的实际需求，分析教材内容的利用价值，并明确其重点利用价值是什么；

2. 依据价值分析，确定所要教学的内容重点是什么；

3. 请描述对教学内容进行创造性运用的思路。

参考文献

蔡美莲，叶咏梅. 高中英语阅读教学中文本解读的实践与思考 [J]. 教学月刊(中学版)，2013(7)：31~33.

程晓堂，孙晓慧. 英语教材分析与设计 [M]. 北京：外语教学与研究出版社，2011：114.

戴军熔. 高中英语阅读文本解读的基本框架与策略[J]. 中小学英语教学与研究，2012(4)：20~28.

何亚男，应晓球. 高中英语阅读教学设计[M]. 上海：上海教育出版社，2010.

李宝荣，李慧芳．在中学英语教学中合理使用教材的建议[J]．中小学外语教学，2011(3)：8～13.

廖少云．例谈中学英语阅读教学中的文本解读[J]．校园英语（教研版），2012(10)：63～64.

王媛．透视新课程理念下的英语教学设计 ［M］．北京：北京出版社，2009：243.

中华人民共和国教育部．普通高中英语课程标准（实验）[M]．北京：人民教育出版社，2003.

中华人民共和国教育部．义务教育英语课程标准（2011年版）[M]．北京：北京师范大学出版社，2012.

庄志琳，沈萃萃，唐明霞，徐义娟．英语阅读教学中的材料处理（解读与使用）[M]．浙江：浙江大学出版社，2011：18.

Field，M. L. 文本特征与阅读理解（Text Features and Reading Comprehension）［M］．北京：人民教育出版社，2007.

第三节　教学目标与教学过程设计

【学习目标】

- 理解教学目标的内涵
- 明确教学目标确定的依据
- 学会教学目标的表述方式
- 学会设计和改进教学过程

【内容要点】

- 教学目标的内涵与确定依据
- 教学目标的正确表述
- 通过教学活动设计达成教学目标
- 提升教师进行教学目标和教学活动设计的素养

一、教学目标的内涵

教学目标是教学活动的核心，是成功开展教学活动的前提，是教学的出发点和归宿，是学生有效开展学习的保证。它反映了教师对教学内容和学生个性、能力、需要的了解程度。在课堂教学中，教师的主导方向和学生的主体活动都要围绕教学目标展开。

教学目标的确定决定着教学过程的意义。具体明确的教学目标可以帮助学生明确努力方向，激发学习动机，提高学习效率；帮助教师组织教学内容，确定正确的教学策略，选择合适的教学方法和教学媒体，调整教学活动顺序；还可以为评价提供有效依据。教学目标的有效达成是课堂教学有效性的重要体现。

(一)确立教学目标时存在的误区

1. 教学内容和教学目标混淆

有些教师确定的教学目标是"Students will learn the Perfect Tense."或者是"The students will read the two passages and understand the relationship between the heroes."。实际上，这些描述反映的是学习内容而不是教学目标。教学目标是学生通过学习能够利用所学知识在类似情况下使用语言的能力，其效果应该是可以看得到的。

2. 教学目标主体不明确

教学目标的主体是学生，评价的标准是教学是否有利于学生的发展，而不是教师是否完成了预定的教学任务。例如，"To teach the following words and help the students to finish the related exercise.""To help the students understand the text."等目标将教师置于教学过程的主体地位，只关注了教师教什么，而忽略了学生学什么。

3. 教学目标重点不突出，无法达成或无法检测

有些教学目标面面俱到，知识技能、学习策略、情感态度和文化意识等目标均一一列出，但缺乏重点，不具备可操作性。例如，"To master the new words and expressions in this lesson."这一目标描述过于模糊宽泛。教师应明确学生需要掌握的具体词汇和语法、句法，否则学生会因目标不清

产生困惑和畏惧心理。再比如，"To train students' ability of reading."这一目标没有明确培养或提高何种阅读技能，而是列出了整个基础教育阶段甚至整个英语学习过程中都要培养的能力。然而，这并不是一节课可以达成的。所以该目标没有可操作性，缺乏可评价性。

4. 情感态度及文化意识目标缺失

情感态度是影响学生学习和发展的重要因素，文化意识是学生得体地运用语言的保证。这两方面素养是促进学生语言运用能力的基础，需要在目标中加以体现。例如，北京师范大学出版社（以下简称北师大版）教材必修二第五单元第二课 Beijing Opera 以一段有关京剧的对话为切入点，其蕴含的文化意识目标是让学生了解京剧这种艺术形式及其成因，进而了解和传播祖国文化。

5. 教学目标的确定缺乏整体性

不同版本的教材都由若干单元组成，每个单元需要若干课时，而每课时又有若干个知识点、技能和学习策略训练重点。任何一课时的教学目标都要在学段教学规划、单元教学规划的基础上细化而成。教师应先做出总体规划，确保教学目标的系统性。

(二)教学目标的基本要求

教学目标的确定要符合英语课程标准和教学内容以及学生实际情况的要求，要关注人的发展，关注学生学习效果，即通过课堂学习后学生可以做什么。教学目标的描述要清晰、具体、准确、可操作，从意义出发，推动深度学习，指向学生的学习成果。

【案例1】

Students will be able to：

1. read and know about the two cities introduced in the reading passage；

2. choose proper prepositions used with relative pronouns；

3. learn some expressions to describe a city or a place；

4. write a short passage about Beijing.

【分析】

教学目标1和目标3是教学活动，是学生在课堂上所做的事情；而目标 2 和目标 4 是真正的教学目标，即通过一系列的课堂活动，学生运用学到的技能可以做到的事情。

【案例 2】

Students will be able to：

1. fully master the words learned in…

2. use the functional items in their dialogue…

3. give examples to support their ideas in the writing；

4. understand the inter-relationship of the paragraphs and develop strategies of…

【分析】

教学目标 2 和目标 3 具有较强的可操作性，教师可以衡量学生的学习成果，而教学目标 1 和目标 4 的可操作性差，无法确定学生是否掌握或理解所学内容。可以将目标 1 修改为 make sentences with the words learned in the text；目标 4 修改为 draw a mind-map to show the structure of the text。

二、确定教学目标的依据

教师要基于英语课程标准的要求确定教学目标；要在分析教学内容的基础上做出总体规划，确定学段、模块和单元目标，再把教学目标细化落实到每个学时，从而实现知识目标、技能目标和情感态度目标的连贯性和一体性，实现单元间、跨单元甚至跨教材的知识整合。要分析学生心理、生理特点和已有知识、能力，目标设定要符合学生的实际情况。目标描述要清晰、具体、具有可操作性，还要考虑目标的达成与多样化的评价。

【案例 3】

北师大版教材必修 1 第 3 单元听说课：

At the end of the class, the students will be able to；

1. get the general idea through some key words；

2. imitate to use the following modals：must, should/shouldn't, don't have to；

3. give some advice in real situations, using must, should/shouldn't or don't have to.

【分析】

因为所教授班级来自农村基础薄弱校，学生的听说能力低下，对于听力策略知之甚少，因此，在设计目标时充分考虑教学内容和学生的实际情况，以培养听力策略（抓 key words 来理解大意）为主要突破口，在听力材料中感知语法知识，在听懂的基础上引导学生在真实语境中练习使用情态动词。结果证实，目标适合学生需求，对学生能力的提升起到了较好的促进作用。

三、教学目标的正确表述

教学目标应该是行为状态、变化的明确且具体的表述，具有可操作性和可检测性。学生看到教学目标后能够抓住要领，明白学什么，怎样学，学到什么程度，利用所学能够做什么，解决什么问题。所以教学目标的具体表述要采用可观测的行为动词。这不仅有利于教学，也有利于在教学中开展形成性评价。

要确定学生对于知识的掌握程度，可以使用 describe，identify，label，list，name，outline，select，state 等词汇来描述目标。检测学生的理解可以使用 talk about，defend，distinguish，describe，explain，extend，generalize，give examples，exchange，summarize 等词汇。表述运用能力的目标可以使用 change，demonstrate，modify，predict，prepare，show，produce，use 等。表述综合能力的行为动词有 infer，combine，analyze，relate，devise，design，plan，rewrite，summarize，conclude，justify 等。

【案例4】北师大版教材必修 2 第 5 单元第 2 课 *Beijing Opera*

教学内容分析：本课以听说为主，词汇学习为辅，听力材料介绍京剧的基本知识，生词量较大，包括 combine，treasure，mask，acrobatics，costume，male，female，clown，symbol，represent，play an important role，with a flag on each side，an army of thousands 等词语。要求学生能运用预测、抓主旨、获取重点词等方法听懂英语采访节目，通过对京剧的学习增强对中国文化的了解和热爱，并能够用英语简单介绍京剧。

学情分析：学生对于京剧都有所了解，但具体内容知之不多。通过播放视频，展示图片等教学环节，学生会产生学习兴趣。听力策略部分可以顺利完成，难点在于如何引导学生比较自信地运用听到的信息介绍京剧。

Teaching Objectives：

By the end of the class，the students will be able to：

1. think of possible answers before listening using general knowledge；

2. get the general idea when listening for the first time；

3. identify key words to listen for…

4. talk about Beijing Opera or write a short passage about it.

【分析】

这样的教学目标明确、具体，使学生了解本节课他们要能够利用所学的学习策略进行预测、归纳所听材料的主旨大意并且获取重要的细节信息。听前利用已有的知识预测答案，听中抓住关键词获取主旨大意，听后利用获取的信息进行交谈和写作。目标体现了新课程重视共同基础、构建发展平台的理念。所有目标都可以通过课堂活动对其实现情况进行评价。不同层次的学生都可以运用所学知识分析、解决问题，只是完成的难度不同。在了解京剧的基础上用英语简单介绍京剧，学生会进一步熟悉国粹京剧，油然而生一种强烈的民族自豪感。

四、通过教学活动设计达成教学目标

教学活动是教师为实现教学目标设计的各种学习方式。教师首先要做好文本分析和学情分析，特别要关注学生的体验，设计有效的教学活动使学生感知语言、掌握语言，用语言去交际，把时间还给学生，让学生主动探索、建构知识体系，同时尽可能考虑学生的个体差异，使每个学生以不同方式在不同程度上达到所制定的教学目标。下面以北师大版英语教材必修 3 第 10 单元第 3 课 *When Less is More* 的教学案例对通过教学活动设计实现教学目标加以详细说明。

（一）文本解读和目标确定

课文选自报刊文章。前言部分直入主题，引人思考。主体部分通过一系列事实和数据的列举谈论了黄河沿岸严重的水土流失问题，同时通过讲道理并介绍内蒙古的成功范例号召人们贡献出自己的一分力量，每人购买一棵树，积少成多，解决黄河水土流失问题。文本的难度不大。基于学情分析，教学目标确定为：

By the end of the class the students will be able to：

1. get the main idea & specific information；

2. guess the meaning of some new words in the context；

3. have a better understanding of the title and think about the idea "When less is more".

(二)通过"预习"激发学生主动学习

合理的预习活动可以引导学生深入思考，初步理解课文，促进学生主动探究。首先，预习任务是扫清词汇障碍，然后教师通过活动设置鼓励学生大胆质疑，激活学生思维。要求学生思考以下问题：

1. Read the editor's notes（斜体字部分）and find out the editor's purpose of publishing this article in the newspaper.

2. What questions do you have for the editor?（At least 3 questions.）

(三)在体验、参与式活动中提升学生能力

在本节阅读课实施过程中，笔者首先收集学生的疑问，罗列在黑板上，把问题梳理后指导学生带着问题阅读。这时候一定要把"读"放在首位，给学生尽可能多的时间读书思考，并适时点拨、引导，帮助学生在读中理解课文内容，在读中体会思想感情，提高学生的阅读理解能力，充分发挥阅读对理解文本、陶冶情操、增强语感、积累词汇的作用。为了调动学生的积极性，引导学生主动阅读，笔者尝试运用阅读小组活动，把学生分成四人一组，不同学生有不同的任务。组长就课文提出2~3个有讨论价值的问题并想出答案，鼓励同伴说出自己的看法；负责段落的学生画出思维导图，复述整个故事；负责词汇的学生摘录好词好句，挑选1~2个长难句，供大家一起分析，帮助巩固课文知识、理解文章内涵，促使学生借鉴课文中的信息、模式表达见解和情感，培养学生自主解决阅读中遇到的问题的能力；第四位学生写出自己读完文章后的感想，从文中学到些什么？对我们的生活有什么影响？等等。

各小组成员首先完成自己的阅读任务，然后由组长提出问题，小组成

员回答问题，核对答案，以达到理解阅读篇章的目的。之后小组成员按照段落、词汇、总结的顺序展开讨论，研究文章结构，学习重点词汇，思考文本材料对现实生活的指导意义。在这一过程中，学生提出自己独到的见解，主动为自己的观点寻找论据，进行有逻辑的思考，再用自己的语言把内化了的文本信息清晰地表达出来，提高自身的综合语言能力。小组讨论结束后选择一组在全班汇报讨论结果。这样，学生的积极性、自主性和创造性不断被激发，参与意识不断增强并体会到参与式学习带来的愉悦。久而久之，学生会克服惰性，养成良好的学习习惯，从而提升思维品质。在此期间，笔者针对学生讨论时随机产生的或具有创新意识的见解及时给予肯定、表扬和鼓励。

（四）读后活动促进学生用英语做事情

读后可以设计多样化活动。复述既能复习课文内容，又可以锻炼学生用自己的语言表达思想；模仿写作能够帮助学生打开思路，写一篇类似积少成多活动的文章，说服人们做一件有意义的事情；制作海报可以培养学生的创新能力。形式各异的海报展现了差异性、特殊性、独特性，有助于培养学生思维品质；讨论促进学生深入理解语篇，从被动思维变为主动探索，也使学生学会了倾听与尊重他人。在不同形式的读后活动中，学生一方面通过阅读、理解、提问等体验感知构建学习内容，另一方面通过彼此间的思想碰撞有效培养了自主探究精神、思辨性思维能力和合作学习意识。

五、提升教师进行教学目标和教学活动设计的素养

教学目标是教学的方向，是预期的学习结果。制定明确、具体、有效的教学目标是英语教师必备的技能。教师要做到以下三点：

第一，更新观念，深刻理解英语新课程总目标，明确各层次学生应该达到的学习成果，从而准确、具体地定位教学目标。还可以通过课例观摩、评析、讨论掌握目标设计的方法与技能，结合具体教学情境，把已有的理论认识和具体的教学实例进行对比、分析，同行间共同探讨、研究课堂教学目标的设计，在交流中取长补短，共同提高。

第二，基于学情分析，提高文本解读能力，深入理解、领会教材的编写意图，熟悉文本内容，寻找学生在阅读学习中可能会遇到的问题，根据英语学科

本质，挖掘文本的语言教学价值和教育价值，始终强化人本意识，以学生的学力水平为依据制定明确、具体、可操作、可检测的教学目标，使教学设计情境化、问题化、活动化，然后围绕目标设计教学活动，体现综合性、实践性和多样性，让学生学有所获、学有所得、学有所悟，确保教学有效性。

第三，及时进行教学反思。教学反思包括课前反思和课后反思，体现了设计—实践—反思—再实践—再设计的循环圈。及时的教学反思不仅能够更新教学理念，而且能够有效提高教师设计教学目标的能力。在教学实践中，教师上完一节课后，可以及时地反思调整，重新设计教学，在第二个班进行再实践，最后在再实践的基础上完成一份理想的教学设计。此外，还要注意在反思的同时进行教育教学理论的系统归纳与科学总结，在不断的及时的教学反思中积累经验，丰富自己，提高教育教学水平。

六、结束语

合理、准确地确定教学目标是英语教学的重中之重。教学目标不明确，就难以实现高效的英语教学，也难以对教学目标的达成情况进行评价。因此，英语教师要特别重视教学目标的确定，以学生的兴趣和已有的知识结构为切入点，改变脱离语境的知识学习，将知识学习和技能发展融入主题、语境、语篇和语用中，通过丰富的活动引导学生体验、探究、发现、总结，促进语言的深度学习，促进文化理解和思维品质的形成。只有把教学设计、教学活动和教学评价纳入科学的轨道，才有可能在规律中优化教学过程，提高学生的综合语言能力。

思考与实践活动

一、结合本节内容，请思考以下问题：

1. 教学目标的内涵是什么？

2. 正确确定教学目标需要考虑哪些因素？

3. 如何引导学生在解决问题的过程中学习知识、发展技能并实现创新迁移？

二、实践活动。

任选教材中的一课时，遵循下面的内容认真做出一份教学设计，首先自我评价，之后和有经验的教师一起研讨这份教学设计的有效性，并做出相应修改。

☆课题与课时：　　　　　　　　　阶段＿＿＿＿＿＿
☆教学内容： 　　《课程标准》对本节内容的要求；本节内容的知识体系、功能和价值（为什么学习本节内容）；本节与前后教材内容的逻辑关系；通过本节内容的学习，对学生认知发展变化的影响。
☆学生情况分析： 　　学生已有的认知基础（包括知识和能力基础），形成本节内容应该遵循的认知发展线，即从学生现有的认知基础，经过哪几个环节，最终获得本节课知识。 　　学生学习本节课内容最主要的障碍，如知识基础不足、思维方式错误。
☆教学目标： 　　语言知识、语言技能、情感态度。
☆教学重点和难点：
☆教学过程： 　　能清晰准确地表述本节课的教学环节实施过程，以及教学环节的核心活动内容。
☆教学评价： 　　预期教学目的完成情况（本节课的目标达成情况）。

参考文献

鲁子问，康淑敏．英语教学设计［M］．上海：华东师范大学出版社，2008．

中华人民共和国教育部．普通高中英语课程标准（实验）［M］．北京：人民教育出版社，2003．

教育部基础教育司·英语课程标准研制组．《普通高中英语课程标准（实验）》解读［M］．北京：北京师范大学出版社，2005．

王媛．透视新课程理念下的英语教学设计［M］．北京：北京出版社，2009．

第二章　语言知识教学与学习策略培养

第一节　词汇教学设计

【学习目标】

- 了解词汇教学的内涵及原则
- 了解词汇分类的依据并学会划分词汇
- 学会依据课时目标确定适当的词汇教学方法
- 提升有效的词汇教学和词汇检验的设计能力

【内容要点】

- 词汇教学的理念以及词汇分析依据
- 依据课时目标制定词汇教学方法
- 词汇教学实践活动

一、词汇在英语教学中的重要性

　　词汇是学生发展听、说、读、写等各项技能的基础。词汇在交际中起着相当重要的作用，是语言的基石和交际的基础。《高中英语课标》要求学生学会使用 3500 个左右的单词和 400～500 个习惯用语或固定搭配。"学会使用"就是强调学生要学会在真实的语言情境中用所学词汇表达意义、传递信息和交流情感。

要达到《高中英语课标》的要求，首先，教师要理解掌握目标词汇的音、形、义和句法结构功能，努力使学生做到音、形、义相结合，立体地掌握词汇。其次，课堂教学中要明确每堂课的目标词汇，要让学生在实践应用中掌握词汇。只有在"用"中才能培养出学生的词汇运用能力。最后，要教会学生词汇学习的策略，"授之以渔"，以便学生很好地利用这些策略进行自主学习，使用词汇。《高中英语课标》更加注重对学生综合语言能力的培养，要求学生提高阅读速度，增加阅读量，扩大词汇量。《高中英语课标》要求八级阅读量应达到 30 万字。因此，词汇教学不仅仅是让学生背单词、记词义，而是一项科学而系统的教学体系。

二、词汇的分析与教学

(一)词汇的分类

教学前，教师要依据以下方法分析词汇，将词汇分类并有针对性地进行教学。

1. 课标词

课标词指单词表中除去标注"△"以外的所有词汇。教师可以根据词汇的不同处理方法将词汇大致分为以下四类。

辨认词：意思具体明了的词，如 ankle，computer 等实物词，放在任何语境中意思都不会改变。

理解词：抽象名词、形容词、副词、动词、多义词、有搭配需求的不常见词、凭汉语释义不足以理解的、学生理解有困难的词，如 glory 为抽象名词，figure 为多义词。

构句词：有构句功能的词，搭配活跃的词，从汉语表面看对搭配有误解的词。例如，The film appeals to me. I appealed to the court. 同是 appeal to，使用的场合和意义相差很大。

构词词：有词形变化的词，如 editor，evidently。

2. 词频

《北京市普通高中会考考试说明》中对词频进行了标注，5 级为最常用词，1级为最不常用词。另外，英语最常用词表（A General Service List 一 West 1953）也是一个很好的依据。这两个标准可以帮助教师确定积极词汇和消极词汇。

3. 积极词汇与消极词汇

杜夫（Doff，1988）认为，积极词汇为学生理解并会使用的词，而消极词汇为学生在文章中能够理解的词。由此看出，积极词汇是学生在口头和笔头产出能够熟练使用的词，消极词汇是学生在阅读中可以辨认和理解的词。

4. 障碍词

障碍词指影响一节课理解或输出的词汇。例如，阅读课上不处理某个词，学生就无法理解文章内容，或者不处理该词学生就无法完成本节课的输出（口头/笔头表达），那么这个词就是障碍词。障碍词可能是新词也可能是旧词。每个学生的障碍词可能会有所不同。

(二)词汇教学的原则

依据王蔷教授的《英语教学法教程》(2006)，结合笔者多年的教学研究，笔者认为中学课堂上的词汇教学应遵循以下原则。

直观性原则：使用图片、实物或用英语释义进行词汇教学。学生将词汇与图片实物建构起意义关联，不易遗忘。英语释义有利于学生理解词汇。

语境性原则：词汇教学与语境相结合，词不离句。词汇教学还可以与语法相结合，与交际相结合。学生词汇学习和记忆有了依托，遗忘率降低。

重点突出原则：词汇教学中不必面面俱到，只解决突出问题和难点。因此教学前的词汇分析尤为重要。每节课要有词汇学习重点，但同时也要遵循弹性原则，即教师随着课堂的变化及时调整词汇教学计划。

复现性原则：根据艾宾浩斯遗忘曲线，如不及时复习，所学新知识在一天后的遗忘率高达75％。学生最先遗忘的是没有重要意义、不感兴趣或不需要的材料。因此，教师要制订方案，有计划地复现已学词汇。

以学生为中心原则：要调动学生的非智力因素，促进学生的自主学习。提示学生英语就在生活中，要随时随地学习和运用英语词汇。

文化性原则：词汇教学与文化相结合。学习语言就是学习文化。因此教师要注重文化和词汇教学相结合。

(三)依据课时目标确定适当的词汇教学方法

1. 阅读课

阅读课的教学重点是获取信息而不是词汇教学，因此处理词汇数量不宜过多，时间也不宜过长。教师要事先划分障碍词与非障碍词。非障碍词可以忽略处理，留在以后课时再说。而障碍词可以在读前、读中、读后分阶段处理。

第一，依据直观性原则：读前处理一些上下文无法猜出，又直接影响阅读的词。

① 图片或实物呈现：ankle；carriage 等。

②中文注释法：术语类词汇可以直接给出中文。教师也可将这些词汇做成一个迷你字典放在屏幕上，让学生阅读时参考借鉴。

③定义法：可以使用学生已学词汇、同义词或反义词进行解释。

例如，severe：very serious；attend：to take care of。

第二，依据语境性原则：读中根据上下文猜词，语境要充分。另外，猜词要有依据，如通过上下文解释、同义词、反义词、举例、上下文情境等。猜词时一定要让学生给出猜测依据。

例1(人教版模块 5 第三单元)：

However，I **lost sight of** Wang Ping when we reached what looked like a larger market because of too many carriages flying by in all directions. He was swept up into the center of them…Then I caught sight of Wang Ping again and flew after him.

根据反义词 catch sight of，以及下文情境 He was swept up into the center of them，可以推测出 lose sight of 的含义。

例 2（人教版模块 5 第二单元）：

People may wonder why different words are used to describe these four countries：England，Wales，Scotland and Northern Ireland. You can **clarify** this question if you study British history.

根据上文语境，我们可以知道 question 就是上句提到的问题，上句中用到了 wonder，那么 clarify 的意思也可以很容易猜出。

例 3（人教版模块 5 第四单元）：

We say a good journalist must **have a good "nose"** for a story. <u>That means you must be able to assess when people are not telling the whole truth and then try to discover it.</u>

根据 That means … 这句解释，我们可以很容易地推出 have a good "nose" 的含义。

第三，依据以学生为中心原则：读后教师在课堂上一定要给学生自主时间（3～4 分钟），让学生记忆词汇，进行内化，或者进行小组交流，并给出一定的教师答疑时间。

第四，根据复现性原则：教师在本节课的作业中要有意识地让学生使用刚学过的一些词汇，进一步加深学生的内化过程。例如，学完 *Sightseeing in London*，可以让学生写作 "The 3 places I would like to visit in London"，这样学生就会自主选择课文中的一些信息，并使用一些词汇进行信息的传达。又如，学完 *Copernicus' revolutionary theory* 之后，可以让学生写作 "Is it right for Copernicus to be so cautious?"，学生不但要传达信息还要表达观点。这些笔头作业可以作为下一节课的热身部分让学生进行小组口头交流。

2. 词汇课

选词不宜过多，不超过 7 个，词汇均选自积极词汇。经过第一节阅读课，学生已经初步接触、理解和记忆了新词。设置词汇课的目的是为了让学生重点了解一些词汇的应用并熟练使用这些词。所选词汇应为：多义词（通过多个例句让学生掌握其不同含义）、构句词（通过多个例句让学生总结、体会并掌握其构句特点和用法）、理解词（意义需要在语境中反复体会的词）等。

词汇的提取：通过回答问题，找出目标词所在的句子。（语境性原则）

Question：What was his first problem when he traveled to the future?

Answer：He was hit by a lack of oxygen.

教师将含有目标词 lack 的句子呈现在幻灯片或黑板上。

词汇的体验与归纳：对于构句词与多义词，教师应至少给出三个例句，让学生体验并归纳其用法(语境性原则)。在幻灯片屏幕上呈现三个例句,目标词标红,让学生理解并总结 lack 的用法。

· I was quite disappointed by her lack of interest in my suggestions.

· Lack of money accounts for her discontinuing her studies.

· Lack of education causes a lot of problems.

下一屏呈现另外三个例子,目标词涂红,让学生理解并总结 lack 的用法。

· His remarks lack point.

· I know that I wasn't a willing student and I shouldn't have been so difficult at school, but it was probably because I lacked confidence in myself.

· He lacks knowledge of technology, and that's why he doesn't know what to do.

词汇的内化:课上一定要给学生时间和空间去记忆。教师可以适当设置练习,让学生填空、选词填空或完成句子,巩固所学词汇。

词汇的使用:将所有所学的目标词混合在一起进行练习,可以采用选词填空、完成句子、翻译句子等方式。教师也可以设置围绕话题的口头练习,让学生进行简单的输出。

词汇的巩固:教师设计的作业一定能够使用到目标词。例如,词汇定义、设计字谜、词汇故事,水平较低的学生可以选词填空或造句等。作业一定要分层,由学生自主选择。

3. 其他课

词汇的回忆、提取与复现非常关键,因此每一节课都要有意识地复现刚刚学过的词汇。可以采取如下方式。

第一,利用单词网(word web),学生进行头脑风暴(brainstorm)。例如,教师可以给出核心词 newspaper,学生回忆提取相关词。

第二,单句或段落中使用下划线复现已学词,并对其进行翻译。例如:

Waste is collected, sorted and recycled nowadays, but in the future, it is disposed of according to the principle of ecology.

Representatives working in space settlements will monitor the manufacturing of goods.

第三，利用图片。可以使用单张或一组图片，可以是教授单词时用过的图片，也可以是新图片，让学生进行讨论，提取词汇并口头输出。

三、词汇教学方法

(一)在语境中开展词汇教学及其设计

词汇学习从接触、理解、体验、归纳、内化到应用等各个环节均应在语境中进行。

1. 接触新词

学生在课文中接触到新词并进行初步的理解和记忆。

2. 词汇学习

教师设计问题，学生回答问题呈现含有目标词的整句(提取)。

教师设计例句，每种不少于三句，让学生体会词汇的用法或含义(体验和归纳用法)。

教师设计练习，如选词填空(7 词 6 空)、完成句子等让学生练习词汇(内化)。

3. 词汇应用

教师设计作业，让学生应用所学词汇。

4. 词汇复现

接下来的几节课里教师设计问题或练习，帮助学生复习并巩固词汇。

(二)多种形式的词汇教学方法及其设计

所有的教学方法以及设计都应体现以学生为中心的原则，即学生练习，学生在用中学。

1. 词汇图

教师给出核心词或学生自选核心词绘制词汇图。绘制时要注意逻辑关系。

词汇图的绘制可以置于学习的各个环节中进行。预习时帮助学生联想、提取已学词汇，并形成联系，达到预习的目的；学习词汇时，学生通过不断完善词汇图，将所学新词不断内化到自己的词汇库中；学完整个单元后，学生再次绘制词汇图，帮助学生分类记忆单词。绘制词汇图的目的是让学生形成词汇间的联系，便于记忆词汇。教师可以将优秀学生作品在全班展示，引导学生绘制，也可以将学生作品放在墙报中进行全班评选。（如图2-1-1 所示）

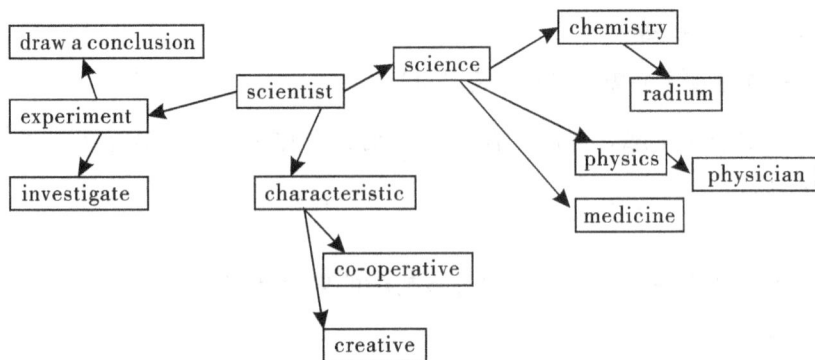

图 2-1-1　词汇图范例

2. 查字典

教师选出以动词为主的重点词，每个单元不宜超过五个，学生进行预习。学生根据单词表中给出的中文含义查字典，并自己造句。通过查字典培养学生的自主学习能力和预习习惯。（如表2-1-1 所示）

表 2-1-1　blame 预习表

blame	中文含义	字典上的例句	自己造句
vt.	责备		
vt.	谴责		
n.	过失		
n.	责备		

查字典作业要上交给教师进行检查，教师检查时着重看学生的造句，及时在全班分享好句，分享时注明学生姓名。

3. 词汇家族

词汇家族主要关注构词法，可以将其设计为表格，也可以放在句中训练。这项活动可以在复习环节出现，目的是培养学生的构词法知识，扩大学生的单词量，建立词汇间的联系。

单句练习。例如：

He is an ＿＿＿＿＿＿＿＿ . (edit)

His theory was so ＿＿＿＿＿＿＿＿＿ that no one could accept it at first. (revolution)

表格形式如表 2-1-2 所示。

表 2-1-2　词汇家族示例

n.	*v.*	*adj.*	*adv.*
beauty	beautify	beautiful	beautifully
regret	regret	regretful	regretfully

4. 目标词为核心的谚语或名言警句写作

单词学习后，教师给出 10 句以目标词为核心的谚语或名言警句，让学生从中选择 5 句。通过反复使用，使学生有效内化目标词，同时积累谚语及名言警句。要求学生使用以下表格(如表 2-1-3 所示)。每隔一段时间举行一次谚语及名言警句背诵比赛。

表 2-1-3　谚语/名言警句积累

Proverb/Quote：	Writer：
Why you like it?	

5. 词汇定义

学生从所学词汇中任选 5 词，写下定义。第二天课前三分钟，学生进行对子活动，一人说，一人猜。此活动会增加词汇学习的趣味性，另外也给学生提供了口语表达的机会。

6. 字母诗

字母诗的写作比较适合中等以上的学生，目的是让学生以所学单词为基础，整合已学过的词汇，按照一定的句型结构进行创造性写作。字母诗在每个单元结束后由每个学生独立完成。字母诗可以使学生尽可能使用学过的词汇，所有句子都要围绕同一主题，因此可以很好地激发学生的想象力和创造力。教师在呈现字母诗这种形式时，可以呈现如例 1 的形式，让学生充分体会后再进行尝试。教师还要及时展示学生的好作品，一方面可以鼓励做得好的学生，另一方面也可以引导其他同学。

第一，学生可以按照字母顺序和一定的句型写字母诗。

例1："My favorite things" alphabet poem with the pattern A is for…
that…

A is for armchairs that make me comfortable.

B is for butter that I spread on my bread.

C is for children that laugh.

…

（例1由北京外国语大学杨鲁新教授提供。）

第二，学生可以使用与本单元主题相关的单词作为主题，并采用一定的句式完成字母诗。以下是学完 *music* 之后学生写的字母诗。

例2：

M is memory, which means sometimes we write down something special to commemorate our life.

U is universal, which means music is a normal thing in our life, and everyone knows how to sing.

S is spark, which means some emotions enter into the words, the melody and our hearts.

I is impression, which means the great music can make a mark in our life.

C is create, which means more and more people who love music will join in the group and make a big change.

从例2可以看出，学生使用的中心词为本单元"Music"的相关词，所写结构为"A is…, which…"。所有句子都围绕着中心词汇。

7. 用新学单词编故事

以本单元的重点词汇为基础，学生自由编写故事。学完一个单元后，让学生从所学词汇中挑选至少5个编写故事，内容不限，学生写作时将使用到的新词画下划线。这种自由写作的目的是为了让学生有意识地使用新词，并且进行创作性写作。每次作业教师都要挑选优秀作品进行全班分享。

8. 读写结合

读写结合的目的是为了让学生取材于课本内容进行写作，这样可以很好地使用课本中的词汇。

仿写：按照课文结构仿写。如学完 *theme park* 后，让学生按照教材上介绍主题公园的段落结构(名字、活动、特色、欢迎语)介绍一个主题公园。

续写结尾：课文留有悬念时让学生进行续写。续写也可以是课后练习的续写。

换角色改写文章：学习课文后，以文中另一人物身份重述课文内容。

根据表格重写文章：课文阅读时，让学生填写表格对课文内容进行重建。写作时要求学生按照表格对文章进行重建。

对于以上读写结合作业，教师要做到及时反馈。可以反馈好句子、好段落，或者好思路。

(三)有效词汇检测的设计

词汇的检测存在很大误区。许多教师认为听写是最好的方法，这是大错特错的观点。听写作为检查的一种手段，主要检查的是必须会写的词(写作中会用到的词)。但是如果我们听写所有的词，学生的负担会增加，水平较弱的学生甚至会放弃。此外，听写只考查词的拼写，无法检查学生是否会运用词汇。因此有效的词汇检测一定要放在情境中，不要孤立进行。

1. 要注重词汇音形义的结合

音义结合：教师读含有目标词的句子，学生翻译，检查学生是否能够听懂词汇。例如，教师读 They paid famous artists to paint pictures of themselves, their houses and possessions as well as their activities and a-chievements. 目标词为 possessions，只要学生能够翻译出该句，说明学生听懂了，能够将词汇的音义结合。句子可以选自课文原文。

音形结合：教师读含有目标词的句子，学生写出目标词。目标词一定是课标词、积极词、重点词或写作中可能用到的词。例如，A typical pic-ture at this time was full of religious symbols, which created a feeling of re-spect and love for God. typical 是目标词，教师读完句子后，再重读 typical，然后学生写。这是一种听写形式，但是没有脱离语境。如果学生能够写出目标词，说明学生做到了目标词的音形结合。句子可以选自课文原文。

形义结合：教师给出句子，并将目标词画下划线。学生读完句子如果能够正确翻译，说明学生能够做到目标词的形义结合。这些句子可以是课文原文，但更多应选自其他教材或字典，也就是将目标词置于新语境中让学生理解。

2. 按照词汇的不同分类进行检测

上文提到，课标词可分为辨认词、理解词、构句词和构词词，教师要根据不同的分类实施不同的检测。检测可以分配到课文理解后的每一节中，原则是复习与检测前一节课所学词汇的掌握程度。每次可以使用2～3种检测方式，这样可以持续保持学生的注意力。例如，课文理解后可以检查课文处理时涉及过的单词，可以使用下划线理解的方法，也可以用两栏匹配等方式；在单词课后，可以采用选词填空、完成句子填空等多种方法。总之，词汇的练习与检测要贯穿在每节课中，目的是通过反复多次的练习来检测巩固词汇学习。

①构词词：句中的词型转换。例如：

He is an _____（edit）and she is a _____（photograph）.

②构句词：填空，完成句子。

例1：填空（关注学生易错点）。

Hit by a lack _____ oxygen, he felt uncomfortable.

He attempted _____ help us.

例2：完成句子（关注整个词块）。

Hit by _____（缺乏）oxygen, he felt uncomfortable.

He _____（试图）help us.

③辨认词/理解词：选词填空；句中下划线词，学生翻译；两栏匹配。

例1：选词填空。

barrier	complex	treat	squeeze
apply			

I decided to _____ for a scholarship.

_____ this house as your own and feel free.

This machine helps you to _____ more juice out.

Duties and taxes are the biggest _____ to free trade.

例2：下划线翻译。

First <u>aid</u> is a <u>temporary</u> form of help given to someone who suddenly <u>falls ill</u> or <u>get injured</u>.

The <u>skin</u> is an essential part of your body and its largest <u>organ</u>.

The skin acts as a <u>barrier</u> against disease, poisons and the sun's harmful <u>rays</u>.

The function of your skin is also very <u>complex</u>.

例 3：两栏匹配（如表 2-1-4 所示）。

表 2-1-4

idioms	meaning
trick of the trade	to report on an important event
get the wrong end of the stick	clever ways known to experts
get a scroop	to present ideas fairly
cover a story	not to understand an idea
get the fact straight	to get the story first

④多义词：不同意思的句子让学生翻译，理解其含义。

There was no one at the reception desk，so he <u>pressed</u> a bell for service.

She stood up and leaned forward with her hands <u>pressing</u> down on the desk.

Trade unions are <u>pressing</u> him to <u>stand</u> firm.

Today the British <u>press</u> is full of articles on India's new prime minister.

⑤词汇拼写：对于学生必须掌握拼写的词，可以让学生填写字母进行检查，这样可以加深印象。

例 1：单词拼写。

att _ mpt，t _ pical，schol _ r。

例 2：句子中的单词拼写。

You can get burnt by a vari _ ty of things.

You have three layers of skin which act as a barri _ r against disease，poison and the sun's harmful rays.

例 3：在段落中检查单词拼写。

You will have a profession __ photographer with you to take photographs. You will find your coll __ ues very __ ger to assist you, so you may be able to conc __ ntrate on photography later if you're interested in.

3. 具有趣味性的词汇测试方法

单词学习与测试并非枯燥乏味，可以充满趣味性和竞争性。

①给出首字母，学生随意写词汇。这个活动要限时，如给学生一分钟，写出以字母 s 开头的词，写得越多越好，然后全班分享。学生独立完成，目的是让学生对所学词汇进行联想和提取。

②给出字母个数，学生随意写词汇。如给学生一分钟，写出任意三个字母组成的词，写得越多越好，全班分享。学生个体活动，目的是让学生对所学词汇进行提取。

③在幻灯片上打出 5～7 个词，学生强记忆，然后马上听写，训练学生的瞬间记忆。

④单词接龙。限时三分钟。学生以小组为单位在课前进行。目的是复习单词，并活跃气氛。

⑤黑板单词拼写比拼。教师在黑板左右两侧各写同一个单词，两个小组的同学在黑板上各自写出以该词字母开头的新词汇。完成速度越快、新词包含字母越多的组获胜。例如，教师在黑板左右两侧分别写出 allergic，学生需要依次在黑板上完成以 allergic 各字母为字首的新单词。学生可能会写出 art，look，learn，earn，rest，great，ice，coin。

```
a  l  l  e  r  g  i  c
r  o  e  a  e  r  c  o
t  o  a  r  s  e  e  i
   k  r  n  t  a     n
      n     t
```

获胜方是速度快且单词包含字母多的一组。因此，学生会想方设法写出长单词。教师在评价时还可以启发学生说出更多的单词。此活动对抗性和趣味性都很强。

⑥教师使用随机号码对学生进行随机检查。教师把所有学生的编号输入随机号码程序，随意点击，被选中的学生进行答题。有的教师称这个活

动为幸运抽奖。除了使用随机号码，教师还可以采取直接抽号的形式进行单词活动。此活动可以充分调动学生的积极性。

⑦学生设计字谜，课上互相猜。

⑧教师可以采取猜单词的游戏形式检测学生的词汇掌握情况。

思考与实践活动

一、结合本节内容，请思考以下问题：

1. 词汇教学的原则是什么？

2. 你能很快回忆出至少 5 种词汇教学的方法吗？

3. 除了上述提到过的方法，你还用过哪些有效方法？

4. 你能分享一下其他趣味学习和检测词汇的方法吗？

二、实践活动。

1. 选择一个单元，依据所学原则将整个单元单词进行分类。

2. 请将一个单元的课标词汇进行多种分类并设计相应的练习进行教学与检测。

3. 选择一节课，根据课堂任务的需要将这节课的词汇分成障碍词以及非障碍词，并确定教学方法。

参考文献

中华人民共和国教育部．普通高中英语课程标准（实验）[M]. 北京：人民教育出版社，2003.

王蔷．英语教学法教程 [M]. 北京：高等教育出版社，2006.

王媛．透视新课程理念下的英语教学设计 [M]. 北京：北京出版社，2009.

Doff, A. Teach English Trainer's Handbook：A Training Course for Teachers [M]. Cambridge Cambridge University Press，1988.

第二节　词汇学习策略培养

【学习目标】
- 了解并掌握词汇学习策略
- 设计活动有效指导学生发展、提升词汇学习策略

【内容要点】
- 词汇学习策略
- 词汇学习策略调查
- 设计活动培养学生词汇学习策略

一、学习策略的分类

奥马利(O'Malley)和查莫特(Chamot)将策略分为三种：元认知策略(Meta-cognitive)、认知策略(cognitive)、社交/情感策略(social/affective)。

《高中英语课标》(2003)中对学习策略的定义是学生为了有效地学习语言和使用语言而采取的各种行动和步骤，包括认知策略、调控策略、交际策略和资源策略。认知策略是指学生为了完成具体学习任务而采取的步骤和方法(与奥马利和查莫特的认知策略相同)。调控策略是指学生计划、实施、评价和调整学习过程或学习结果的策略(与奥马利和查莫特的元认知策略相同)。交际策略是指学生为了争取更多的交际机会、维持交际以及提高交际效果而采取的各种策略(与奥马利和查莫特的社交/情感策略相同)。资源策略是指学生合理并有效利用多种媒体进行学习和运用英语的策略(与奥马利和查莫特的认知策略相同)。

二、词汇策略调查

学习需要策略。教学中"授之以渔"比"授之以鱼"更重要。因此，培养学生的学习策略是重中之重。词汇学习中也需要策略。笔者建议教师自己先完成一份词汇策略问卷(详见附1)，看看自己了解多少词汇学习策略。

只有教师的观念更新了，才有可能用科学的方法指导学生。然后教师再让学生做一份词汇学习策略方面的问卷（详见附2），根据学生情况，有步骤地培养学生的词汇学习策略。

问卷结果可以反映教师及学生对于词汇策略的了解程度，问卷中1、2、4、5、6、7、8、9、10、11、13、14、15、16属于认知策略；17、18、19、20属于元认知策略；3、12属于社交/情感策略。通过教师问卷结果分析，教师可以发现自身词汇教学策略方面的不足，并且有意识地进行一些改进；通过学生问卷结果分析，可以了解学生学习单词的一些方法，并进行有针对性的指导，让学生找到更科学有效的单词学习的方法。另外，教师还可以把教师问卷结果与学生问卷结果进行对照，找出差距较大的题目，分析自己教学中词汇策略培养的不足。

三、设计活动培养学生的词汇学习策略

教师通过问卷找到自身以及学生的不足后，要设计一些具体活动培养学生的不同词汇学习策略。

(一)认知策略

根据奥马利和查莫特的理论，认知策略包括重复（repetition）、利用目标语资源（resourcing）、利用身体动作（directed physical response）、翻译（translation）、归类（grouping）、记笔记（note-taking）、演绎（deduction）、重新组织（recombination）、利用视觉形象（imagery）、利用声音表象（auditory representation）、利用关键词（key word）、利用上下文情境（contextualization）、拓展（elaboration）、迁移（transfer）。教师在课堂上要依据上述策略设计自己的词汇教学，使学生学习、记忆、运用单词时使用不同策略，让学生逐步体会并慢慢使用这些策略方法进行词汇学习。

1. 学习单词时

使用字典：培养学生学会查字典，进行词汇学习与积累。首先可以每个单元规定不多于5个词，让学生进行查字典活动。需要学生注明词性、定义、例句、自己造的句子，并将其作为预习作业。此项作业的目的不是让学生自学词汇，而是让学生养成查字典的习惯。因此单词不宜过多。另

外在课外阅读时，让学生在文章中标注生词、查字典、标明定义、记例句。这项作业可以写在笔记本上。教师开始时应该仔细检查此项作业，让学生形成查字典的习惯。

利用上下文情境：教师在所有的教学中要设计活动让学生在情境中学词、猜词。课堂上引导学生猜词时，教师要让学生找出依据，并画下划线，逐步培养学生猜测、分析和推理的能力。另外，要设计专项练习，培养学生根据上下文情境猜词的能力。

联想和分类：要求学生制作个性化词汇图（word web），形成联想，记忆与核心词有关的同义词、反义词和相关词。在预习和学习阶段可以使用此方法，使学生所学新词和已学词汇形成网络。

关注词根与词缀：开始学习新词时，教师有意识地绘制词汇家族（word family）表格，让学生进行填写，形成词汇体系。

视觉形象：词汇学习与图像相结合。教师在课堂上呈现新词或设计练习让学生提取词汇时，都可以运用图片，这样学生的记忆会有依托，记忆更加深刻。

2. 记忆单词时

记笔记：让学生每天整理笔记。这项工作应成为每天作业的一部分。上课时，学生的笔记散落在课本上、练习册上。每天整理笔记可以帮助学生进行必要的复习，同时也可以养成将知识归类的习惯。在笔记每一页的左边（或右边）留出几厘米的空白，做笔记时保留这部分空白。做完笔记后，在空白处用词和句子简要总结笔记。通过总结，学生能够将新学知识和已有知识有效地联系在一起，形成知识网络。教师每天收笔记进行检查，并将优秀笔记在全班进行传阅。

重复：课堂上给学生一些时间进行反复朗读、反复书写的活动。告知学生反复朗读、反复书写可以将所学词汇的音形义很好地结合在一起。教师可以布置比较宽泛的朗读作业，让学生自主选择完成。例如，教师选择课文的三段内容，学生自选其中一段进行熟读或背诵，教师检查或组长检查。课堂上可以进行朗诵会和背诵比赛。例如，教师可以组织每周一次的句子背诵比赛，每个同学背诵课文中自己最喜欢的一句话。

联想和分类：要求学生制作个性化词汇图，形成联想，记忆与核心词有关的同义词、反义词和相关词。这个活动在复习阶段也是一个很好的方法，学生可以不断丰富自己的词汇图，不断把新词融入已有的词汇网中，建立起分类词库。

词根与词缀：在学会绘制词汇家族（word family）后，学生在笔记中做自我总结。例如，学生学完 security 后，可以总结 security（n.）—secure（adj.）—insecure（adj.）。这样学生便将所学的新单词和旧单词建立起了联系。

卡片：学生自制单词卡（flash card）进行学习。对于学生学习有困难的词汇，可以让学生自己制作卡片进行学习。卡片正面写英语，背面写中文，随身携带。要求学生随时复习词汇。每一节或每两节课，教师可以给一些时间，让学生用卡片进行自我检查。也可以采取游戏形式，两人一组进行互查。

3. 运用单词时

激活与迁移：激活学生已学词汇并进行使用。教师可以利用图片或头脑风暴形式激活学生头脑中的词汇。在编对话和写作前，让学生写出相关词汇，激活头脑中的词汇，然后再进行对话或者写作活动。写作或对话任务要贴近生活并且较为真实，这样有利于学生将所学词汇迁移到新语境中进行使用。

利用英语媒体：利用英语报纸、广播、互联网、歌曲、新闻，电影等多渠道学习词汇。每周一节阅读课，选取英文报纸中一些文章让学生以小组为单位阅读，学生互助合作，教师答疑。然后学生选取一篇文章进行总结和评论。这项作业可以帮助学生积累一些好词好句，而且这些词汇都隶属同一主题，便于学生分类记忆积累。此外，可以开展每周歌曲欣赏。学生听歌填词，讨论歌曲所表达的内涵。这样不但能学会目标词，同时还学习了英美文化。为了充分调动学生的积极性，歌曲可以由学生选取。网络上也有大量的英文演讲，可以选择适合学生水平的演讲让学生反复观看，积累经典词句并写出自己的感想，这也是很好的词汇积累方式。还可以每周让学生看一集美剧，周一进行简短讨论，学生分享最喜欢的一句话。另外提示学生利用各种机会感受身边的英语。例如，让坐地铁的同学分享地铁中的提示语，让学生关注某个英语电视广告，或让学生关注饮料或食物的配料表等。

读写结合：换人称重述故事、给故事写结尾、做出选择并给出理由等读写结合的方式可以很好地培养学生的演绎、重新组织、拓展和迁移等能力。

(二)元认知策略

根据奥马利和查莫特的理论，元认知策略包括提前准备(advance organizers)、集中注意(directed attention)、选择注意(selective attention)、自我管理(self-management)、事先练习(advance preparation)、自我监控(self-monitoring)、延迟表达(delayed production)、自我评价(self-evaluation)。元认知策略是指学习者有意识地使用元认知知识对学习任务进行合理的安排、计划、管理、监控、调节和评价。它可以协调学习者使用各种策略。学会使用元认知策略的过程也是学生真正成为独立自主的学习者的过程。不少专家认为学生要想提高学习效果必须学会使用学习策略，而在所有的学习策略中，元认知策略被认为高于其他策略。元认知策略控制着认知策略的使用。学生们一旦学会使用元认知策略，就知道何时、用何种方法、在何种环境下学习新词更有效；何时、用何种方法、在何种环境下复习巩固词汇更有效。元认知策略的核心就是计划、安排、管理、监控、调节和评价。

1. 制订个性化学习计划

除教师布置的作业以外，学生制订计划、规划自己的词汇学习。学生在计划中应该将所学过的策略列在最前面，如查字典、单词卡、词汇图，等等，然后写出自己计划用何种方法学习词汇。通过让学生思考复习词汇和使用词汇的方法，不断加深学生对于词汇认知策略的理解和自主使用。教师可以协助学生设计一个如下的清单(Checklist)，监督计划的实施。

Checklist

· 预计复习单词 _____ 个，实际复习 _____ 个，使用方法 _____

· 使用了词汇 _____ 个，使用方法 _____

· 预习了词汇 _____ 个，使用方法 _____

2. 评价

学完一个单元的词汇，让学生完成评价表。通过自我评价和反思，学生可以了解自己的单词学习效果，并且更加有意识地使用学习策略。

表 2-2-1　词汇学习评价表

本单元词汇：
我了解这些单词的意思：
我会使用这些单词：
我会拼写这些单词：
我对这些单词掌握不好，需要反复练习：
我使用了哪些方法记忆词汇：

3. 反思

①每日课后反思：学生每天都有整理笔记的作业。通过整理笔记，复习当天所学内容，同时反思掌握不好的知识点。第二天上课前学生两人一组交流，教师答疑。

②作业反思：写完一篇文章后，学生写一份自我评价。

· 本篇文章我用时：____分钟；

· 共计____字；

· 我检查了文章____遍；

· 共计使用新学词汇____个；

· 写这篇文章难、不太难、易。

通过这个评价，学生可以学会自我检查、自我评价学习效果。另外，这份评价也可以帮助教师调整自己的教学。例如，学生如果认为写作作业很难，那么教师就要思考是否课堂教学不够有效，或者完成作业所需要的台阶搭设得不够充分等。

③单元学习后反思：及时总结本单元单词学习的优势和不足，并为下一个单元的学习做准备。可以采用列清单的形式。例如，我采用了_____词汇策略，效果_____。我准备下个单元尝试_____词汇策略。我共计设计了_____个词汇图，_____个词汇家族，等等。

④考试反思：学生考试后要写出考试分析，反思错误点的原因是什么，

哪些知识掌握得好，哪些知识需要进一步理解和练习。同样，学生的反思也可以帮助教师反思自己的教学。

4．调整

通过有意识的反思和评价，学生要适当调整自己的学习计划和学习策略，尝试新方法，在教师的帮助下逐步朝着自主学习的方向努力。教师可以主动帮助一些学生制订并调整计划。

5．培养学生的元认知能力

学生叙述解题理由。做完练习后，让学生进行题目分析，找出依据，有意识地培养学生进行有声思维活动。

在解决问题过程中教师给予学生指导。教师在提供问题解决策略的同时，提出一些促进反省思维的问题。可以采用追问式提问方法，促进学生思考，启发学生。千万不要直接给出答案。

鼓励学生选择学习方式。课堂活动形式多样，包括个体、结对子和小组活动。学生学习形式多样，包括听说读写各个方面。学生作业采取分层方式，使学生有选择余地。作业分层时要注意，不要规定某些学生必须做哪种作业，而要让学生自己选择。

培养学生的英语学习兴趣。兴趣是最好的老师。切忌让学生认为学英语就是背单词。应该鼓励学生通过网络、电视等多途径学习，课堂上采用多种方法吸引学生，多种方式奖励、激励学生。

帮助学生调节焦虑情绪。例如，阅读时，学生遇到生词就容易产生焦虑情绪，无法很好地完成阅读任务。为了帮助学生克服生词障碍进行阅读，阅读课上，对于非障碍词汇教师一定不做处理，鼓励学生带着生词进行阅读。对于障碍词，也要鼓励学生通过上下文猜测。

（三）社交/情感策略

根据奥马利和查莫特的理论，社交/情感策略包括协作（cooperation）、提问澄清（question for clarification）和求助（question for help）。

因此教师要安排活动鼓励学生进行小组内共同学习。小组学习有助于学生的相互观察、模仿，相互促进、加深理解，相互激励、鞭策。教师还要创设宽松环境，鼓励学生向他人寻求帮助。以下是一些小组学习示例。

圆桌法(round table)：每小组准备一支笔和一张纸。教师提出问题后，每个学生轮流在纸上写出答案，直到规定时间结束。最后可以进行组内交流或全班交流。此种方法可用于头脑风暴，目的是更好地激发学生的已有知识。教师设置的问题一定要有多个答案，这样才能让学生真正动起来。

【案例1】头脑风暴

教师：请在一分钟之内写出尽可能多的与 transportation 有关的词汇。

学生小组活动：第一位学生写出一个词，传给第二位学生并由其写出另一个词，然后再传给第三位学生……在此期间，如果一个学生不会写，其他学生可以协助说出单词来，但不能帮该学生写出单词。此活动持续一分钟。

教师：一分钟到，各组停笔。

统计各组写出的数目，课堂上进行小组交流。写出单词数目最多的组得到教师的奖励，或者全班鼓掌祝贺。

接力循环法(round robin)：此活动是圆桌法的变体。教师提出问题后，每个同学轮流说出答案，直到规定时间结束。

【案例2】复习部分

教师：请在两分钟之内说出"外出旅游的注意事项"。

学生小组活动：第一位学生说出一项，第二位学生说出另一项，然后第三位学生说出第三项……此活动持续两分钟。

教师：两分钟到。

统计各组说出的数目，课堂上进行交流，说出项目最多的组得到教师的奖励，或者全班鼓掌祝贺。

圆桌法和接力循环法一般用时很短，适用于教学的各个环节。此活动可以确保小组内每个学生都能真正参与到小组活动中。

随机点号法(numbered heads)：小组中四位成员每人都有自己的编号(1~4)。教师提出问题后，四人共同研究。小组讨论时，互相帮助，确保每个学生了解讨论内容。小组汇报时，被叫到编码的学生向全班展示小组共同讨论的内容。

【案例3】课堂讨论环节

教师：请小组讨论"威尼斯商人"中你们最喜欢的人物是哪两位？为什么？时间为三分钟。

学生小组活动：共同讨论，互相帮助，做笔记，保证每个成员参与。

教师：三分钟到。第一组的二号同学请谈谈你们组的看法……第三组的一号同学请你说一说……

圆桌法、接力循环法和随机点号法可以结合使用。由于活动中融入了小组间的竞争和教师检查时的不确定性，学生参与效果较好。

学生小组成绩分工法（STAD—student teams-achievement divisions）：该活动分为四步。教师首先就某一话题进行教学，然后进入小组学习阶段，大家互相帮助。之后独立完成对这一教学内容的测试，最后计算成绩时以小组平均分计分。

【案例4】课文学习

教师介绍有关新西兰的大量信息（地理位置、气候、地貌及新西兰人）。在确认学生没有问题后，发给每组学生一个表格，让小组成员共同阅读课文，填写表格。

NEW ZEALAND

Location	
Climate	
Landscape	
Animals and plants	
People	

学生小组活动。阅读课文，填写表格，有问题提问。

教师确认学生没有任何问题后，给每个学生发一张试卷，就新西兰这一主题进行测试，检查学习成果。试卷由个人独立完成，个人成绩即小组中的平均成绩。

由于学生成绩为小组平均分，所以小组的每个成员都会努力。成绩好的学生会去帮助成绩较差的学生，而成绩差的学生也尽可能在阅读时多记忆信息。小组学习成效显著。

小组单词听写：以小组为单位进行每日听写。一组学生选择词汇，确定听写内容。该组一位学生主持听写，组内其他学生负责监控。听写卷子由该小组的学生负责审阅。每个学生的成绩为所在小组的平均分。

设计活动，让学生学会寻求同伴或教师的帮助。每次学习单词前，对子/小组内进行单词互助学习。每次练习后、核对答案前，让学生进行对子/小组活动，互相帮助，寻找线索与依据。组内同学间不能解决的问题，询问教师。教师解答问题时一定要耐心、态度和蔼，要创设宽松的学习环境。

思考与实践活动

一、结合本节内容，请思考以下问题：

1. 词汇学习策略有哪些？

2. 你经常使用哪些词汇学习策略？你准备尝试哪些策略？

3. 请列举至少 4 个培养学生认知策略的方法。

4. 你在教学中经常使用评价表吗？为什么？

二、实践活动。

1. 请制作一份词汇学习策略调查问卷，并进行简单分析。

2. 请设计一个词汇学习评价表。

3. 请协助 5 个学生完成个性化学习计划。

4. 请设计一个教授学生词汇学习策略的计划。

参考文献

中华人民共和国教育部．普通高中英语课程标准（实验）[M]．北京：人民教育出版社，2003．

王媛．透视新课程理念下的英语教学设计 [M]．北京：北京出版社，2009．

O'Malley, J. Michael；Anna Uhl Chamot. Learning Strategies in Second Language Acquisition [M]. Cambridge：Cambridge University Press，1990．

附1 中学英语教师课堂教学词汇学习策略培养情况调查问卷

请在以下五个选项中选出一个，将代表该选项的数字填在每个问题前面的括号里：

1. 从来不这样做 2. 基本不这样做 3. 有时这样做 4. 常这样做 5. 总是这样做

（　）1. 我告诉学生学习单词主要靠背书中的单词表，一个挨着一个背。

（　）2. 我要求学生反复读新单词，一直读到记住为止。

（　）3. 我告诉学生不会生词的发音时，要向同学或教师请教。

（　）4. 我教学生根据发音规则记单词，拼写时一边大声读一边写。

（　）5. 当我教一个新单词时，引导学生看这个词有什么特征，然后把它跟有关的旧单词联系起来记忆。

（　）6. 教授单词时我引导学生注意发现规律，根据词根、词缀、同义词等记忆。

（　）7. 教授单词时我按照事物的分类把表示同类事物的单词放在一起教。

（　）8. 我经常把搭配在一起使用的词组或用法相同的词放在一起教。

（　）9. 我把新单词放在词组和句子里教，并引导学生将词组和句子一起记忆。

（　）10. 我把一部分单词放在课文情境里教。

（　）11. 我设计说/写活动，使学生能够运用刚学到的单词。

（　）12. 我设计有利于学生一起互助学习单词的教学活动。

（　）13. 我常常为学生提供一些窍门或顺口溜等帮助学生记忆单词。

（　）14. 我常常引导学生通过前后句子或上下文等语境来猜测生词的意思。

（　）15. 我设计大量阅读活动来帮助学生扩大词汇量。

（　）16. 我按照词汇的使用频率和重要性分层次教授单词。

（　）17. 我告诉学生多种记忆单词的方法，让学生通过对比，找到适合自己的单词记忆方法。

（ ）18. 当学生读错或写错单词时，我要求学生思考出错的原因。

（ ）19. 我要求学生定期复习学过的单词，碰到默写不出来的单词就抄写几遍或读几遍。

（ ）20. 我规定学生每天或每星期要背出多少单词。

（ ）21. 我定期与学生交流学习词汇的心得和体会，并注意引导学生运用好的学习方法。

（ ）22. 我指导学生配备合适的英语学习词典。

（ ）23. 我要求学生在学习中遇到不会的单词时就查字典。

（ ）24. 我定期创设条件让学生之间互相交流学习词汇的心得和体会。

（ ）25. 教授单词时，我引导学生关注单词的使用场合和文化背景。

附 2 中学生词汇学习策略情况调查问卷

请在以下五个选项中选出一个，将代表该选项的数字填在每个问题前面的括号里：

1. 从来不这样做 2. 基本不这样做 3. 有时这样做 4. 常这样做 5. 总是这样做

（ ）1. 我学习单词主要靠背书中的单词表，一个挨着一个背。

（ ）2. 我反复读新单词，一直读到记住为止。

（ ）3. 我不会生词的发音时，会向同学或教师请教。

（ ）4. 我根据发音规则记单词，拼写时一边大声读一边写。

（ ）5. 我学习新单词时，要看这个词有什么特征，然后把它跟有关的旧单词联系起来记忆。

（ ）6. 我学习新词时，注意发现规律，根据词根、词缀、同义词等来记忆。

（ ）7. 我学习新词时，按照事物的分类把表示同类事物的单词放在一起学。

（ ）8. 我经常把搭配在一起使用的词组或用法相同的词放在一起学。

（ ）9. 我把新单词放在词组和句子里学，并将词组和句子一起记忆。

（　）10. 我有一部分单词放在课文情境里学。

（　）11. 我在说/写活动中能够运用刚学到的单词。

（　）12. 我在小组中和同学一起互助学习单词。

（　）13. 我使用一些窍门或顺口溜来记忆单词。

（　）14. 我通过前后句子或上下文等语境来猜测生词的意思。

（　）15. 我通过大量阅读活动来扩大词汇量。

（　）16. 我按照词汇的使用频率和重要性分层次学习单词。

（　）17. 我了解多种记忆单词的方法，并能找到适合自己的单词记忆方法。

（　）18. 当读错或写错单词时，我思考出错的原因。

（　）19. 我定期复习学过的单词，碰到默写不出来的单词就抄写几遍或读几遍。

（　）20. 我计划每天或每星期要背出多少单词。

第三节　语法教学设计

【学习目标】

· 明晰新课程理念下的语法教学要求

· 掌握语法教学的原则和方法

· 提高设计有效语法教学活动的能力

【内容要点】

· 语法的内涵以及语法教学的目标

· 语法教学的方法及教学案例分析

语法教学在英语教学中占有极其重要的地位。在我国中学英语教学中，语法教学一直是教学的重点。《高中英语课标》对语法教学也有明确的要求。在课堂语法教学中，教师面临的困惑很多。例如，"语法课讲得很辛苦，学生却掌握得很差""不知道怎样教语法才能引起学生的兴趣""知道教材语法活动设计得不理想，但不知如何改进""不知道怎样将死的语法规则教活，学生能运用自如"。

为了帮助教师解决这些困惑，本节先从新课程理念下的语法教学要求入手，使得大家能够更好地了解语法的内涵以及语法教学的目的和意义，明确语法教学的目标，掌握新课程理念下语法教学的原则和方法。然后结合几个相关的语法教学案例讲述几种有效的高中英语语法教学方法和教学设计，以帮助教师提升设计有效语法教学活动的能力，增强语法教学的实效性。

一、语法的内涵以及语法教学的意义和目标

（一）语法的内涵

语法通常是指语言正确性与规范性的使用规则，是人们正确表达思想的规则依据。一些持语法知识论观点的学者认为，语法是语言学家和语言教师所研究的一门知识，包括描述性知识和程序性知识。描述性知识由各种语法规则组成，如词法、句法和章法，包括词类、从句、时态和语态、情态等；程序性知识指如何运用语法完成交际任务的知识。第一种知识可以通过学习获得，而第二种知识表现为一种能力，必须通过训练和运用才能掌握（鲁子问，2006）。

《朗文当代英语词典》对语法的解释为："（the study or use of）rules by which words change their forms and are combined into sentences."从这个解释可以得出语法是对词语构成及合成句子规律的解释。更确切地说，语法是人们使用语言进行交际时，将词语组成句子，使语言具有明确意义，并能被对方所理解的一套规则。语法在交际中对语言起到组织作用，能帮助我们更准确、更恰当地理解语言、使用语言。语法的种类很多，大体上可以分为理论语法、参考语法和教学语法。其中教学语法是专门为教学目的而编写的语法，只包括语言中最基本、最常用的语法规则。中学英语教材中的语法编写体系属于教学语法范畴，是实践语法。中学生学习语法不是为学语法而学语法，而是将语法作为语言学习的工具（王媛，2009）。

（二）语法教学的意义

培养语言技能是英语课程的目标之一。《高中英语课标》对高中阶段的

语言技能目标的描述为：语言技能包括听、说、读、写四个方面的技能。而这四种技能中，语法知识无不渗透其中。离开了语法知识就无法正确地使用语言。人教版普通高中课程标准实验教科书的配套教师教学用书关于语法教学方面指出：中学英语课教学语法是必要的。符合中国学生认知规律的循序渐进的语法教学能够迅速有效地帮助学生准确地理解和掌握英语（刘道义，2007）。由此可见，教授语法不是最终目的，而是培养学生语言实践能力的有效手段，其最终目的是让学生将语言的形式与其意义、交际功能有机结合起来，通过在具体语境中体验和运用来内化语言规则，从而达到准确运用语言进行有效得体交际的目的。因此，在语法教学时，应该考虑到语法教学在英语教学中的意义：学习语法的目的就是确保学习者正确使用语言进行有效的交流。

（三）语法教学的目标

中国学生的英语学习以有意识的学习为主，而学习基础英语语法规则可以帮助学习者较快地掌握语言形式。因此，设计真实的语法情境，让学生在运用、交际的交互方式中学习语法，促进学生听、说、读、写综合语言运用能力的发展是每一个教师的任务和挑战。《课程标准》中要求的高中英语语法学习的目标以义务教育一至五级的目标为基础，共有四个级别（六至九级）的目标要求。其中七级是高中阶段必须达到的级别要求，八级和九级是为愿意进一步提高英语综合语言运用能力的高中学生设计的目标。这些语法目标描述具体地告诉我们：高中阶段的语法学习加大了语言运用方面的要求，如八级语法目标包括"使用适当的语言形式进行描述和表达观点、态度、情感等"和"学习、掌握基本语篇知识并根据特定目的有效地组织信息"。这使教师更加明晰了语法教学的目的是使学生能在特定的情境中运用语言知识，完成交际任务，是知识与技能学习的整合。

美国语言学家拉森-弗里曼（Diane Larsen-Freemen，2005）提出了语法教学的三维目标，即语法教学的内容应该包括三个方面，除语言形式/结构（form）（包括词素、语音/音素形式、句法形式等）之外，还应该包括意义/语义（meaning）和语用（use）。语意包括语法形式与结构的语法意义和内容意义，语用的主要形态为功能，指语言在一定的社会语境、一定的语篇中

的表意功能。(如图 2-3-1 和图 2-3-2 所示)

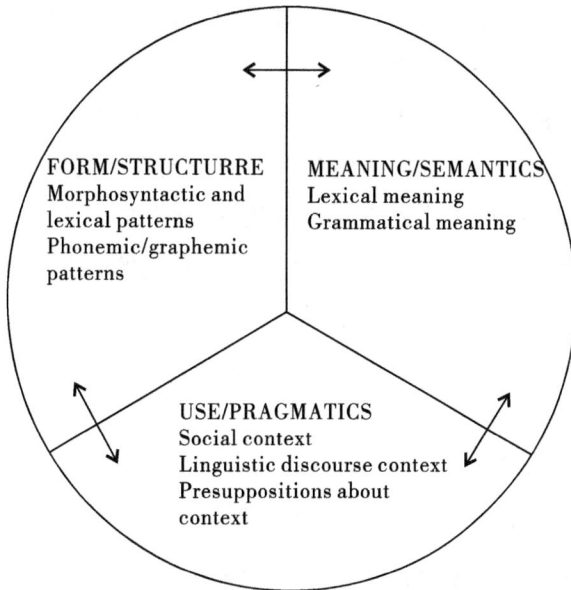

FORM/STRUCTURRE
Morphosyntactic and
lexical patterns
Phonemic/graphemic
patterns

MEANING/SEMANTICS
Lexical meaning
Grammatical meaning

USE/PRAGMATICS
Social context
Linguistic discourse context
Presuppositions about
context

图 2-3-1 语法的三维结构饼图(Diane Larsen-Freemen，2005：252)

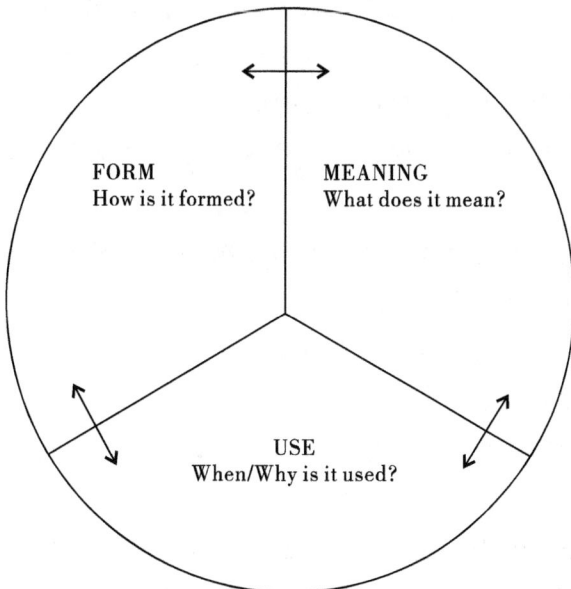

FORM
How is it formed?

MEANING
What does it mean?

USE
When/Why is it used?

图 2-3-2 语法教学的三维结构示意图(Diane Larsen-Freemen，2005：253)

拉森-弗里曼把形式、意义和语用放进一个饼图，它体现出语法的三个维度：结构或形式、语义或意义、控制语言使用的语用条件。她认为根据饼图，任何一个语法点的教学或呈现都可以通过解答与三个维度相关的问题来进行。她关注的语言三要素：形式上，语言是形成模式的一个动态过程；语义上，它表达意义；语用上，要以恰当的方式适应语境。这三个维度之间不是传统语法的上下层的关系，它们相互联系又相互制约。

因此，教师在设计语法教学时应从语言运用的角度出发，不仅要使学生掌握语言的形式和意义，更要使学生清楚形式的运用，把语言的形式、意义和用法有机地结合起来，要引导学生在语境中了解和掌握语法的表意功能。新课程理念下的语法教学赋予了语法交际的意义。

二、语法教学的方法

(一)英语课程标准和新教材所提倡的语法教学方法

根据普通高中英语课程标准所倡导的理念，教师在教学中应改变以语法为纲、过多讲解语法知识的做法；要将传统的静态讲述式语法教学，变为师生、生生一起活动的动态运用式教学。要求在语法教学中体现课程标准所倡导的激发兴趣、发现探究、实践运用、自主学习、合作学习、任务型学习等教学理念和方法。提倡有效的语法课堂教学要具有如下教学特点：

第一，语法教学与听、说、读、写各项技能的训练紧密联系，置这些活动于语言环境之中。

第二，语法教学与话题、功能的教学结合，使语法教学结合情境，与语篇教学和实际运用结合，开展任务型活动。

第三，采用归纳法，启发学生观察、发现、体验、感悟、分析、综合，逐步理解和掌握所要求的语法。

第四，适时运用演绎法，教材提供注释，教师适当讲解，必要时借助翻译进行英汉比较。

第五，实施三维语法教学，不满足于让学生明白形式，即语法结构变化规则，还要弄清楚该结构在语境中的意义，更要能够运用。（如图2-3-3所示）

在新课程的课堂教学中可以采用"呈现(Presentation)—发现(Discovery)—

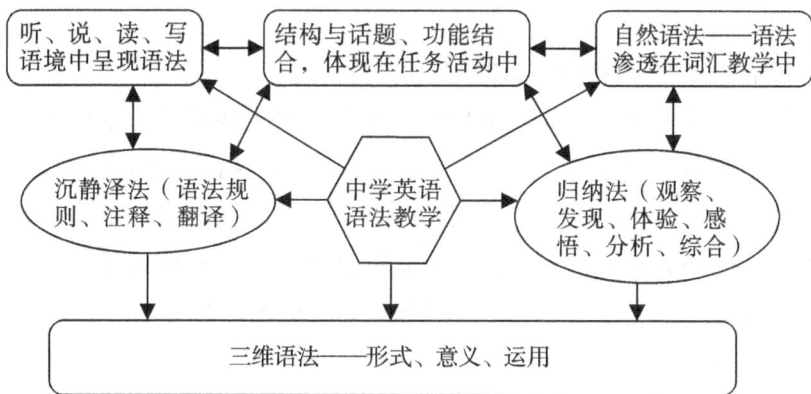

图 2-3-3 三维语法教学

归纳（Induction）—演绎（Deduction）—实践（Practice）—活用（Production）"的教学步骤来优化语法课堂教学。（刘道义，2011）

（二）在语境中设计、实施有效的语法教学

1. 语境理论和语法教学

语境，指的是产生语言活动的环境。胡壮麟（2002）把语境归结为三类：第一，语言语境，即篇章内部的环境，或称上下文；第二，情景语境，即篇章产生时的周围情况，事件的性质、参与者的关系、时间、地点、方式等；第三，文化语境，即说话人或作者所在的语言社团的历史、文化和风俗人情。

本节中语法教学中的语境拟用胡壮麟的语言语境、情景语境和文化语境来定义，包括了学习者掌握语法规则、理解语法意义所需具备的一切外在和内在因素。

2. 语境在语法教学中的作用

（1）语境帮助实现语法的交际功能

英语语法具有结构功能和交际功能，而语法的交际功能则取决于特定的语境。有效的交际是形式、意义、功能和语境的和谐统一。语法教学的最终目的是促进并提高学生积极参与交流的能力。因此结合语境进行语法教学是十分必要的。如果我们能够提供语境，如提供一个语篇、一个写作让学生在语篇中理解定语从句，在写作中使用定语从句，这种活动就是可取的，有助于培养学生的语言应用能力。这在很大程度上与教师对语法的

65

理解有关。

（2）语境有助于提高语法课堂效率

在语法课堂教学中，如果引导学生在语境中先接触这个语法现象，体验这些语法结构在语境中的使用情况，然后让学生自己通过观察、归纳、总结去发现语法规则，在语境中运用语法，学生往往能较好地把所学语法知识真正用于语言的实际使用之中。这样就把语法知识的操练和语言的运用结合起来，不会使学生感到语言操练单调、枯燥、低效。

3. 语境设置的原则

（1）语境的真实性原则

认知心理学认为，如果输入大脑的信息具有一定的实用性，那么当它达到大脑这一中心加工器时，便产生兴奋的情感，输出活跃的思想与行为，而真实的活动意味着将语法还原成实践。让学生在真实的语境中学习英语，能使学生学以致用，会产生更大的兴趣，愿意积极地投入学习中去，从而更好地培养学生的语言交际能力。因此，要做到在语境中教授语法，就要使语法教学设计的语境以学生的语言生活实际为基础，要来源于真实的日常生活，要能够便于学生在生活中迁移运用。真实的交际语境让学生感受到处处可以学英语，处处可以用英语，人人都能学英语，人人都能用英语。

以人教课标版教材中第 4 单元 *Earthquakes* 的阅读课文 *A Night The Earth Didn't Sleep* 中出现的定语从句的教学为例。本篇课文篇幅较长，学生只能在阅读文章的同时初步感受文中定语从句的用法。为了使学生在高一起始学习阶段能够更好地认知、理解定语从句，并达到操练运用的程度，教师有必要设置一个学生感兴趣的真实语境，让学生在不知不觉中认知和理解定语从句。因此笔者在本单元设计了以谈论"友谊和朋友"为话题的语法课。结合本节课的教学任务，笔者精心选择了适合的语言素材——一篇以"friendship"为话题的语篇材料来呈现本课的目标语言结构——定语从句。学生在阅读中感受到友谊的美好，同时在优美的语言中不知不觉地体验、感悟定语从句的语用功能，在篇章语境下更好地识别和理解定语从句。

语言素材：

Friendship is very pleasant and also essential to people's life. A man without friends is an angel without wings whose life will suffer in that long loneliness and depression. Friendship is the mother of our spirit who will warm her kid when hurt occurs. It's great to keep up a sincere friendship.

It takes many special qualities to make a friend. Understanding should come first. We may find our hobbies of common interest. This feeling of natural attraction gets us closer and closer.

It also takes a special kind of love that seems to know no end. Love is not selfish. Love is a feeling that we should treasure all our lives.

Understanding and love are two essences（要素）that come to a true friendship. Remember, friendship is your spirit's guard and everyone should treasure it.

活动任务：

① Read the passage and find out some special sentences with the same structure.

② Discuss with your partner why they are special and figure out their basic structures.

③ Get familiar with the new grammar and learn how to use it.

借助学生感兴趣的话题语境"friendship"，运用归纳法，让学生自己思考探究，然后两人一组讨论并归纳句子的语法结构和定语从句的使用规律。在此过程中，教师为主导，学生为活动的主体，教师简明扼要地点出此语法的结构特点及如何使用即可。同时教师结合文中目标语言引导学生注意修饰人和物时关系代词 who/whom/whose/which/that 的区别。通过此环节目标语言的呈现，学生基本能够识别定语从句的结构形式，通过语篇语境了解定语从句的语法功能：用于描述人和事物，或对事物的补充说明。

（2）以学习者为中心的原则

在语境中教授语法的课堂要以学习者为中心。教师不再是孤立的讲授者。其作用不只是教授语法知识，更要从关注学习者自身出发，给予其帮助和建议。遵循以学习者为中心的原则，教师设置合理的语境，引导学生自我探究、自我发现语言使用的规律，借助语境的帮助，学习者就会在潜移默化中掌握语法知识。

在上述定语从句的语法教学过程中，活动的主体是学生，充分体现了以学习者为中心的课堂教学。

(3)交际性原则

运用语境理论进行语法教学，要求教师尽可能创造师生和生生互动与交流的机会，改变语法课堂的沉闷气氛，让语法课充满乐趣和生机。让学生成为课堂的主人，提高学生课堂参与的积极性。

同样以上述定语从句课例为例。在学生基本了解了定语从句的结构和语用功能后，笔者设计了第二个全班性的真实任务活动：在班中选择你的一个好朋友，学习使用定语从句来描述，让班里其他同学来猜。

活动任务：Describe one of your friends and others guess。

① Choose one of your best friends in the class and describe him or her，using the words given above and an attributive clause.

② Other classmates guess who that is.

The following structures are for reference：

My best friend in our class is a boy/girl _____ .

In our class，I have a good friend _____ .

My good friend is someone _____ .

I enjoy playing with the person _____ .

...

该活动是一个指导性的任务型练习。教师运用任务驱动，创设了能够使用定语从句的真实的生活情境——让学生尝试使用定语从句介绍自己的好朋友。有前面的任务做铺垫，在生生互动中学生基本能够正确使用关系代词 who，whom，whose 和 that 引导定语从句来进行交际活动，准确描述自己的好朋友。本任务达到了理解和运用定语从句的目的。由于是同班同学，其他学生猜起来也比较容易。这项活动将课堂气氛推向一个高潮。

之后，学生与自己的好友组成搭档，运用定语从句描述教室内看得到、摸得着的事物让自己的搭档来猜，充分体现出语法的交际性原则。

任务活动：Describe an item in the classroom and guess in pairs。

① Form a pair with the friend that you described after the guessing activity. Work with your partner. One chooses an item in the classroom and describes it. The other guesses what it is.

② Each pair shows their work. Other students watch carefully and find out the mistakes they make.

此活动要求学生和前一活动中描述的各自的好朋友组成搭档，选择教室内的任何物体，运用定语从句进行描述，让对方猜测。两个人在小组内分别练习目标语言项目——由 that 和 which 引导的定语从句来描述事物。此时，教师放开对学生的控制，只是在小组需要时给予必要的指导和帮助。

最后，在 Close pair 环节，教师要求学生注意倾听展示的学生在定语从句使用上存在的错误，同时做出必要的纠正和点评，在互评互改加深对定语从句的正确使用方法的掌握，达成形式、意义和语用的三维目标。

在本节课中，教师结合本节课的教学任务选择了适合的语言素材——以"友谊"为话题的语篇材料来呈现目标语言结构，使学生更好地识别和理解定语从句。课程开始时让学生仔细阅读文章，体会文中描绘的美好友谊，感受英语优美的语言和定语从句的描述性功能。让学生在话题语境中通过观察、讨论、思考和探究，总结归纳定语从句的语法结构。整个活动都在这个语境下展开，为整堂课后续任务的完成做了很好的铺垫。之后，教师创设了多个真实的任务情境和学习任务，围绕定语从句这个语法项目开展语言实践活动，引领学生积极参与，完成各种学习活动，最终掌握定语从句。从当堂检测和后续的跟进作业来看，本节课学生的学习任务完成得很好，教学目标达成度很高。

（4）趣味性原则

依据学生的年龄特征和认知特点，创设的语境要为学生留出想象的空间，以激发他们的好奇心和学习兴趣。设计的语境要富于趣味性、贴近学生生活、适合目标语法呈现和运用，这样学生就会积极主动地在语境中探索语法规律，运用语法规则，内化语法知识，为真实语言交际打下基础。学生的好奇心在一开始就得到满足，就会很自然地跟随教师的脚步，渐进地学习知识，甚至是有方向性地自我构建、自主探究。教师的教学也目标明确、重点突出。这也是良性的师生互动过程。

（5）文化渗透原则

语言教学一直重视语言背后的文化背景的渗透，语法教学也要注意传递文化。例如，有些句子从语法的角度看是正确的，但本族人却不这样说，或是错误的；而有些句子违反了语法的规则，但在本族人看来却完全可以接受，这就是文化差异。从这个意义上讲，一个地道的英语句子不只是符合语法规则，还应符合交流的原则，语篇原则和文化规则。所以教授语法的目的是不仅仅能够让学生通过学习语法能够造出结构形式正确、意义表达准确的句子，而且要让学生明白这个语法规则所能使用的文化语境。只有这样学生才能准确运用语法规则去表达思想。因此，语法课堂上的语境设计要遵循文化渗透的原则。

（三）语法教学设计案例及分析

以下以一节同课异构的高三英语定语从句的复习课为例，分析并研讨说明新课程所倡导的在话题语境中开展有效的语法教学的方法。

教学背景：本节课的教学对象为北京市一所农村中学高三理科班的学生。学生中考入学分数为 420 分左右，基础知识薄弱，能够基本了解定语从句的基本结构。本节课是在美国传统节日"感恩节"前一天进行的一节定语从句的语法复习课，因此，笔者设计了话题语境"感恩节"，选择了一篇"在感恩节时女儿写给妈妈的感谢信"这篇美文来呈现目标语言——定语从句的综合运用，把定语从句的复习融入话题语境中。

【案例】话题语境下定语从句的复习与运用

教学任务：通过本节课的学习，学生复习、巩固和运用定语从句。

任务形式：Reading, combining sentences and speaking.

教学步骤：

Step 1　Read and answer a passage

教师先从含有定语从句的自我介绍和日期介绍引出本堂课的教学任务和话题，然后让学生阅读短文，回答问题，并在文中标出答案的出处句子。

语言素材：

A Love Note to My Mom

Dear Mom,

On the wonderful Thanksgiving Day, I'll express my sincerest gratitude to you.

When I was a little girl, I would often accompany you as you modeled for fashion photographers. It was years later that I finally understood what role modeling play in your life. I did not know you were saving every penny you earned to go to law school.

I cannot thank you enough for what you told me one autumn afternoon when I was nine. After finishing my homework, I wandered into the dining room where you were busy under piles of law books. I was puzzled. I wanted to know the reason why you were doing what I do—memorizing textbooks and studying for tests. When you said you were in law school, I was more puzzled. I didn't know moms could be lawyers too. You smiled and said, "In life, you can do anything you want to do."

As years went by, that statement kept ringing in my ears. It finally became my motto, from which I gained strength. Encouraged by it, I have become one of the few women who have made great achievements in my field. I will go on with my life's journey, eagerly meeting each challenge. You did it, and now I'm doing it.

回答下列问题：

1. How did mom pay for her law school?

2. What was her mom doing in the dining room that autumn afternoon?

3. What did the writer want to know?

4. What did mom say to her?

5. Where did the writer get strength?

6. Has the writer made great achievements?

任务 1：阅读短文，回答问题，并在文中标出答案出处的句子。

任务2：学生两人一组讨论并分析这六个句子，找出目标语言结构——定语从句，并把这些句子分别拆分成两个单句。例如：

1. How did mom pay for her law school?

　　——▶By saving every penny she earned as a model.

原文：I did not know you were saving every penny you earned to go to law school. You earned every penny as a model.

【分析】

学生带着问题和任务阅读短文，在感受一位女儿对妈妈深深的爱的同时，借助学生感兴趣的话题语境，呈现目标语言。同时教师通过问题引领，引导学生观察文中的句子结构，使得学生通过阅读利用上下文，从篇章角度体会限制性定语从句对先行词的重要限定作用，在不知不觉中复习和领悟定语从句的句法结构、关系代词的区别使用，以及此语法项目的语用功能。学生通过讨论，拆分句子，分析定语从句的结构，为后边合并句子的任务提供结构上的范本。

Step 2　Learn to use the Attributive Clause

1.	1. Thanksgiving Day is an opportunity for us to express our gratitude(感激)to people. 2. The people love and care for us. ⇩ Thanksgiving Day is an opportunity for us to express our gratitude to the people _____ love and care for us.
2.	1. Americans give thanks for the blessings(恩赐). 2. They have enjoyed the blessings during the year. ⇩ Americans give thanks for the blessings _____ they have enjoyed during the year.

3.	1. Thanksgiving Day is usually a family day. 2. People always celebrate with big dinners and happy reunions on that day. ⇩ Thanksgiving Day is usually a family day _____ people always celebrate with big dinners and happy reunions.
4.	1. Turkey, corn and pumpkin pie are symbols(象征)of Thanksgiving Day. 2. They represent(代表)the first thanksgiving. ⇩ Turkey, corn and pumpkin pie _____ represent the first thanksgiving are symbols of Thanksgiving Day.

任务 3：根据图片和所给单句，用定语从句来合并句子。

答案：1. who　2. which/that　3. on which/when　4. which/that

【分析】

本任务依然在话题语境"用定语从句描述感恩节"之下进行，任务的设置由易到难：由填写关系代词到填写关系副词，由填写一个关联词到完成整个定语从句，活动任务有梯度。借助话题语境，学生易于理解，而且对此话题很感兴趣。有前一个任务做铺垫，学生对此任务完成得很好。在这个练习中学生复习了关系代词 who，which，that 的用法；同时练习了关系副词 when 和介词 on＋which 的用法。学生始终在有意义的语言环境中操练和使用定语从句。

任务 4：问题诊断

Step 3　Tell if the sentences are right or wrong, trying to correct the mistakes.

1. In the United States, the fourth Thursday in November is called Thanksgiving Day, on which Americans of all faiths will celebrate.

2. The Thanksgiving celebration, the pattern of which has never changed through the years, is the most traditional.

3. The whole family will sit around the dinner table, that people will find apples, oranges, chestnuts, walnuts and grapes.

答案：1. wrong（去掉 on） 2. right 3. wrong（that 改成 where/on which）

【分析】

在此环节中，教师在同样的话题语境下设置了三个判断正误的句子来诊断学生对于定语从句的掌握情况，同时要求学生改正有错误的句子。通过问题诊断，发现学生对于关系副词 where 的使用还不是很好。但此环节完成后，语境的设置帮助学生很好地理解了这个用法。

Step 4 Summary

1. Mainly review Attributive Clause：

只用 that/which 的情况；介词 ＋关系代词的情况；关系副词 when，where，why 的使用。

2. Practice using Attributive Clause.

3. Conclusion：Why do we need to learn the Attributive Clause?

Learn for reading — Help understand the long sentences in reading.

Learn for writing — Help describe the things and people more vividly：Make the sentence more advanced.

【分析】

课程进展到此，教师引导学生回顾并总结本节课所复习的内容。同时，结合本堂课的话题语篇中定语从句的使用引导学生领会并进一步总结出学习定语从句的意义。

Step 5 Production

任务 5：Group work：Talk about Thanksgiving Day according to the pictures.

根据今天所学内容和提示词，描述图片，谈论有关感恩节的节日、食物、聚会或礼物等，学会感恩。请至少运用一个定语从句。

提示词：Food：turkey，pumpkin pie，corn，pudding，

Activity：have a party，get together，decorate，express gratitude，

celebrate，say thanks to，send cards，write thanks letters to…

提示问题：

1. What do people do on Thanksgiving Day in the USA?

2. What kind of food do people have on Thanksgiving Day?

3. How do they celebrate on Thanksgiving Day?

4. Who do you want to say thanks to on Thanksgiving Day?

【分析】

学生运用本节课所学到的定语从句和相关背景知识来描述感恩节或向他人表示感谢，使得学生在真实语境中使用定语从句这一语法知识，实现了语法功能和意义的和谐统一，达到学会在真实语境中使用的目的。

课程结束前两分钟，让学生大声朗读几个含有定语从句的谚语，再次感受定语从句在生活中的运用。

Learn some proverbs：

1. He who laughs last laughs best. 谁笑到最后谁笑得最美。

2. He who does not reach the Great Wall is not a true man. 不到长城非好汉。

3. Nothing in the world is difficult for one who sets his mind to it. 世上无难事，只怕有心人。

【分析】

本节课是针对中等程度的农村校学生设计的一节同课异构的高三定语从句语法复习课。教师根据学生熟悉的生活实际和时间上的巧合，以"感恩节"为话题，设计了话题语境下"定语从句"目标语法项目的感悟、总结和运用。本节课采用以情境为载体、以话题为主线、以活动为依托，"寓情于境"的语法教学模式。所谓"情"即"定语从句"这一特定的目标语法，而"境"则是以"感恩节"话题贯穿始终、围绕该话题开展活动、完成任务的相对真实的语境。本节课教师精选了写于感恩节，而且集中使用了许多限制性定语从句的一个语篇，让学生"在语篇中发现规律——学习语法，在情境

中感知——活学活用语法"。在课堂设计、活动安排甚至最后的家庭作业布置上设置多样化、不同梯度、不同层次的语言实践活动，创设贴近学生实际生活的情境进行语法教学，由简到繁逐层递进，充分关注"知识与能力，过程与方法，情感态度和价值观"的三维目标，使得枯燥无味的语法复习课由于注入了鲜活的语境，让学生有了新鲜感，并且积极投入本节课目标语言的学习和运用之中，培养了学生综合运用语言的能力。

《论语言教学环境》的作者理查兹(Jack C. Richards)认为语言运用能力是落实到具体语境、交际任务、语言行为上的实际能力。在他看来，贯穿于语言能力中的语法不是交际组织原则，而是交际能力的组织部分。语法知识越丰富，语言运用能力未必越强，因为语言运用能力是在语法与其他语言技能的相互作用中得以实现的。因此，语法教学不应是枯燥的规则讲解加上机械的句型操练。在新课程标准的理念下，教师应致力于把语法教学与学生语言能力的提高有机地结合起来，针对不同的教学目标、教学内容、教学对象，采用不同的教学模式和教学方法，激发学生的学习兴趣、让学生积极地参与到学习过程当中，努力发展学生综合运用语言的能力。这样学生才能在学习语言知识的同时，掌握语言的实际运用。

思考与实践活动

请结合本节所学的语法教学方法，选择一个语法项目设计一节课的语法教学：

1. 分词作状语、定语的语法结构的复习和运用；

2. 情态动词表示对过去的猜测的语法结构的学习和应用；

3. 现在分词作状语的认知、理解和操练运用；

4. 分词作形容词表示情感的理解与初步操练。

参考文献

陈林，王蕾，程晓堂. 普通高中英语课程标准(实验)解读[M]. 江苏：江苏教育出版社，2004.

胡壮麟. 语境研究的多元化[J]. 外语教学与研究，2002.

黄远振．新课程英语教与学[M]．福州：福建教育出版社，2003.

刘道义．普通高中课程标准实验教科书：教师教学用书[M]．北京：人民教育出版社．2007.

刘道义．如何优化中学英语语法教学[J]．课程教材研究．北京：人民教育出版社，2011.

刘志辉．中学英语语法教学的新探索[D]．武汉：华中师范大学，2004.

鲁子问，王笃勤．新编英语教学论[M]．上海：华东师范大学出版社，2006.

任秋兰．中国教育背景下的语境与外语教学研究[D]．济南：山东师范大学，2004.

王笃勤．英语教学策略论[M]．北京：外语教学与研究出版社，2006.

王媛．透视新课程理念下的英语教学设计 [M]．北京：北京出版社，2009.

余菊芳．语境理论在高中英语语法教学中的运用和研究[D]．武汉：华中师范大学，2011.

张正东．外语教学技巧新论[M]．北京：科学出版社，1999.

中华人民共和国教育部．普通高中英语课程标准（实验）[M]．北京：人民教育出版社，2003.

朱永生．语境动态研究[M]．北京：北京大学出版社，2005.

S. 皮特·科德．应用语言学导论[M]．上海：上海外语教育出版社，1983.

Harmer, Jeremy. Teaching and Learning Grammar [M]. London：Longman Group UK Limited，1989.

Larsen-Freemen Diane. 语言教学：从语法到语言技能 Teaching Language：From Grammar to Grammaring [M]. Beijing：Foreign Language Teaching and Research Press，2005.

Thorbury, Scott. How to Teach Grammar[M]. London：Pearson Education and World Affairs Press，2003.

第四节　语法学习策略培养

【学习目标】

- 明确语法学习的内涵及原则
- 了解语法学习的方式
- 学会依据语法内容确定适当的学习方法
- 形成有效的语法学习策略

【内容要点】

- 语法学习策略培养的重要性
- 语法学习中存在的误区
- 新课程理念下的语法学习原则
- 语法学习策略的分类与培养方法
- 语法学习策略培养案例分析

一、语法学习策略培养的重要性

海姆斯(Hymes，1972)指出，语言首先是交际工具。外语学习要注重培养交际能力、语法能力、社会文化能力、语篇能力和策略能力。学习者要具备交际能力、语法能力、社会文化能力、语篇能力和策略能力，其中语法能力是基础，对于准确表达和理解至关重要。语法学习是语言学习的一项重要内容，直接影响学生综合语言能力的提高。

语言知识(指语音、语法、词汇)和语言能力(指听、说、读、写、译)相辅相成、互相促进。对中国学生来说，英语语法规则主要靠学得(learning)而并非习得(acquisition)，因为没有良好而充分的英语环境。学生只有掌握正确的学习策略，建立起语法意识，才能把英语学好、用活。

语法学习固然重要，但因语法规则种类繁多，经常会让人觉得枯燥乏味，因而语法学习成了许多学生英语学习中的一个薄弱环节。实际上，只要本着实用的原则，与语言运用相结合，语法学习也会富有乐趣。学生是学习的主体，教师要恰当引导学生在理解的基础上学习，在学习中归纳语法规则，在错误中总结语法规律，在交际中使用语法，在真实的情境中体会语言的使用，突出语用意识，在学习过程中经过观察、探究、理解形成概念，探索、掌握和使用适合个人特点的语法学习策略，形成良好的学习习惯。在句子层面初步运用，再通过语篇加以巩固。教师在学习过程中要起到促进理解、监控输出的作用，培养学生的语法意识，为学生提供运用语法的机会，秉承"为用而学，在用中学，学而能用"的原则，语法教学就能够实现使语言知识与技能融为一体。

二、目前语法学习中存在的误区

语法学习是困扰很多英语学习者的难题。语法知识单调、枯燥使学习者在课堂学习中缺乏兴趣。目前中学生在语法学习过程中存在以下误区。

(一)学习目的不明确，为了语法而学习语法

很多学生并不明确学习语法的真正目的，只是觉得解题时离不开，所以死记硬背一些语法规则。结果解题能力很强，却不能自如运用。英语语法是英语语言内部结构的一般规则，是研究词形变化和句子结构的科学，是联系词汇与句子的纽带，是进行听、说、读、写等语言实践活动的基础。通过语法学习可以更加有效地掌握语言规律，更好地进行听、说、读、写等综合实践活动。

(二)机械记忆语法知识

有些学生过分强调语法的重要性，把大量时间精力用于学习语法辅导教材，或详尽记录教师讲授的语法规则，逐条记忆，却没有真正消化理解，更没有主动运用的意识和能力。因为缺乏有效的实践与运用，他们感觉语法要点繁多庞杂，语法学习是负担，从而导致英语学习无奈而低效。

(三)淡化或完全忽略语法学习

受"交际教学法"的影响，有些学生认为只要交际双方能沟通，就达到了英语学习的目的。殊不知，交流过程中，交际双方不会刻意纠正对方的语法错误，结果导致学生讲的始终是蹩脚的英语，不能准确得体地运用英语。"淡化语法"是让学生从语法题海中解脱出来，"活化"语法知识的教学，

将语法知识融入情境中,在语境中学习各种语法现象的功能和作用,达到交际目的,而不是忽略语法。

(四)未能形成有效的语法学习策略

很多学生习惯了死记语法规则,不注重运用,导致口头、书面表达都会漏洞百出。语法学习可以有效提高学生交际表达的准确性。中学语法规则中的例句都来自于课文或听力材料。一旦学习者通过观察、体验、对比、探究等积极主动的学习方法,一步步地去发现、归纳语法规则并加以运用,就能充分发挥自己的学习潜能,形成有效的语法学习策略,提高自主学习能力和语言综合运用能力。

三、新课程理念下的语法学习原则

《课程标准》把学习策略列为课程目标之一,明确指出:学习策略是提高学习效率,发展自主学习能力的保证。还提出"高中英语教学要鼓励学生通过积极尝试、自我探究、自我发现和主动实践等学习方式,形成具有高中生特点的英语学习的过程与方法"。英语语法学习要遵循这些原则,培养学习习惯,形成有效的学习策略,要服从和服务于提高语言实践能力这一总体教学目的。

(一)发挥语法学习中的主体地位

学生的发展是英语课程的出发点和归宿。体验性是新课程学习方式的突出特点。在实际的学习活动中,它表现为以下三个方面:强调身体性参与,重视直接体验,重视感性因素。语法学习应该是学生感受、观察、分析、思考,从而明白事理,掌握规律的过程。在导入环节,学生要积极回忆已有知识;在呈现新知识环节,学生要主动观察、感悟,进而通过自己的体验归纳出语法规则;在复习环节,学生要在教师创设的情境中进一步丰富自身体验,从而巩固并灵活运用。

(二)从语用角度学习语法

语法学习的目的是运用语法来表现或实现某些功能,完成对某些话题的表达。语法学习要从语用角度出发,增强学习者的实践意识,不能局限在语法自身的范畴内,而必须与逻辑思维、语言意识、篇章语境、题材体裁、词汇用语和文化联系起来。

拉森-弗里曼(Larsen-Freeman，2005)指出，语法不是一整套规则，而是与听、说、读、写并行的技能。学习者应该从形式、意义和用法三个维度，带着明确的任务目标，利用课堂上创设的符合语言交际的真实情境，把语法规则放在有意义的交际情境中，利用对话、讨论、文段和语篇的方式呈现语法内容或进行操练，从而逐渐形成语感和有效的学习策略。

(三)理论联系实际，以实践促理论

英语教材上的语法讲解比较简单、分散，不成体系。所以，教师可以准备一本较详尽的语法书，根据教学进度，结合教材上的语法安排，认真研读相关的语法内容。但是如果脱离实践，学生学习起来势必非常吃力。反过来，如果只重视实践，只处理具体句子，往往不能做到由点及面。所以，最好从具体的典型例句入手，分析出它们蕴含的规律，把抽象的规律具体化，随后再选择一些相关练习多加操练，强化理解。从控制性、半控制性再到自由运用的操练有助于循序渐进地理解目标语法，达到熟能生巧的目的。

(四)引导学生从错误中学习、归纳总结语法规则

英语学习中出现错误在所难免。教师要引导学生一方面要大胆地使用英语，不怕犯错误，另一方面要注意反思错误原因，从错误中学习。定期总结、归类自己在口头表达和书面表达中所犯的错误，梳理总结，认真鉴别，区分这些错误是偶然失误还是因没有掌握某项语法内容而导致的错误，明确自己的薄弱环节，然后对症下药，争取不再犯同样的错误。同单纯浏览语法书相比，在纠错中学习是知识再理解和强化的过程。通过归纳总结，举一反三，做到新旧知识融会贯通。

四、语法学习策略的分类与培养方法

学习策略的本质就是学习者在学习过程中表现出来的行为、思维和动作。它对新知识与技能的获得、存储、新旧知识的整合以及知识的应用等都会产生重要影响。引导学生形成有效的英语学习策略已被当前中学英语教育界视为提高学习效率的有效途径及减轻学生负担、大面积提高教学质量的有效措施。

《普通高中英语课标》把学习策略分为认知策略、调控策略、交际策略和资源策略。

(一)认知策略

认知策略是指为了完成具体学习任务而采取的步骤和方法,包括学习者如何接受语言材料、存储语言材料、组织语言知识、理解语言结构(包括语法关系)、提高语言操作的技能,等等。具体而言包括以下内容:

1. 学会使用学习资源(教材和语法书)

通过对教材的预习,了解即将学习的语法项目,在课文中找到包含相关语法内容的语句或段落,主动做好预习,确保心中有数,明确听课的重点。

2. 观察、体会并归纳语法规则

仔细观察文本中含有的语法现象,体会其在上下文中的含义,观察这一语法现象的基本形式,做出自己的归纳和总结。

3. 通过新旧知识的联想内化新知识

听教师讲解之后,联系以前学习过的内容对新知识进行内化,真正理解语法知识的含义和使用场合,为语言运用打好基础。

4. 在新语境中进行模仿和演练

在理解语法现象的基础上进行语言的体验和模仿,进而形成能力,即可以在恰当场合合理运用所学语法知识,使之为交际服务。

例如,在学习 I wish … 这一句型时,要求学生读课文并从文中找出表达愿望的句子:

I suppose I was a bit lazy and now I wish I'd done more work, especially in maths.

Sometimes I wish I could phone him and ask for his opinion!

I wish I was as successful as I was with Graham.

My wife often wishes that I had chosen a job with less stress.

I wish they would decrease the size of classes.

学生观察后进行小组讨论,利用上下文体会句型的用法,明确文本中目标语法的意义和功能，体验目标语言现象及其意义，即 wish 有时表示愿望，有时表示遗憾，形成初步认识。之后总结归纳出 I wish … 后的宾语从句需要使用虚拟语气，即 did, had done 或 would /could do 等形式。然后利用课本上提供的图片进行运用，或根据自己的生活实际使用 I wish … 来表达愿望或后悔的心情。

(二)调控策略

调控策略又称元认知策略，指学习者对自己的认知过程及结果的有效监视及控制的策略。通俗地说，就是对自己的学习活动进行反思的策略。孔子在《论语》中"吾日三省吾身"实际上就是指要不断反思。在语法学习中，假设要学习的任务是定语从句。学生要做到以下三点：

第一，对语法学习有明确的计划。

为学习定语从句做准备，明确在自己的表达中尝试使用定语从句。

积极参与定语从句的学习活动，认真观察、归纳，主动运用。

第二，自我管理、监控和评价语法学习过程。

将注意力集中在定语从句的学习上，收集相关信息。

找出含有定语从句的内容，利用上下文语境充分理解这一语言现象。

及时复习和巩固，留心含有定语从句的段落或文章。

第三，对语法学习活动有效调控。

明确自己在语法学习过程中遇到了哪些困难，是知识层面还是操作层面？

明确自己在哪些方面还需要改进，是语法知识、理解还是表达运用？

分析或向教师请教自己的问题所在并及时纠正所犯错误。

如果学习者能够制订学习计划，选择适合自己的方法学习，每天、每周、每月反思英语课后自己的收获或取得的经验教训，总结归纳问题出现的原因，并将问题分类整理，思考如何克服改正，这种反思过程就变成了学生提高的过程，也会逐渐形成有效的语法学习策略。

(三)交际策略

交际策略是学习者为顺利进行语言交际活动、争取更多的交际机会、维持交际以及提高交际效果而采取的各种策略。语法学习过程中学生必须明确英语学习的最终目的是具备运用英语进行交际的能力。除了课堂上教师创造的交际机会之外，学生自己也必须尽可能多地使用英语，有意识地运用所学习的语法知识，不怕犯错误，在错误中不断改进提高。经过一段时间的行动、体验、适应和矫正，学生会逐步获得有效的学习策略。

（四）资源策略

资源策略指进行有效利用多种媒体学习和运用英语的策略。教学新知识、新技能和新策略有多种多样的来源，学生充分利用资源是外语学习的重要策略，因为只用一本语法书来学习的时代早已成为过去。语法概念中有很多抽象的成分，死记硬背确实让人头痛，但是如果在网络上利用各种小故事、小视频来学习就会成为乐事。

书籍是学习的重要资源。语言学家吕叔湘曾说过："与其多读语法书，不如多读文章。"各种英语阅读文章（包括课文）中含有大量的语法素材，它们有机地融合在文章内容中。通过阅读去学习语法、巩固语法，可以学得活，记得牢，比起孤零零地背语法条目要有趣、有效得多。当然，在阅读过程中要注意培养语法意识和语法敏感性，使自己具备一双敏锐的"慧眼"，灵活运用语法知识来分析理解各种语言现象，善于发现和总结规律，这样才能有助于语法知识的学习。阅读范围越广泛，题材越多样，所接触的语法现象也就越丰富。

同伴也是学习中的好资源，是一条不可忽视的重要学习途径。因为同伴交往时的心态比较自由宽松，所以学生间有很多共同话题，他们的谈话也最能反映他们所关心、感兴趣的人、物和事。如果同伴之间可以建立学习共同体，一起确定学习目标、一起研究、一起练习，学生必定会从同伴身上收获很多知识和经验。

总之，学习策略有利于激发学生主动参与的意识，给予学生自我发展的空间与机会。重视学习策略的培养，尊重个性发展有助于学生建立并调整适合自己的各种学习策略，使学生想学、乐学，最终达到通过学习提高英语综合语言运用能力的目的。

语法学习过程中需要注意：

第一，充分利用课文提供的语言情境，引导学生关注目标语法的意义，帮助学生在上下文中充分感知、体验并探究目标语法所表达的准确意义和功能。

第二，面向全体学生，考虑学生的不同需求，尽量做到：小台阶、高密度、多复现。要做到分散难点，循序渐进，示范引领，合作学习，为学生提供多种选择，给予语言支持。

第三，在总结归纳环节，教师应给学生留出更多的思考空间，使学生有时间自主探究语言规律。

五、语法学习策略培养案例分析

进行语法教学时，要尽力转变学生的学习方式，鼓励学生主动参与、乐于探究、合作交流、积极思考并学以致用，把语言知识与技能融为一体，提高综合语言运用能力。

(一)归纳、演绎相结合

在语言关注和总结归纳环节，可以鼓励学生通过观察、体验、探究来总结归纳语言规律。学生首先接触语言材料，通过输入大量真实、有交际性的语言实例，形成一定的感性认识，进而进行加工，总结归纳出语法规则。这一过程能够培养记忆、思维和综合能力，可以很好地发挥语言交际的功能。

【案例1】北师大版高一英语必修二第三单元第三课定语从句的学习

学生首先朗读并体会理解以下出自课文的含有定语从句的复合句：

Chen Zijiang is a paper-cutting expert whom I interviewed for my article on Chinese Art. (Para. 1)

Paper-cutting is something that he learned to do from an early age. (Para. 1)

Paper cuts of animals have been found in tombs which date back to the time of the Northern and Southern Dynasty! (Para. 2)

A young farmer who wanted a wife would look at a young woman's paper skills before marrying her! (Para. 2)

There are three types of paper cuts which people still make today.

(Para. 3)

A present for parents whose child has recently been born might show a paper cut of children. (Para. 4)

Paper cuts which show the Chinese character for double happiness are often used to celebrate weddings. (Para. 4)

People to whom the dead person was related would make these offerings on special days and during festivals. (Para. 5)

学生自己标出定语从句部分，圈出句中所使用的关系代词，小组讨论各句中从句的功能、含义和关系代词的用法。经过共同归纳总结，学生明晰了定语从句用来修饰其前面的名词或代词。然后再进行关系代词的分类，并进一步分析 who，whom，whose，which，that 的主要用法。

（二）在实际运用中学语法

《义务教育英语课程标准解读》中指出："语法教学要从用的角度出发，要发展学生比较强的语法意识。也就是说，语法教学不能局限在语法的范畴内，必须与逻辑思维联系起来，与人说话的意识联系起来，与篇章语境结合起来。"语法教学要以学生为中心，让学生根据教师所创设的语言环境，把时间和精力用于实例、实践、实用；在反复接触和应用语言的过程中，逐步体会和感知语言的规律性，培养自己探索、思考、创造的能力，形成对语法知识自觉运用的习惯。

语境是语言交际的基础。语法学习要在具体、适当的语言情境中进行，了解语法的形式、语法所表达的意义，把握语法的语用功能和使用的恰当场合。

【案例 2】

在归纳总结了定语从句的功能、含义以及关系代词的主要用法之后，笔者设计了控制性和半控制性练习，帮助学生进一步体会，加深印象。之后展示一幅剪纸作品，要求学生用关系代词 who，that，which，whose 完成下面短文。

As you can see from the paper-cut, the ox, _____ back is burdened with a load of stacks is dragging itself down the path _____ leads to the village. In the public eye, the ox is a hard working and useful animal

_____ plays a big role in a farmer's daily life. In Chinese culture, the animal of ox is quite often compared to people _____ we admire for their diligence and kindness.

这一语篇与教学内容紧密相关，提供了真实环境，不只是注重形式和意义，而是在实践中学以致用，体现了语法的交际功能。最后要求学生根据以上范文，描述自己最喜欢的一张剪纸并介绍其文化含意，尽量使用1~2个定语从句。从而过渡到学生自主运用、实践的环节，做到在用中学语法。

(三)学会从错误中学习

同一个语法项目经常分层次、分阶段在教材中呈现，这对学生在一定时间内理解、巩固语法知识有利，但又必然割断语法知识之间的内在联系，不利于从整体上把握语法知识、形成整体概念，其至会造成旧知识对新知识的干扰。因此，学生需要对教材中分散的语法做全面的综合归纳。

【案例3】

找出以下三个句子的不同之处。

1. This is the reason _____ he was late. (why)

2. This is the reason _____ may explained his coming late. (that/which)

3. This is the reason _____ he explained at the meeting. (that/which)

学生通过仔细观察发现句1中定语从句缺少的是状语，for the reason 充当原因状语才使句子完整。句2定语从句中 explain 后有宾语，缺少的是主语，先行词代替 the reasons 作 may explain 的主语。在句3中，explain 是及物动词，后面缺宾语。经过这样的比较，看似复杂的语法也变得简单了。

(四)重视学习任务的趣味性、多样性、梯度性和可检测性

语法学习和其他学习活动一样，要符合学生的年龄特点和生活背景，使学生有话可说；任务的完成形式应该多样化；任务的难度应该有层次性，遵循由易到难的规律。同时，语法学习活动应该有明确、真实的语言信息，在一种自然、真实或模拟真实的情境中体会语言、掌握语言的应用。

【案例4】

在学习了 I wish... 和 should have done 之后，首先通过填空或看图造句

进行简单的句型练习，旨在帮助学生用目标结构表达自己的看法，为下一个任务做一定的铺垫。

Controlled Exercise

1. I'd like to be a good student. Although I work hard，I can't learn well. How I wish I were/was/could be a good student！（be）

2. I can't cook. I wish I could prepare good meals for my parents.（can）

3. My teacher is ill，so he can't come to my party tomorrow. But I wish he word/could come.（come）

4. I didn't learn to play any instrument when I was at school. I wish I had learned to play the guitar.（learn）

5. The glue was very cheap and it doesn't work. I wish I hadn't bought it.（buy）

Half-Controlled Exercise

I wish I had enough money
I wish I could buy this car now.
I wish I would travel in this car.
I wish I would earn more money to buy it.

Half-Controlled Exercise

- I wish the driver hadn't driven too fast.
- I wish the driver had been more careful.
- I wish the driver accident hadn't happened.

- I wish the driver hadn't been injured.
- I wish the car wasn't broken.
- I wish such accidents wouldn't happen.

之后，根据图片内容尝试编故事，在故事情节中运用 I wish … 和 should have done 表达后悔或遗憾等心情。教师做示范，学生明确任务后组内展开讨论。小组成员各抒己见，编出非常有意思的小故事，学生参与热情非常高。

Language in use

I quarrelled with my boyfriend and ran away angrily. I was walking along the country road when suddenly it began to rain heavily. And I was wet all over:

Oh, I should't have come out in such bad weather. I wish I had taken an umbrella with me and I wish my boyfriend would turn up at once.

Language in use

Group work：Choose a picture and tell a short story using "wish"and "should have done"

have a flat tyre
repairman

washing machine
oven
smell something burning

compass

（五）引导学生主动运用所学语法知识

语法学习的目的之一是促进顺畅的交际，教师要学生在有意识的运用中学习语法。确定交际目标后，要考虑用什么语法形式能够实现这个目标，在头脑中搜索所需要的语言形式，回顾并创造性地运用这些语法知识去完成目标，使自己处于积极主动的思考和创造状态中，才能不断提升语法水平和综合语言运用能力。

【案例5】

设定目标：利用特定的语法项目修改润色自己的文章，从而进一步学习语法知识、提升写作水平。例如，学生第一次写了这样的句子："I followed my brother's advice. I went to the supermarket. There I found a cup. It was in good shape. The price was reasonable."

句子表达的内容很清楚，但所有句子都是简单句。

笔者启发学生思考：可以使用哪些语法项目把句子合并，使这段文字表达得更清楚、更符合英语的习惯？学生得出的结论是：使用连词、定语从句或非谓语动词。之后学生开始改进。首先使用连词把四个小句子合并成两个：I followed my brother's advice and went to the supermarket. There I found a reasonably-priced cup in good shape. 然后把句子改为含有定语从句的复合句：I followed my brother's advice and went to the supermarket, where I found a reasonably-priced cup which was in good shape. 最后把句子的次要成分用-ing形式改写：Following my brother's advice, I went to the supermarket where I found a reasonably-priced cup in good shape. 通过这次练习，学生有了明确的使用语法项目的意识，一步一步地把句子变成高级结构。整个过程学生亲自参与，理解和记忆都很深刻，比起背记现成的句式更有成效。

语法教学也应重视发展性评价，关注学生在学习过程中的表现，及时给予肯定，充分调动学生参与课堂活动和语法学习的积极性，这样才能真正实现评价的目的——促进学生的发展。总之，语法学习方法没有一定之规。学生进行语法学习时，应当针对自己的问题有计划、有步骤地发展、改进语法学习策略。教师要引导学生关注课文所呈现的目标语法，在真实语境中发现含有目标语法的句子，分析并归纳出语法规则及功能，之后进行多层次的操练，从单句到短文再到篇章，提供机会让学生用目标语法进行表达。每个学生都应该在借鉴他人学习方法的基础上探索最符合自己学习目的和学习习惯的方法和策略，这样才能事半功倍。学生和教师一样要解放思想，更新观念，充分发挥自己的主体作用，精心研究语法学习的策略和方法，优化学法，养成良好的学习习惯，提高自身综合运用语言的能力，不仅要学会语言知识，更要学会运用语言交流和表达。

思考与实践活动

一、结合本节内容，请思考以下问题：

新课程理念下如何帮助学习培养有效的语法学习策略？

二、实践活动。

1. 请详细写出如何在语篇中学习定语从句。

2. 请挑选一段对话帮助自己比较现在完成时和一般过去式。

参考文献

鲁子问，康淑敏．英语教学设计［M］．上海：华东师范大学出版社，2008.

中华人民共和国教育部．普通高中英语课程标准（实验）［M］．北京：人民教育出版社，2003.

Larsen-Freeman，D. 语言教学：从语法到语法技能（Teaching Language：From Grammar to Grammaring）［M］. 北京：外语教学与研究出版社，2005.

第三章　语言技能与学习策略培养

第一节　听力教学设计

【学习目标】

- 正确认识听力教学的作用，形成听力教学设计意识
- 尝试运用各种听力教学对策，加强听和说、读、写环节的联系
- 形成创造性培养听力策略的能力

【内容要点】

- 中学生听力技能的发展要求与目前的教学现状
- 影响听力理解的主要因素和教学建议
- 中学英语听力教学设计的误区及对策
- 中学英语听力培养策略

一、中学生听力技能的发展要求与目前的教学现状

(一)中学生听力技能的发展要求

二语习得研究认为，足够的输入(听和读)是有效输出(说和写)的前提。听是输入的重要手段之一。听力活动是大脑对所听信息进行感知、编码、

分析和储存的过程，能够体现听者对语言知识和技能的综合运用能力。

准确定位教学目标和宏观把握教学设计的依据是《高中英语课标》规定的高中学习听力水平应达到的各级目标。教师要全面了解中学阶段的各级目标，使自己在教学目标设计中能够准确把握，做好衔接工作。

《高中英语课标》(2003)听力技能教学建议指出："高中英语听力教学的目的是培养听的策略；培养语感；特别强调培养在听的过程中获取和处理信息的能力。"要培养的听力技能为："排除口音、背景音等因素的干扰、抓住关键词、听并执行指示语、听大意和主题、确定事物的发展顺序或逻辑关系、预测下文内容、理解说话人的意图和态度、评价所听内容以及判断语段的深层含义等。"

《高中英语课标》所要求的听力策略和技能在人教版高中英语教材中的听力练习中均有涉及。(以下案例均取自人教版高中英语教材。)

【案例1】

第二册第三单元的听说部分列出了如下问题：Listen to the whole text and write down the main idea in one sentence.

该问题就是一个总结综合型问题，旨在让学生全面把握所听材料，从而达到总揽全局、全面理解的目的。它要求学生把文章提供的有关信息整合在一起，进行综合加工，形成新的观点和看法。

【案例2】

第三册第一单元的听说部分中设计了以下一系列问题：

Li Mei and Wu Ping are going with their friends Carla and Hari to Carnival parade. Listen to the conversation and answer the questions.

Part 1：

(1) What is wrong with Li Mei's clothing and shoes?

(2) What advice does Carla give Li Mei?

Part 2：

(3) Why is it important for them to have water?

(4) Why is it difficult for them to hear each other?

(5) Why do they plan to meet at the parking lot at 8 o'clock?

这组听力材料的主题是有关狂欢节的。部分1谈论的是"服装"问题，教师可以用两个以 what 引导的问题把学生的注意力吸引到李梅的服装上来；部分 2 是有关他们参加狂欢节的问题，教师可以用以 why 引导的问题让学生注意到参加狂欢节的注意事项。这两组问题按照对话的顺序设计，并且彼此关联，便于学生记忆和回答。

上例中的问题能够帮助学生把他们有限的注意力集中到语言形式、内容及表达的策略上来，从而达到以听促学的目的。

【案例 3】

第二册第三单元的阅读和听力部分中 6：Then discuss these questions in groups 中的问题：

(1)If you were Hippomenes，would you run against Atlanta?

(2) Do you think Hippomenes deserved to win the race? Why or why not?

(3)How do you think Atlanta felt when she discovered Hippomenes had had help from the Goddess of Love? If you were Atlanta，would you agree to marry Hippomenes?

由于学生有了前面的阅读信息基础，教师完全可以把这些问题放在听力开始前让学生讨论回答。教师对学生已学知识或已有背景知识进行提问，可以帮助学生回顾、温习旧知识，排除学习过程中可能遇到的障碍，为学习新知识做准备。这种问题的优点在于学生边听边找答案，思考时间较长，因此对问题的理解更趋全面。

(二)当前中学英语听力教学现状

目前，听力教学在中学英语教学中似乎仍处于一种可有可无的状态，究其原因，主要有以下三点：

第一，许多教师仍然摆脱不了"放录音，做练习，对答案"的传统教学模式，单一的应试型听力训练仍是听力教学的主体模式，导致听力教学效果不明显。

第二，英语基础比较薄弱、缺少有效的听力策略指导等诸多因素制约了学生听力水平的提高，致使学生听的能力发展明显滞后。

第三，在教学实践中，由于部分教师对听力教学的重要性认识不足和对听力教学的规律认识不到位，即使开展了听力教学，也存在不少教学误区。

　　传统的听力教学模式对听力教学质量及学生语言能力的负面影响很严重。充分认识传统听力教学模式的弊端，以先进的教学理念为引导，创新教学方式与方法，对提高英语听力教学质量以及提升学生英语听力水平，都具有重要的理论和现实意义。

二、影响听力理解的主要因素和教学建议

（一）影响听力理解的主要因素

　　虽然近年来对听力教学的重视程度日益增强，但教学实践中，总有学生抱怨听力难以提高。究竟哪些因素妨碍了学生的听力发展？一般来说，学生在听力方面存在以下障碍：

　　1. 母语干扰语言信息的输入

　　心理学研究表明，听力结果的好坏在一定程度上取决于前后所听信息在大脑中的整合程度。大部分学生在听力练习中通过将所听英语翻译成母语来完成理解过程。他们往往借助母语去理解听到的信息，而不是直接识别语音信号并进行理解性输入和信息内化，结果增加了信息处理的步骤和信息处理的复杂度，延长了信息处理时间。往往是新一句已经开始，大脑还没有完成对上一句信息的理解，从而出现听不懂的问题。

　　2. 不良的听力习惯

　　不少学生有教师用书。他们习惯先看听力原稿材料再听录音，或边看原文材料边听录音，或一遇到听不懂的语句就翻看原文，觉得这样听得清楚明白，省时省力。其实这种听力习惯恰恰掩盖了听力中的困难和问题，不利于听力理解水平的提高。由听获得的信息是通过听觉神经输入，由文字获得的信息通过视觉神经输入。听觉器官和视觉发展水平并不平衡。对于同一个常用词或句型，学生听和看的反应不同。通过视觉辨认的能力大于听觉辨认的能力。

　　3. 语音语调不准确妨碍了信息的识别与处理

　　学生在语音、语调方面的问题一方面表现为发音不准，另一方面表现

为不熟悉和不习惯语音语调在语流中的变化，如连读、同化、失去爆破、语调升降等。人教版中学英语教材中有针对学生此类问题的相应练习。

【案例4】

第一册第四单元语言运用中的听力是一名记者采访1906年美国旧金山大地震幸存者的材料，其中练习4：Read the sentences below and pay attention to liaison and incomplete explosion. 就是引导学生模仿、练习朗读句子，注意其中的连读和不完全爆破。

根据美国心理学家坎贝尔（Campbell）的观点：如果在认知结构中储存的语音材料不准确，那么感知到的有潜在意义的声音信号则无从被确认，更无法被理解。不会读或读不准某个单词的学生的认知结构中没有储存该词正确的语音信息，因而不能准确、迅速地识别该词，并将声音信号准确转化为语义信息。此外，在快速的语流中，邻近的语音往往相互影响，造成各种音变现象，从而导致辨音困难。

【案例5】

W：What do you think of the dessert?

M：Delicious. Even my Mum's can't match this.

Q：What does the man mean?

A. This dessert tastes good.

B. Both desserts taste good.

C. His mother can't make the dessert.

在此段对话中，can't一词中的辅音/t/遇到以发音/m/开头的match失去了爆破，/t/只需作发音状，即留足发音时间但并不发音。许多学生由于不熟悉语音在语流中的变化，且对音变现象不敏感，将can't误听作can，即My mum's dessert is as good as this one. 最后误选了选项B。

4. 词汇量储备不足影响学生听力理解的效果

词汇量也是影响听力理解能力提高的一个重要因素。词汇是语言的基础，词汇的匮乏必然影响思想交流和语言交际。由于缺乏必要的词汇知识，学生无法对感知的一连串语音做出正确的意义切分和判断，因而不能对前后感知的语音进行联想判断。

【案例 6】

M：Is this nice-looking straw hat light and strong?

W：Yes，you can wear it rain or shine.

Q：What are they talking about?

A. Weather.

B. An attractive hut.

C. A lovely hat.

本段对话的三个关键词为 hat，wear，straw。学生如能掌握其中任意两个词的读音、拼写和词义，在听录音时便会综合相关信息进行初步判断，再将其置于该对话语境中，进一步对本段对话内容做出正确判断，即选项 C。

5. 跨文化知识和背景知识欠缺影响学生对语段深层意义的判断

听力理解是听者听到的信息和听者已有的文化背景知识相互作用的结果。听者的知识面越宽，文化背景知识越丰富，判断能力就越强，对听力内容的理解也就越深刻；反之，将直接影响对听力材料的正确理解。

【案例 7】

"Your temperature is 98. 4 degrees."虽然是一句很简单的英语，如果不了解美国采用的是华氏制温度标准，即使每个单词都听懂了，也会对该句疑惑不解。

6. 消极心理影响学生对整体语意的把握

听是一个复杂的过程，稍纵即逝，无重复与回旋余地。听懂了，能激发学生兴趣与信心；反之则容易使学生失去信心，产生焦虑情绪，影响对整体语意的把握。对听力学习的不自信、畏难心理、紧张情绪也容易导致学生产生听力心理障碍。

【案例 8】

第五册第二单元语言运用中的听力是关于伦敦塔历史的内容。该听力文本篇幅较长，信息量较大，细节较多，涉及多位英国君主，不仅名字长而且人物关系复杂。练习 1 要求学生在罗列的多位英国君主中选出听到的君主名；练习 2 要求学生推断人物关系。由于练习难度大和学生的畏惧心理，很多学生听了多遍也无法把握材料大意。

(二)扫除学生听力发展障碍的教学建议

1. 培养良好的学习习惯、提高听力学习效果

教师可以从以下三个方面规范学生的学习习惯。

(1)正确处理听力训练中听与看的关系

教师应让学生认识到先看录音材料再听录音或边听边看材料无助于听力的提高。教师在听力训练中应尽力排除视觉的参与和干扰，培养学生边听边记忆、边听边记录的习惯。

【案例 9】

第一册第五单元语言运用中的听力练习 3 要求学生比较南非黑人和白人在生活、工作方面的差别，完成填表任务，这就要求学生在听的过程中抓住关键信息。教师在教学过程中可以简化听力材料，降低练习难度，可以设计如下填写信息要点的练习。

Aspects	White people	Black people
The jobs they did	No need for a passbook to work	Needed a passbook to work
Where the workers lived	With their families	With their workmates
How much land they owned	Most of South Africa	Poorest parts of South Africa
Their hospitals and schools	The best	The worst

这样，可以帮助学生树立信心，提高听力学习的兴趣，逐渐摆脱对参考书的依赖。

(2)培养学生听前预测的习惯

教师应充分利用中学英语教材设计的听前预测和听后活动。如果教材设计的活动并不完全符合学生的实际情况，教师可以根据实际情况和单元目标对听力任务进行有效整合。

【案例 10】

第一册第三单元听说部分中的第一项练习 Before you listen, read the exercise below and try to predict what the listening is about. 就是预设知识型问题。学生可以边听边思考，从而全面把握材料的内容。

在听的过程中，当学生遇到暂时没有听懂的词句时，教师应鼓励学生继续听下去，力求通过前后信息推测出信息内容，这样才能取得比较合乎

训练要求的听力效果。

培养学生的听力预测习惯是一个长期、复杂的过程。下面将进一步详细阐述。

(3)养成课后复听的习惯

课堂上的训练时间有限，而课后复听既可以巩固课堂上学到的语言知识，又可以强化课堂上训练的听力技巧。缺少这一重要的巩固环节，学生的听力水平会徘徊不前。

2. 以语音教学为突破口，强化朗读教学

(1)先模仿，再辨音

听力教学的起始阶段可让学生进行规范发音的模仿录音练习，在学生形成正确语音语调的基础上再进行辨音练习。

教师可以通过对话、短文等让学生发现和识别连贯表达中的语音变化，包括重读、连读、同化、失去爆破等。对于学生的辨音错误，必要时要给予理论上的阐释，丰富学生的语音知识，帮助学生突破辨音关。

(2)强化朗读教学

读作为另一种语言输入的方式，与听紧密相关。通过大声朗读，学生更容易辨析相似音素之间的差异，体会快速语流中的各种音变，形成正确的语音语调，增强语感；另外，教师要对学生进行连读、句子重音、意群划分等方面的基础训练，从而帮助学生提高辨音的准确性。

各版本英语教材中的很多听力材料，尤其是较长的和较难的听力材料，在听后可以作为朗读材料进行充分利用，有计划地让学生对听力材料进行跟读、听读、复读，这样有助于学生提高辨音能力，增强语感，识别语流。

3. 以词汇学习为契机，夯实学生语言基础

教师应要求学生课前预习生词表，做到知其意，并能读其音。对于听力材料中复现率较高的生词，教材中有的听力练习部分列出了一些重点单词，帮助学生扫除听力障碍，教师应充分利用。

【案例 11】

人教版高中英语第三册第四单元听力部分的录音材料是一篇采访，其中第二项就是一个扫除词汇障碍的练习。

In pairs read the words below and then discuss what you know about the vocabulary. Then listen to the tape again and number the words as you hear them.

____ Hubble telescope	____ oxygen	____ waist	____ gravity boots
____ engines	____ weigh	____ tiring	____ feathers

【案例 12】

第八册第一单元的听说部分围绕加利福尼亚州这个话题设计练习。教师可在听前阶段设计以下练习，巩固核心词汇及背景知识。

While listening, tick the words you've heard.

( )Southeast	( )Northern
( )East	( )Central part
( )Scenery	( )Desert
( )Races and cultures	( )Ancestor
...	...

通过听音记单词的方式，将词的音和形相结合，词汇和背景知识融为一体，既解决了学生的词汇问题，又提高了学生的听力水平。

4. 以语篇听力为中心，精听与泛听并举

教师在设计听力任务时应采用精听和泛听相结合的方式。通过反复精听训练帮助学生突破语音难点，辨别关键词、句，捕捉语篇中的重要及具体信息；分析学生理解偏差、错误的原因，提高学生的辨音能力和语篇理解能力；通过大量的泛听训练培养学生把握听力材料的语篇大意的能力，让学生接触大量真实、地道的语言材料。

提高听力只靠教学计划中每单元一课时的课堂训练远远不够。教师应指导学生在课余时间开展大量的以泛听为主、精听为辅的活动，通过量的积累逐步提高学生的听力水平。具体而言，教师可为学生的课余训练选择一些内容与教材相关、难度适中的视听材料，然后通过布置适当的听力任务(如选择填空、正误判断、表格填写等)检查学生课后训练的情况。

【案例 13】

第一册第二单元 *The Olympic Games* 的单元话题是体育运动及体育赛事。教师提供给学生的课外听力材料可以是美国电影《冰上奇迹》(*Miracle*)

的剧情梗概及从电影中节选的一段 4 分钟的视频片段。教师布置的任务可以是一篇听力完形填空，旨在检查学生对具体信息的掌握情况。对于学有余力的学生，教师可从剧情梗概中节选 1～2 个佳句，让学生完成听写或听译练习。佳句如下：

It was a lot more than a hockey game, not only for those who watched it, but for those who played in it.

But on one weekend, as America and the world watched, a group of remarkable young men gave the nation what it needed most. A chance, for one night, not only to dream. But a chance, once again, to believe.

上述练习一方面可以训练学生的听音、辨音能力和语篇理解能力，另一方面也可以引导学生关注地道的英语表达，提高人文素养。

三、中学英语听力教学设计误区及对策

(一)中学英语听力教学设计误区

长期以来，不少教师将听力教学等同于听力测试，将教学目标和重点放在完成听力练习上。这样的听力课堂缺乏有效的听说活动，课堂教学形式单一，学生容易产生厌倦感，从而降低听力学习的质量。教学实践中，由于部分教师对听力教学的重要性认识不足，对听力教学规律认识不到位，即使开展了听力教学，也存在不少教学误区。

1. 听前引导不够

《高中英语课标》中的语言技能教学建议部分对听前活动建议是：明确听的目的，激发兴趣和欲望，熟悉话题，预测大意，处理关键词，布置任务。而很多教师在教学中把听力环节当作考试训练，在单元教学的第一或者第二课时没有兴趣激发、熟悉话题环节，也没有语言知识的铺垫，直接布置教材上的听力任务。还有些教师误把课前热身部分当作听前的引导活动。

【案例 14】

第五册第一单元的书后习题中的听力任务是关于数学家尤拉(Leonhard Euler)和他的拓扑学的，下面的阅读任务则是以文本形式介绍拓扑学。部

分教师在导入环节没有从学生比较熟悉的材料入手，让学生了解拓扑学在现实生活中的应用；又没有考虑到学生对拓扑学比较陌生，可以先从阅读文本开始，补充相关背景知识，再处理听力练习，只是用幻灯片展示了有关尤拉的几张图片，领读了课本上提供的几个生词，然后教师让学生一边看书上的听力任务一边听录音。

由于缺乏听前引导，学生没有在思维和语言知识上为听力内容做好准备，不熟悉话题，有很多词汇障碍。结果很多学生听了三遍录音也没能够完成填表格的任务；有些学生干脆听了一遍后就不再听了，只等教师给出答案；一小部分学生即便完成了任务，其听力水平也没能在原有基础上有所提高。

2. 听力教学目标及教学重点定位不当

一些教师缺乏分析把握教材目标的能力，把听力教学的目标和重点定位为完成教材上的某些任务。

【案例 15】

第三册第二单元听力中的听力材料是王朋（Wang Peng）和专家之间的对话，其后的任务共有四项，其中问题 4 是：After listening, work in pairs and discuss what problems Wang Peng and Yong Hui have and what suggestions you would give them.

部分教师觉得问题 4 是听力任务之外的内容，不重要，把教学重点放在让学生完成前三个问题上，对问题 4 则一带而过或者干脆略过。而教材中本单元的教学技能目标为：Talk about healthy diet; Make suggestions or giving advice. 教材目标的重点是通过听力材料中王朋的实例引发学生说出 What are healthy and unhealthy eating habits 以及这些习惯对身体的影响，并练习对具有不良饮食习惯的人提出具体建议。此外，根据《高中英语课标》话题项目表中的第 12 项饮食（food and drink）和第 13 项健康（health），这两个话题的目标重点是提高学生描述饮食习惯的能力，加强学生的健康饮食习惯意识。

3. 听后任务缺失，听与说、写环节割裂

《高中英语课标》中对听后活动的建议是：根据所听内容进行口头或者笔头转述，根据笔记写出梗概，利用听到的信息以同一题目为主题从另外一角度写出一个文段。

教材中的许多听力材料包含大量重点词汇，有一定的主题和内容，是学生进行口头表达、阅读理解和书面表达的良好范例。教师应根据实际听力教学需要设计综合性语言实践活动，对学生进行综合语言技能训练。

【案例 16】

第二册第四单元中"语言运用"分为两个部分：阅读和听力部分糅合了两种语言技能训练——读与写，而且阅读篇章和听力篇章也属于两种截然不同的风格——阅读为"写实"，听力为"写虚"；说和写部分糅合了另外两种语言技能训练——说与写。阅读和听力部分用作听力材料对于一般学生来说太难，学生只能从中获取猜测恐龙灭绝原因的信息，对仿写如何保护濒危动物没有帮助，而且该话题也无法激发学生说的兴趣。然而部分教师没有对教材进行有效整合——降低难度和调整教学活动，只是把两个部分合并，要求学生阅读、听、跟读关于恐龙灭绝的语篇材料，然后让学生看教材上写给野生动物保护组织的建议信格式信息，既没有让学生讨论野生动物被捕杀的原因，应采取何种保护措施，也没有向学生输入表达目的与意图的语言功能句以及如何保护野生动物的观点，就要求学生仿写建议信（Write a letter to WWF and ask them to help you save your endangered animal.）。

这种生搬硬套教材环节的听力教学方法割裂了单元内容的整体性，导致听、说、写环节之间没有任何联系和过渡，根本无法培养、提高学生的综合语言运用能力。

(二)听力教学对策建议

1. 依据单元教学目标明确听力教学目标

依据《高中英语课标》的理念，教师应该知道如何利用教材的单元教学目标和各个环节进行教学，而不是照本宣科地教授教材内容。各版本教材中的单元目标明确列出学生的语言输出能力目标，即说、写能力目标，而没有明确给出听力、阅读这两个知识、信息输入环节的教学目标，这就要求教师要在理解、分析单元目标的基础上，挖掘、细化听力教学目标，为实现单元教学目标做铺垫。

【案例 17】

第三册第五单元"语言运用"中的听力部分通过一个加拿大人的自述来介绍加拿大的风土人情。练习 1 要求学生根据练习 2 的句子填空来猜测本听力文段的主题，做好情境方面的准备。有些教师觉得这一环节较难而略去。殊不知通过分析相关练习来预测听力内容也是培养学生听力技能的方式之一。教师可以对该题稍作改动，让学生从选项中选择文段的主题：A. Canada is a big, beautiful country. B. Canada is a country with a short history. C. Canada is a multicultural country. 这样既降低了练习 1 的难度，又达到了培养学生预测能力的教学目的。

根据单元教学目标，教师应注意寻找教材各部分之间的内在联系，灵活调整各单元三个听力部分的顺序，使之较好地穿插在单元教学中，既达到听力教学本身的目标，也为单元话题教学做恰当的补充和拓展。

【案例 18】

第四册第一单元"热身"部分介绍了六位伟大女性，贞德是其中一位，并且有一段三句话的介绍，而练习册中的听力也是关于贞德的。这样教师就可以把练习册中的听力安排在本单元第一课时。这样既加强了听前背景知识的介绍，又对"热身"的内容进行了拓展。

2. 加强听前常识性知识和完整语篇意识的引导

学生的听力水平受到很多因素的影响。有些学生知识面广，具有丰富的常识性知识以及文化知识。这些知识可以有效补充学生有限的语言知识，帮助猜测出部分听力内容，也会使他们体验成就感。

【案例 19】

人教版高中英语第四册第一单元的书后习题中的"听力任务"是关于国际反地雷组织的，听前可要求学生回答：Why are the landmines dangerous? What can the landmines do to people? 考虑到学生对地雷及其危害性并不熟悉，用英语表达有一定困难，教师可以使用幻灯片增加有关地雷的图片或文本信息，帮助学生获得一定的背景知识，为听力练习和听后讨论提供辅助，而不是草率地省略这一环节。

【案例 20】

第一册第三单元的书后习题中的"听力任务"是关于一位老人谈论湄公

河沿岸的生活变化的。教师可以在听前进行以下引导：What do you know about the Yellow River? What problems does it face now since too many people live on it? How can we solve these problems? 这些问题充分挖掘、利用学生关于著名江河的常识性知识，使学生在语言知识方面和思维方面为听力内容做好准备，听前积极预测，听中充分利用自己的语言知识和常识性知识进行有效猜测，体验成就感。

任何听力材料都是一个完整的语篇，有一定的主题和体裁信息，是学生进行口语和书面表达很好的范例。有时听力教学的目标重点是语篇大意以及听力材料安排思路的把握，而不只是零星信息的捕捉。这时，教师要在布置听力任务之前就主题和体裁进行有效提问，使学生在听的过程中更加关注听力材料的整体安排思路，为口头和书面表达奠定基础。

【案例 21】

教学第二册第四单元"阅读和听力"时，播放完录音后，教师可以让学生迅速对下面的问题做出回答：

Listen to the tape and choose the sentence which gives the main idea of the story. Say what is wrong with the other three.

A. The story is about how foolish the dodo was.

B. The story is about how the dodo became extinct.

C. The story is about how the dodo and Man became friends.

D. The story is about how the other birds and animals tried to save the dodo.

解答这个问题需要学生整体把握听力材料，有利于培养学生全面思考并得出结论的能力。

3. 加强听和说、读、写环节的联系

课标的一个理念是听力教学环节和其他环节，特别是说和写紧密相连，并为学生说写能力的提高奠定语言和思维基础。基于这种理念，教师要充分利用听力环节，在提高学生听力技巧的同时，提高学生的说写能力。

【案例 22】

教学第一册第四单元的"听力"时，教师可以先用下面这个问题激起学生对"灾难"的情绪反应：How would you feel if your home was suddenly destroyed without warning? 然后，再布置以下学习任务：Make a list of adjectives to express your feelings in pairs. 以达到听说结合的效果。

【案例 23】

在第七册第二单元的"听和说"教学中，教师可以把听、说、读相结合培养学生听的技能，同时也培养了学生的口语技能。该课的课堂结构为听—读—讨论，即先听和读，在此基础上进行讨论。

听的阶段，教师可以安排两遍听力活动：第一遍听力活动的任务是让学生听一段关于两个女孩议论做家务的机器人爱上女主人的对话，之后回答六个有明确答案的问题。第二遍听力活动的任务是回答四个较复杂的问题，其中包括两个 What 问题，一个 How 问题和一个 Why 问题。What 问题属于事实性问题，而 How 问题和 Why 问题属于开放性问题，学生需要积极调动思维，对所学知识进行回忆、加工、总结和评价，并通过想象和判断作答，而且答案往往不固定并且多样化。

阅读阶段，教师可以首先向学生简单介绍上节课学习的科幻作家阿西莫夫（Asimov）的生平，然后提出两个问题：Who was he? Why was he so successful? 要求学生在 3 分钟内跟着录音读完他的传记并回答问题。阅读后对问题的讨论和回答也是一种口语互动。其中一些问题没有现成答案，需要讨论与磋商。阅读的第二个任务是根据阿西莫夫的传记完成主要事件的时间线，属于学习性任务。

在讨论阶段，教师可以设计两个话题让学生进行讨论。该环节重在培养学生运用所学语言对事物进行分析、综合和评价的能力。教师设计的话题之一可以是：What might happen in a world of robots if Asimov's three laws didn't exit? 在讨论过程中学生可以充分发挥想象力；另外一个话题是 What laws/rules will you make to keep our class in a good order? 学生分小组讨论，由代表向全班汇报。

以上三个阶段，教师能够把听的活动和读、说紧密结合，使学生有话可说。本课例中，可以把听和读看成说前的语言和信息准备活动。

四、中学英语听力培养策略

1. 培养学生预测听力内容的能力

就课堂教学程序而言，听力教学可分为听前、听中和听后活动。预测又可分为听前预测、听中预测和听后预测。听前预测指通过快速阅读选项，对可能考查的问题以及对话或文章的大致内容进行预测；听中预测指在听的过程中，通过起始句、标志语、关键词等对文章内容进行预测，同时也包含对听前预测的分析、修正、整理及再预测；听后预测一般是对听后仍有疑问或漏听的信息进行回顾和推理性弥补。

【案例 24】

第四册第三单元书后习题中的听力材料是一则英语幽默故事。教材设置的练习为：从列出的 10 个单词中勾选听到的单词；回答分别由 where，why，how 和 what 等引导的细节问题（见 Step 3）。教师可以采取以下教学活动。

Step 1：Predict

What is the story about? (Who? When? Where? How? Why? …)

设计意图：根据练习中出现的 thief, midnight, house 和 potatoes 等词，学生在小组内展开开放式讨论，预测故事大致情节。另外，学生根据 who，when，where，how 和 why 等词也明确了听时需要重点关注人物、时间、地点、过程和原因等细节信息。

Step 2：Listen

What is the story about? (Who? When? Where? How? Why? …)

设计意图：让学生在预测的基础上听，旨在帮助学生对听前预测的内容进行分析、整理和修正。

Step 3：Listen to the tape and answer the following questions

(1)Where did Peter get the potatoes?

(2)Why didn't Peter want to get up when the thief was in his house?

(3)Why couldn't the thief take away the potatoes?

(4)How did Peter stop the man stealing the potatoes?

(5)Why was the thief angry?

(6)What do you think Peter did next?

设计意图：细听材料获取更多细节信息。此设计旨在引导学生根据细节信息丰富对故事内容的理解，并预测未知信息，帮助他们积极想象、推理和判断。

【案例 25】

第八册第一单元书后习题中"听力"部分的对话材料来自某电台介绍新奥尔良狂欢节(Mardi Gras)的旅游节目，主要内容是介绍该节日的庆祝活动以及新奥尔良的地理位置、气候、文化和历史等。

材料后所附练习较多，共有四个大题：关于节目内容的一些填空练习；关于新奥尔良的地理位置、气候、著名的活动和祖先的来历等内容的四个问题；关于新奥尔良狂欢节的庆祝活动、历史和文化等内容的九个判断题；本大题共有四个小题：① 在地图上标出新奥尔良的位置；② 新奥尔良的气候(选择题)；③ 听后概括 1812 年和 1857 年分别发生在新奥尔良的历史事件；④ 从四个图表中找出新奥尔良的人口比例图。

要在一节课完成以上所有练习有一定困难。教师可分段播放听力材料，以帮助学生完成两方面的知识建构：一是话题知识的建构，二是修辞学或语篇结构知识的建构。如果学生对语篇知识有所了解，就能很容易地在听的过程中使用一些听力策略预测对话内容。教师可以将教材中的听力训练内容重新安排如下。

Step 1：Listen to the first paragraph and complete the notes

听力材料第一小段：

Tom：This is Tom Price, and you are listening to Traveller's Tales, a weekly programme about travel. Today on the show, we have Mandy Long, who has just returned from New Orleans. Welcome, Mandy.

Complete the notes：

Name of radio programme：_____

Interviewer's name：_____

Traveller's name：_____

Place to be discussed：_____

设计意图：听力材料第一小段是广播节目很简洁的开场白，直入主题。

填空练习也为下面的预测活动做好了铺垫。

Step 2：Predict

1. What is Mardi Gras?

2. Where is Mardi Gras held?

学生根据学过的有关节日的话题内容和已有的经验知识对这个话题进行讨论，然后教师可以展示一些介绍狂欢节由来的材料和庆祝活动的图片，使学生对这个节日有更多的感性认识。

接着，教师可以结合教材中的判断正误练习设置以下练习：Suppose all the statements are true，try to organize them into a short passage. 这一设计旨在培养学生根据所给信息进行预测的能力。这个练习可以让学生的思维活跃起来，课堂活动进入第一个高潮。学生讲述并倾听同学的预测后再听材料，并进行对比，完成练习。

预测，尤其是听前预测，能使学生对所听材料和问题有初步了解，这样学生理解听力材料的自信心就会增强，紧张情绪也会得到缓解。

2. 从整体入手把握主要信息

学生在听的过程中要从整体入手，整体感知听力材料，把握材料主旨、重要信息等，进而加深对材料细节的理解，全面、准确地回答所要解决的问题，这也体现了听力理解过程的一般规律。

对于篇幅较长、信息量较大、细节较多的材料，教师可以有意识地引导学生抓住文章的主旨大意，提取关键信息，忽略细节。

【案例 26】

第三册第三单元书后习题中的"听力任务"是一段以对话为主的听力材料，大约 320 个词，是马克·吐温的《百万英镑》第二幕第三场的内容：亨利在美国大使家里遇到了心仪的女孩以及他们之间的对话。材料中细节信息较多，教师应引导学生从整体入手，捕捉关键词，抓住主要信息。

Step 1：Pre-listening

教师让学生预习以下生词、短语和句子：ambassador, balcony, be eager to do sth. , You are the talk of London these days.

设计意图：对于听力材料中学生可能遇到的陌生词汇或句子，先扫除障碍。

Step 2：Listening

学生听一遍听力材料后回答以下两个问题：

1. Where does this conversation take place?

2. How much does Portia know about Henry?

设计意图：长对话不同于短对话。在长对话中，对话双方就某一事情或问题进行连续交谈，提供的信息要比短对话多，因此理解难度较大。这两个问题的设置旨在帮助学生抓住关键信息，整体理解听力材料。

Step 3：Enjoyment

学生欣赏电影《百万英镑》中与听力材料内容相关的片段。

Step 4：Discussion

学生分组讨论以下两个问题：

1. Would Henry tell Portia the truth?

2. What would be the result?

设计意图：Step 3 和 Step 4 既巩固了学生对听力材料的理解，又激发了他们的学习兴趣，促使他们预测故事的结局，为下一课时的"读和说"任务做铺垫。

3. 合理设计教学步骤，巧妙化解难度

不同的听力训练阶段应设置不同的训练活动。这些活动的安排要从易到难，从要求学生对文章粗浅了解过渡到对文章深度理解。

【案例 27】

第三册第四单元"语言运用"中的听力材料是关于牛顿如何发现地球引力、爱因斯坦和他的相对论以及霍金和他的黑洞理论的。仔细观察，教师们会发现教材中的听力材料比较难，而且让学生独立完成的练习也有相当难度。该练习如下：

	Isaac Newton	Albert Einstein	Stephen Hawking
Date			
Idea			
Other information			

其中 Idea 一栏的任务是该练习的重点和难点。教师可以设计以下教学步骤：

Step 1：Pre-listening

用幻灯片呈现听力材料中出现的三位科学家的图片和一些有关他们的背景知识。

设计意图：视觉材料能够引起学生的注意力，激活相关背景知识，降低听力理解的难度。

黑洞是一个很抽象的概念，难以理解，在听力材料中既是重点又是难点。教师先呈现黑洞的相关信息，并提问：How much do you know about black holes? 学生讨论他们对黑洞的理解，在此基础上教师可以帮助学生了解霍金的黑洞理论：Black holes can not only "eat" objects but also "spit" them out.

设计意图：有时听力练习的答案不能直接从听力材料中获得，要求学生对材料信息进行分析和处理。这就需要教师在平时的听力训练中培养学生的分析能力。此设计旨在通过教师深入浅出的讲解或图表演示等突破难点。

有了前面的铺垫，再进行下一个步骤，即把听力材料分成三部分：Part 1 is About Isaac Newton; Part 2 is About Albert Einstein; Part 3 is About Stephen Hawking，并针对三位科学家提出的理论分别设置一些问题，帮助学生获取主要信息，为下一步顺利完成听力练习做好准备。

Step 2：Listening

学生分别听各部分内容，并回答问题。

Part 1：About Isaac Newton

How did he make his discoveries? What did he discover?

Part 2：About Albert Einstein

What did Einstein say about gravity?

Part 3：About Stephen Hawking

What did people use to think about black holes? What is Stephen Hawking's opinion?

最后再次呈现霍金关于黑洞的观点：Black holes can not only "eat" objects but also "spit" them out. 这是本篇听力材料的重点和难点。

Step 3：Consolidation

再一次听整段材料，完成表格。

	Isaac Newton	Albert Einstein	Stephen Hawking
Date	1642—1727	1879—1955	1942—
Idea	Everything is affected by a force called gravity.	Gravity is connected to time and space.	"Black holes" cannot only "eat" objects but also "spit" them out.
Other information	It was only about the Earth.	It was about the universe.	It was about things found in the universe called "black holes".

4. 根据学生的实际水平，合理调整听力材料的难度

这主要包括适当降低或增加听力练习的难度，设计递进式的任务。

人教版高中英语教材听力部分设计了一个比较普遍的环节，即"Listen to the tape and tick the words/items that you hear."，这个环节难度不大，可以转化为要求学生在听力过程中做简要记录，写下关键词或主要信息点。

【案例 28】

人教版高中英语第五册第五单元的书后习题中关于人工呼吸的步骤，如果没有相应的文字辅助，学生很难真正听懂。教师可以在教学过程中设计 Gap Filling 练习，要求学生根据所听材料填出每一步骤的关键动词：check conscious；put into recovery position；clear airway；check if breathing；blow into mouth and watch for breathing；check pulse；continue rescue breathing；put into recovery position，通过精听、复述来掌握人工呼吸的步骤。

设计有效的英语听力教学活动一定要考虑实践性、交际性、探究性和拓展性等多种因素。教师要结合学生实际来设计听力训练方案，将听力策略训练与听力教学有机结合，并在训练过程中根据教学进展和课堂实际及时对训练方案做出必要调整。

思考与实践活动

一、结合本节内容，请思考以下问题：

1. 你是如何进行听力教学的？

2. 你在听力教学中有哪些问题和困惑？

3. 你会利用本节中的哪些内容、思路来提升自己的听力教学能力？

4. 你最需要从哪方面入手来提升听力教学能力？

二、实践活动。

请根据教材内容，设计一节英语听力课，并清晰描述教学过程和设计意图。

1. 请结合所教学生实际需求来设计教学目标；

2. 依据教材分析，确定所要教学的内容重点和难点是什么；

3. 请描述教学内容中运用了哪些听力教学策略。

参考文献

崔华金 . 博通英语 —— 技能篇［M］. 合肥：安徽科学技术出版社，2006.

丁言仁 . 第二语言习得研究与外语学习［M］. 上海：上海外语教育出版社，2004.

范德文 . 运用与开发教材听力资源，提高初中学生综合语言技能的策略研究［J］. 中小学外语教学（中学篇），2011(4)：13～16.

傅瑞屏 . 高中英语口语教学的两种方法［J］. 中小学外语教学（中学篇），2010(4)：33～37.

姜雪燕 . NSEFC 必修模块听力部分的评析和优化处理［J］. 中小学外语教学（中学篇），2009(5)：41～43.

李宝荣 . 高中英语听力教学中存在的问题及对策［J］. 中小学外语教学（中学篇），2006(7)：14～15.

刘丹 . 运用 Backward Design 设计教学，提高英语教学的有效性［J］. 中小学外语教学（中学篇），2012(1)：14～16.

楼立青 . 创造性使用中学英语教材资源的建议［J］. 中小学外语教学（中学篇），2011(5)：9～15.

鲁子问，王笃勤 . 新编英语教学论［M］. 上海：华东师范大学出版社，2006.

罗之慧 . 高中学生英语听力发展的教学对策［J］. 中小学外语教学（中学篇），2011(8)：1～5.

严婉华.动态教学理念下听力教学策略的探究与反思[J].中小学外语教学(中学篇)，2011(10)：40～44.

肖菲.人教版高中课标教材解析与单元整合[J].中小学外语教学(中学篇)，2012(3)：1～7.

张伟琴.高中英语听力课堂教学的有效设计[J].中小学外语教学(中学篇)，2010(11)：43～48.

中华人民共和国教育部.普通高中英语课程标准(实验)[M].北京：人民教育出版社，2003：27.

第二节　基于语篇分析的阅读教学

【学习目标】

- 理解语篇分析的内涵
- 了解不同阅读教学模式的特点和基于语篇分析的阅读教学的设计环节
- 能够尝试写出一篇基于语篇分析的阅读教学设计

【内容要点】

- 语篇分析与阅读教学
- 语篇分析教学的一般模式
- 语篇分析教学设计案例

一、语篇分析与阅读教学

(一)阅读教学中存在的问题

一些教师过于注重词汇和句子层面的教学，忽视语篇语义教学。他们认为阅读教学的主要目的是学习语言知识，因此讲解词汇、分析结构、翻译句子是主要的教学方法，将课文分解得支离破碎，严重忽视了语义的整体理解。

　　《课程标准》中指出：英语课程改革的重点是改变英语课程过分重视语法和词汇的讲解与传授，忽视对学生实际语言运用能力的培养的倾向。有些教师对课程标准的理解出现偏差，走向另一极端，片面强调课文内容理解，重视快速阅读，只抓课文主旨大意和段落大意的理解，忽视对语言知识的输入与学习。阅读教学流于形式，过早地进行理解后的运用，如讨论、辩论、角色扮演等，有些活动与前面的阅读关联性不大。

　　有些教师对课文的处理过于粗放，严重忽视阅读效率。在课堂上的阅读活动中，对文本的处理基本上都是快速阅读，目的是培养学生快速阅读的能力，检测性问题也都是表层理解，对语篇材料没有进行深度挖掘，造成课文资源浪费。在有限的时间内进行有限的课文教学，必须让学生在阅读学习过程中获得最大的收益，包括语言知识、语篇知识、文化信息、阅读能力、思维能力、情感态度等方面的发展，最终形成综合语言运用能力。

　　许多学生认为读一篇文章，只要后面的几道练习题做正确了，就算完成了阅读理解任务。学生用"眼睛阅读"，而不是用"大脑阅读"。这是由于阅读教学严重偏离阅读教学目的所导致的，思维能力培养不够是当前英语阅读教学中的一个主要问题。

（二）语篇分析是阅读教学的基本要求

　　语篇的英语术语是 discourse，"语篇分析"译自英语的"discourse analysis"。但是也有不少学者把 discourse analysis 译为"话语分析"。与"discourse"有关的另一术语是 text，有人把 text 译为"篇章""语篇"或"话语"。因此，有人把 text linguistics 译为"篇章语言学"（胡壮麟，1994）。

　　功能语言学家韩礼德（Halliday）与哈桑（Hasan）曾指出：A discourse is a semantic unit; a unit not of form but of meaning … A discourse may be spoken or written, prose or verse, dialogue or monologue. It may be anything from a single proverb to a whole play, from a momentary cry for help to an all-day discussion on a committee.

　　语篇的着眼点是一个完整思想意义的篇章，是指一次交际过程中的一系列连续的话段或句子所构成的语言整体，它可以帮助我们从整体上把握文章的意义。语篇分析法主要是指按照语篇分析的模式，围绕中心思想，从情节发展、段落层次、细节支撑的布局安排等方面分析作者所传达的信息及其信息构筑方式，并由此开展一系列英语阅读教学活动，提高学生的英语阅读能力。

图式理论(schema theory)是语篇分析法的理论基础。图式理论的主要观点是，人们在理解新事物时，需要将新事物与已知的概念、过去的经历，即背景知识联系起来。对新事物的理解和解释取决于头脑中已经存在的图式，输入的信息必须与这些图式吻合。按照图式理论，人脑中所储存的知识都组成单元。这种单元就是图式。对阅读而言，图式一般分为三种类型：语言图式(linguistic schema)、内容图式(content schema)和形式图式（修辞图式）(rhetorical schema)。

语言图式指读者已有的语言知识，即关于语音、词汇和语法等方面的知识。内容图式指读者对阅读材料所讨论主题（内容范畴）的了解程度，即读者所具备的关于语篇内容方面的背景知识，如美国的黑人文化知识、中国人庆祝春节、基督教国家庆祝圣诞节等。毫无疑问，读者头脑中有关某一个语篇的恰当的背景知识有助于对该语篇的理解。语言学家们普遍认为，读者往往更容易、更透彻地理解他所熟悉的话题。"（对读者来讲）内容熟悉的语篇比那些内容生疏、来自陌生文化传统的语篇更容易阅读和理解。"(Carrel，1983) 形式图式指读者对阅读材料的文章体裁、篇章结构的熟悉程度。波格兰德认为，语篇的类型受 4 种因素的制约：表面的语篇、语篇世界、储存的知识模式、事件发生的场景(Beaugrande，1981)。形式图式之所以能够帮助读者理解语篇，是因为它为读者提供了语篇发展的信息。依赖于自己的形式图式知识，读者更容易推断语篇中命题的联系。纳特尔(Nuttall)指出："了解了整个语篇的结构有助于理解其中的每个部分，就像理解了一个段落之后有助于理解其中每个句子一样。"（转引自李志雪，1995）。形式图式在两个方面有助于建立起语篇的连贯：在局部层次(local level)—命题之间的联系和整体层次(global level)—信息的推进。

内容图式和形式图式密不可分。一方面内容图式内部也具有一定的结构，可以定义为某种形式；另一方面，形式图式也可以看成内容图式概念之间的关系类型。尤为重要的是，在语篇理解的过程中，读者往往同时启动形式图式和内容图式来达到完全理解的目的。

二、语篇分析教学的一般模式

语篇分析的教学模式实质上是"交互作用"(interactive)模式的具体运用，马博森将(1995)其归纳为以下几个步骤。

(一)分析背景知识(Analyzing Background)

康德(Kant，1781)提出，概念只有和个人的已知信息相联系才具有意义。巴特莱特(Bartlett，1932)认为，图式是个不断发生作用的既存知识结构。遇到新事物时，只有把这些新事物和已有图式相联系才能更好地理解新事物。因此图式又被称为认知框架。

卡罗尔(Carroll，2000)认为每个故事都有其故事语法(story grammar)，即故事图式。记叙文的六要素包括：时间、地点、人物、事件起因、经过和结果。例如：

There once was a boy named Jimmy.

His mother said Jimmy could get a part-time job.

Jimmy liked to work.

He decided to get a paper route.

He talked to the sales manager at the newspaper.

Jimmy began to deliver newspapers to some customers.

所以在阅读教学中，应该努力扩大学生的背景知识，教学设计注重激活学生的图式，充分运用预测训练帮助学生提取图式。背景知识有时既是障碍又是契机。

(二)分析语篇宏观框架(Analyzing Macro-Structure)

1. 文体分析 (Genre Analysis)

高中阅读文章的文体基本上可以分为四大类：记叙文、描写文、说明文和议论文。每篇课文因其体裁不同，都有其值得重点理解和欣赏的内容。因此根据课文的体裁不同，可以决定教学重点。针对不同的文体，教师在备课时要把握文章的主线和着重点，在设计任务时要突出该文体的典型特点，设计的任务也要围绕某一条主线进行。

2. 语篇结构分析(Discourse Structure Analysis)

语言学家拉波夫(Labov，1966)认为，作者使用语篇可以实现三种功能：人际功能，指参与社会互动的过程；篇章功能，指形式完美，适宜的文章的创作；概念功能，即作者以连贯的方式表达思想和经历。就语言学意义而言，篇章分析聚焦于对一定语境中作者运用语篇表达意图的记录过程，尤其是那些构成完整的语篇的要素的分析（Brown & Yule，1983）。就篇章结构而言，语篇分析的重点是语篇中的句子如何通过显性连接手段形成连贯，以及篇章的组织要素和组织形式如何表达作者的意图。

语篇组织模式种类一般有：叙述模式（narrative pattern），提问—回答模式（question-answer pattern），问题—解决模式（problem-solution pattern），主张—反主张模式（claim-counterclaim pattern），概括—具体模式（general-specific pattern）等。而每一类别的语篇组织模式又有一定的结构规律可循。

拉波夫（Labov，1972）根据随意会话的自然叙述顺序提出这种预测的模式包含六个环节的叙事结构：

点题（abstract）——叙述者在叙述之前对故事所做的简要概括；

指向（orientation）——介绍故事发生的时间、地点、人物及其他相关背景知识；

进展（complicating action）——故事本身发生的原委和事态的发展；

评议（evaluation）——叙述者就故事的情节、人物、事件等方面所发表的评论；

结局（result or resolution）——包括各种冲突的结果、人物的下场等；

回应（coda）——在故事的末尾，叙述者常常用一两句话回应主题，以使故事结构显得更加完整。

提问—回答模式一般是在篇章开头设置一个明显的问题，并通过寻找对这一问题令人满意的答案来构建篇章的发展。

流程：情景（situation）—问题（problem）—反应（response）—结果（result）/评价（evaluation）（Hoey，2001）。

例如：I was on sentry duty. (situation) I saw the enemy approaching. (problem) I opened fire. (response) I beat off the enemy attack. (result)

问题—解决模式，一般在语篇的开始向读者描述一个事件或社会现象作为文章的背景（situation），接着由此事件或社会现象引出一个难以解决的问题(problem)，然后陈述人们对这一问题的反应(response)，最后提出对这一反应的肯定评价(evaluation)或结论。该模式与提问—回答模式有很多相似之处。

在主张—反主张模式中，作者首先提出一种普遍认可的主张、观点，然后进行澄清，说明向己的主张、观点，或者提出反主张或真实情况。

流程：情景(situation)—主张(claim)—对主张的评价(evaluation of claim)—反驳的理由(reason for denial)—校正(correction)—校正的理由(reason for correction)(Hoey，2001)。

例如：Joe's an old friend of mine (situation). People say Joe's stupid (claim). That's because he's always forgetting things (reason for claim). He's not stupid, though(denial). He's actually very bright (correction). For a start, he's got a degree in Psychology (reason for Correction). (Hoey，2001)

概括—具体模式的宏观结构大致有两种：

第一，概括陈述→具体陈述1→具体陈述2→具体陈述3→……→概括陈述；

第二，概括陈述→具体陈述→更具体陈述→……→概括陈述。

(三)分析语篇微观框架(Analyzing Micro-Structure)

分析微观的目的是让学生抓住语篇完整性和连贯性。语篇的微观框架分析主要分析语境(context)，衔接(cohesion)与连贯(coherence)，主位(theme)与述位(rheme)。

1. 语境分析 (Context Analysis)

胡壮麟根据韩礼德(Halliday)的模式框架和对语境的定义把语境分成三类：语言语境 (linguistic context)、情景语境 (situational context)、文化语境 (cultural context)。其中情景语境和文化语境又称"非语言语境"。(胡壮麟，1994)

语言语境指的是篇章内部的环境，或称上下文(co-text)，它的作用是使词汇意义具体化。例如，"Examination result are misleading."与"Examination results are misleading. You should not expel Tom just because he had failed."的语境差异是很明显的。

情景语境指的是篇章产生时周围的情况、事件性质、参与者的关系、时间、地点、方式等。韩礼德认为情景语境中有三个因素,即语场(field)、语旨(tenor)、语式(mode)最为重要。语场指语篇所作用的整个事件,包括说话人或作者的目的行为。语旨指参与者之间的关系,包括参与者的社会地位,以及他们之间的角色关系。语式指语言交际的渠道或媒介,包括修辞方式,可分为书面语体和口语体、正式语体和非正式语体。这三因素是语域(register)的三个变体。语域指在语体中运用的特别词汇,这些词汇针对特定的场合或读者。同一语体,可以用不同的语域来写。例如,介绍音乐的文章会用专门的音乐语域来写;介绍科学的体现科学的语域。同一话题的语域也会不同,如同样是化妆用品广告针对追求优雅冷静的消费人群与针对年轻时髦的消费者所用的语域是不一样的。

文化语境指的是说话人或作者所在的语言社团的历史、文化和风俗人情,有时还指说话人的经验、知识等。

对教学的启示:对课文的词汇教学应当结合各种语境因素,注重学生语境意识的培养,注重跨学科知识的运用。

2. 衔接与连贯手段分析(Cohesion and Coherence Analysis)

衔接与连贯是语篇的主要特征。衔接指同一语篇中各个句子之间的联系,而这种联系的存在与否直接关系到语篇中句子与句子之间的语义关系(semantic relation)。衔接分为五大类:照应(reference)、替代(substitution)、省略(ellipsis)、连接(conjunction)及词汇衔接(lexical cohesion)。其中前三类属于语法手段,第四类属于逻辑手段,最后一类属于词汇衔接手段。(Halliday,1994)

教师们对照应、替代、省略等语法手段了解较多,这里着重介绍连接和词汇衔接。

连接不能用明确的术语来定义。对连接来说,我们所谈的是一种不同的语义关系,这种语义关系已经不再是某种符号标志,而是对将要发生的事情与已经发生的事情怎样系统地联系起来的一种详细说明。连接的类型主要有增补关系(additive)、转折关系(adversative)、因果关系(causal)、时间关系(temporal)四种(如表 3-2-1 所示)。

表 3-2-1 连接关系表(Halliday & Hasan, 1976)

增补	转折	因果	时间
简单增补：and, and also, furthermore… 否定：nor, and…not … 选择：or, or else… 对比：similarly, likewise…	简单转折：yet, though, only… 包含：but… 强调：however, nevertheless…	简单：so, then, therefore… 强调：consequently, because of this… 原因：for this reason… 结果：as a result… 目的：for this purpose…	顺序：then, next, first…then 同时：at the same time… 之前：previously… 总结：at first…in the end

例如：

For the whole day he climbed up the steep mountainside, almost without stopping.

And in all this time he met no one. (additive)

Yet he was hardly aware of being tired. (adversative)

So by night time the valley was far below him. (causal)

Then, as dust fall, he sat down to rest. (temporal)

词汇衔接手段指通过词汇的选择来取得语篇衔接的效果。复现是词汇衔接的一种形式：在连续体的一端，它涉及词汇项的重复；在连续体的另一端，它涉及用概括词来回指一个词汇项目。处在中间的还有很多类别，如同义词、近义词、上义词等。例如：

There is a boy climbing that tree.

a. The boy's going to fall if he doesn't take care.

b. The lad's going to fall if he doesn't take care.

c. The child's going to fall if he doesn't take care.

d. The idiot's going to fall if he doesn't take care.

(a)中重复使用了 boy 一词；(b)中采取了同义词 lad(男孩)的形式；(c)中，则使用了上义词 child；(d)中，使用了 idiot 概括名词。

连贯指文章内在的逻辑性。一篇具有连贯性的文章，读者至少要读懂作者的写作目的和写作思路。语体是引发连贯性的最主要因素(以满足文章

所针对的读者的需要）。作者游离常规文章结构以外时，连贯性就受到威胁。(Jeremy Harmer，2011：31)

一般认为衔接是以显性的语言形式出现在语篇的表层，而连贯则是对语篇评价的一个指标，很多时候具有隐含性，交际双方可以通过衔接手段，共有知识(shared knowledge)或逻辑推理(logical inference)来理解话段的意义。

语篇连贯，除了靠衔接外，还要考虑句与句之间在意义上的联系，即符合逻辑。语篇中句子的排列也会影响到句与句在语义上的连贯。句子的排列如果违反逻辑，就会影响到语篇的连贯性。语义连贯是个十分复杂的问题，有时语篇的连贯性取决于说话前提和发话者与受话者双方的共有知识，如"It was hot yesterday, so we didn't go to the beach."这句话，从语义上讲看似矛盾，但如果受话者知道，天气热时海滨就会很拥挤，发话者不喜欢去拥挤的海滨游泳就不矛盾了。上面的句子体现了语义上的连贯。

再如：

A：That's the telephone.

B：I'm in the bath.

A：OK.

例子中虽然没有衔接手段，但都是连贯的，没有给听话者造成困扰，反而使谈话顺利进行。

3. 主位结构分析(Thematic Structure Analysis)

布拉格学派的创始人马泰修斯(Mathesius)早期从功能句法的角度提出大多数句子可以被切分为两个基本成分：陈述的基础和陈述的核心，即主位(theme)和述位(rheme)。主位通常位于句首，在语言交际活动中引起话题。述位叙述话题内容，是对话题的阐述和说明。实际切分理论的提出打破了以往只局限于语法和语义层面的研究局面。主位、述位结构是从句子功能角度出发研究的结果，它涉及更多的是语言符号以外和语言使用者相关的范畴。

以韩礼德为代表的系统功能学派同意布拉格学派有关主位、述位的切分理论，但在主位划分方面提出了不同的看法，认为主位大于话题，因为它既包括话题，也可以包括不表示话题的其他位于句首的成分。韩礼德根据主位的内部结构把主位分成单项主位、复项主位和句项主位三类。

单项主位是一个独立的整体，不可再分成更小的功能单位。形式上可以由名词词组、代词、动词词组、介词词组等充当，一般为句子的主题成分，并体现某一功能，即参与者、过程或环境成分，只行使概念功能。例如：

Once(单项主位)Tom was a very good student.

In that company(单项主位)I have worked for ten years.

复项主位指一个句子中出现多个主位的现象。复项主位的三大成分对应语言的三大元功能。语篇主位一般表示语篇衔接，人际主位表示说话者和听话者之间的关系及说话者用语言影响听话者的过程，经验主位一般与主题相当。在复项主位中，语篇主位和人际主位是可选项；经验主位是必选项，总是位于复项主位的后面。若三者同项，则顺序为：语篇主位—人际主位—经验主位。例如：On the contrary(语篇主位)，maybe(人际主位)，on a weekday(经验主位)it would be not so crowded.

句项主位指小句复合体中由小句充当的主位。例如：If she gives anything to me(句项主位)，it'll be the teapot.

语篇的形成在很大程度上是新旧信息相互作用的结果。新旧信息相互作用也就是主位—述位在语篇组织中的排列组合；主位—述位的排列组合主要是以主位推进模式展开的(宋雅智，2008)。研究主位结构的意义在于了解和掌握有关中心内容的信息在语篇中的分布情况。主位有预示语篇内容的发展方向、构建语篇框架、预示语篇覆盖范围和预示说话者意图的作用，所以如果我们能准确划分和分析构成某个语篇的各个小句的主位和述位，就能从说话者的各话语起点顺藤摸瓜，大致了解一段话要表达的主要内容，这样可以帮助我们快捷而准确地掌握所传递的主要信息。如下面的主位分析：

Strange things were happening in the countryside of northeast Hebei. For three days the water in the village wells rose and fell, rose and fell. Farmers noticed that the well walls had deep cracks in them. A smelly gas came out of the cracks. In the farmyards, the chickens and even the pigs were too nervous to eat. Mice ran out of the fields looking for places to hide.

Fish jumped out of their bowls and ponds. At about 3：00 am on July 28, 1976，some people saw bright lights in the sky. The sound of planes could be heard outside the city of Tangshan even when no planes were in the sky. In the city, the water pipes in some buildings cracked and burst. But the one million people of the city，who thought little of these events，were asleep as usual that night.（资源来源：人教社普通高中课程标准实验教科书英语必修 1，Unit 4 *Earthquakes*）

通过以上文本可以看出，主位推进模式揭示了句际间的语义关系。如果我们把主位推进模式应用到语篇层面，就可以根据语篇中语句出现的先后顺序切分主位和述位，然后再按主位排列顺序厘清作者的思路。我们就会有意识地注意到作者想说什么，如何展开话题，何时更换话题，到语篇结束时回答了一个什么样的问题。完成上述步骤以后，整个文章的内容就会清晰地呈现在眼前。

教学时可以给出文章标题，再给出一些反映语篇内容的关键词汇，让学生预测语篇的内容和发展方式，还可以给出语篇的标题及第一段和最后一段，让学生建构语篇。

(四)巩固与发展(Consolidation and development)

这个阶段是词汇、句子和语篇意义的巩固，是思维和情感的发展，是训练学生独立思维和批判性思维能力的一个重要契机。这些能力包括以下几方面：

培养学生的创造性思维能力；

培养学生的逻辑思维能力和深层次思维能力；

帮助学生克服思维定式对话语理解的影响，培养其思维的广阔性；

培养学生独立思考和善于思考的能力；

充分认识中西方思维方式的不同，培养学生跨文化思维能力；

抓住语篇中关键的字词句，培养学生的语言运用能力，等等。

语篇中许多内容都蕴含着丰富的创造性思维和创造意识的因素和材料。为此，从语篇的上下文、思路及部分的内在联系等方面积极发掘出创造性思维因素，可达到有效训练的目的。例如，抓住语篇中的"扩点"进行补充及延伸，训练创新思维能力和发散性思维能力；抓住语篇中的"异点"进行联想；抓住语篇中的"重点"进行概括性思维训练；抓住语篇中的"疑点"进行评价能力和批判性思维能力的训练等。

三、语篇分析教学设计案例

根据具体语篇教学目的的不同，教学环节设计也应有所取舍，不必面面俱到，因为每一篇文本都有独有的特征和语篇分析意义。下面以北京师范大学出版社的高中英语教材 Module 3 Unit 8 Lesson 1 *Adventure Holidays* 为例，进一步探讨基于语篇分析的阅读教学设计。

【案例】

本单话题为探险，主要介绍了各种探险活动及探险故事。本节课为第八单元中的第一课，通过呈现一篇喜马拉雅探险组织的宣传单，旨在让学生了解探险组织提供的服务并设计探险项目；而第二课 *Extreme Sports* 则介绍了各个极限运动的名称，并让学生谈论喜欢极限运动的原因；第三课 *Marco Polo* 以马可波罗为蓝本描写了他探险的历程及贡献，旨在了解历史人物的事述；第四课 *Journey to the Antarctic* 则描述了南极探险的故事，让学生在故事中体验大无畏的探险牺牲精神。前两课是对探险话题的大体介绍，而后两课则是对探险故事的具体描写。本课的学习为本单元后几课的语言和内容做了铺垫。

本节课的话题内容为喜马拉雅探险组织的宣传介绍，具有宣传文本的主要特点。其文本的内容包括对探险者需求的描述，探险组织提供的服务，对探险者的体能要求以及探险花销及规定日期。语篇内容如下：

Adventure in the Himalayas

Just imagine. You are walking along a mountain path in the Himalayas. You are feeling tired. You are thinking about how far there is to go. Then, suddenly you are there! And the amazing Mount Qomolangma is on the horizon. It looks great. A few minutes later, you arrive at the camp. The food cooking on the fire smells great and while you are having a hot cup of tea, you relax and watch the sun go down. <u>At dinner</u>, the food tastes fantastic. <u>You</u> talk with other people in the group about everything you have seen and done during your day's hiking. <u>If you are looking for experiences like this</u>, Adventure 2000 is the organisation for you.

A lot of hiking holidays sound exciting, <u>but</u> the reality is often very different. Hiking trips can be uncomfortable and even dangerous. <u>However</u>, at Adventure 2000 we feel that we understand the needs of hikers. All our guides have several years of experience in leading hiking trips in the Himalayas. They know all the best routes and best places to camp. We <u>also</u> realise that hiking can be hard work and believe that hikers need all our help. <u>As well as</u> the group guide, all teams have cooks and porters. While on a hiking trip, our cooks prepare delicious meals. <u>And</u> our porters carry your luggage, which means that you can simply enjoy the experience.

At Adventure 2000 we also think that good travel arrangements are important. We organise all the flights for you: from London to Beijing, from Beijing to Lhasa and bus travel in Tibet.

Accommodation is in comfortable hotels in Beijing and Lhasa, hostels on the hiking trip, and one-or two-person tents for camping.

There are also special offers for people who don't want to go straight home afterwards. If you like history, there is a trip to Western China. For people who prefer to spend some time on the coast, we can organise your travel and accommodation too. This is a Class A hike — you have to be fit. There are walks of 6~8 hours most days, with a maximum altitude of 5, 545 metres. Class B and C hikes are easier, so you don't need to be so fit.

The hike costs ￡2, 500 including all flights and accommodation. Maximum group size is 15 people. Hikes are between October and May.

这篇文章结构十分清晰，宣传语言特点鲜明。学生对其进行语篇宏观框架分析应该不难，但是对作者的语言表述方式的意图，学生理解有困难，而教师常常忽略，所以对本文进行微观框架分析很有必要。学生在宏观结构理解基础上，对阅读文本进行深层次挖掘，归纳宣传单的文本结构特征及语言特点，并写出一篇探险旅游宣传文章，是本教学设计的主要目标。教学重点是学生通过语篇分析，能总结旅游宣传单的语言特点和文本结构特征。教学难点是写出一篇相应的宣传文本。

教学环节设计如下：

教学步骤	教学活动	设计意图
Step 1 Brain storming and genre analysis	1. Ss recall what elements are included in a brochure. 2. Ss skim the text to find the main idea of each paragraph.	1. 激活学生的图式，预测文章内容，熟悉相关话题的关键词语。 2. 整体认知文本结构，获取文章主旨。
Step 2 Context analysis and thematic structure analysis	1. Ss answer the questions below： What does the writer intend to do? Do you believe what the writer says and why? 2. Ss underline the theme of each sentence in Paragraphs 1 and 2. （如第 1 段画线部分）	1. 进行语境分析，旨在厘清作者的写作意图。 2. 了解和掌握本文中心内容的信息在语篇中的分布情况。
Step 3 Cohesion and coherence analysis	1. Ss underline the personal pronouns in Paragraphs 1 & 2, tell the difference and discuss the reason why the writer use pronouns this way. 2. Ss discuss the function of the conjunctions in Paragraph 2. （如第 2 段画线部分） 3. Ss list the state verbs and activity verbs to answer the question："What do travelers expect from the trip?" 4. Ss answer the question "Why can the organization meet the travelers' need well?" 5. Ss work in pair and answer the question："What is the purpose of using both state verbs and activity verbs in part one, but mostly state verbs in part two?"	1. 深层理解文章含义。 2. 归纳文本的语言特点。 3. 推断文本特征语言的作用。 4. 为输出做结构及语言上的铺垫。

教学步骤	教学活动	设计意图
Step 4 Consolidation and extension	1. Ss choose one adventure (canoeing, white-water rafting, water sports, safari in South Africa) and discuss the selling points in group. 2. Ss write a brochure individually using the language and structure they've learnt from the text. 3. Ss read their passage and evaluate on their writings.	1. 输出宣传单文本的结构及语言。 2. 唤起学生对探险旅游的宣传兴趣。 3. 通过评价手段，检测学习效果。
Homework	Polish the brochure of the adventure holidays written in class.	

　　教学设计注重激活学生对宣传类文章的已有图式，先是从文体到篇章结构进行宏观结构的文本分析，接着在微观篇章结构上进行剖析，着重分析作者怎样运用衔接与连贯的手段达到宣传自己旅游产品的目的。课文中静态动词及动态动词是本节课的语法点，但是教学设计不仅仅停留在区分其用法上，而是引导学生用静态动词及动态动词挖掘阅读文本的语言特征，进而归纳宣传单的语言结构特征。所有的语言分析都是为了引导学生归纳宣传单的语言特点并总结其结构特征，让学生不仅对文章内容有所理解，还要对文章结构有所反思。设计最后的语言输出体现输入的语言特点和文本特征，并关注了学生的兴趣所在，激发学生用英语表达的欲望。

　　为了便于教学，对语境的分析和主位述位的分析顺序做了相应的调整，这一点正好印证了语篇教学模式交互作用的特性，所以宏观分析与微观结构分析有时交错进行，以达到深层理解语篇的目的。

四、结束语

　　基于语篇分析的英语阅读教学设计突出语义，重视语言的交际功能，打破了以往单词和句子层面的阅读教学常规，让学生从整体语义的高度把握语篇信息，通过语篇分析了解文章的组织结构，理解作者的写作意图，从更深更广的范围全面获取语篇信息。语篇分析教学设计既注重语言形式，又注重语言功能，同时还注重语篇所涉及的语言文化知识。语篇分析教学设计旨在提高学生的语篇分析能力，引导学生既迅速又准确地弄清语篇的整体结构与主旨大意，以及为说明该主旨大意的重要事实，进而根据上下文的逻辑关系做出合理的推论与判断，以最大限度地获取语篇中的完整意义。

思考与实践活动

一、依据本节内容，请思考以下问题：

1. 阅读教学为什么要注重语篇分析？

2. 语篇阅读的教学模式有哪些环节？

3. 语篇微观框架中的主位述位分析有何作用？

二、实践活动。

请设计、实施一节语篇分析教学课例，并就本节所探讨的语篇分析教学的语篇宏观框架或微观框架环节写一份教学反思。

1. 设计教学时要明确本节课的重点环节，同时体现语篇分析教学模式的一般规律；

2. 做好教学环节评价与反馈，以此作为教学设计反思的依据；

3. 分析语篇分析教学模式是否促进学生对文本的深层次理解，以及阅读批判思维能力的培养；

4. 分析语篇分析教学实施的优势与不足，明确改进教学设计的方向与思路。

参考文献

胡壮麟．语篇的衔接与连贯[M]．上海：上海外语教育出版社，1994.

黄国文．语篇分析的理论与实践[M]．上海：上海外语教育出版社，2005.

李志雪．从语用和图式角度来看语篇的连贯[J]．解放军外国语学院学报：1999(5).

中华人民共和国教育部．普通高中英语课程标准(实验)[M]．北京：人民教育出版社，2003.

马博森．阅读教学中的话语分析模式[J]．外语教学与研究，1995(3)：56~60.

宋雅智. 主位—述位及语篇功能[J]. 外语学刊，2008(4)：86.

Ausubel，David. Educational Psychology：A Cognitive View[M]. New York：Holt，Rhinehart and Winston，1968.

Bartlett，F. C. Remembering：A Study in Experimental and Social Psychology [M]. Cambridge：Cambridge University Press，1932.

Beaugrande，P. Introduction to Text Linguistics [M]. London：Longman，1981.

Brown & Yule. Discourse Analysis[M]. Cambridge：Cambridge University Press，1983.

Brown，H. D. Teaching by Principles：An Interactive Approach to Language Pedagogy[M]. Beijing：Foreign Language Teaching and Research Press，2001.

Carrel，Patricia L.，et al. Interactive Approaches to Second Language Reading[M]. Cambridge：Cambridge University press，1983.

David W. Carroll. Psychology of Language[M]. Beijing：Foreign Language Teaching and Researching Press，2000：177～178.

Halliday，M. A. K. An Introduction to Functional Gramma[M]. London：Edward Arnold，1985.

Halliday，M. A. K.；Hasan，R. Cohesion in English[M]. London：Longman，1976.

Halliday，M. A. K.；Hasan，R. Cohesion in English[M]. Beijing：Foreign Language Teaching and Research Press，2001.

Hoey，M. Textual Interaction：An Introduction to Written Discourse Analysis[M]. London：Routledge，2001：127.

Jeremy Harmer. How to teach writing[M]. Beijing：Posts & Telecom Press，2011：31.

Kant，I. Critique of Pure Reason[M]. London：Maxmillan，1781.

Labov，W. The Social Stratification of English in New York City[M]. Washington，DC：Center for Applied Linguistics，1966.

Labov，W. Sociolinguistic Patterns[M]. Philadelphia：University of

Pennsylvania Press，1972.

Rumelhart，D. E. Toward an Interactive Model of Reading[M]. In Stan Slav Dornic（ed.），Attention and Performance，vol. VI. New York：Academic Press，1977.

Thomas，S. C. Farrell. Planning Lessons for a Reading Class[M]. Beijing：People's Education Press，2007.

第三节　基于学生需求调查的阅读教学

【学习目标】

- 了解调查问卷的优势及适用范围
- 了解阅读需求调查的类别及设计思路
- 初步掌握阅读需求问卷调查设计的方法

【内容要点】

- 调查问卷的优势及适用范围
- 调查问卷的设计介绍
- 调查问卷在阅读教学中的应用

一、调查问卷的优势及适用范围

(一)什么是调查问卷

很多中学英语教师希望解决英语教学中令人困扰的各种现实问题，而教学调查研究是解决问题的方式之一。

调查研究包括访谈和问卷两种方法。问卷调查法是目前使用最为普遍的方法之一。对于问卷的诸多定义当中，比较通俗易懂的是："为了达到调查目的和收集必要数据而设计出的由一系列问题、备选答案及说明等组成的向被调查者收集资料的工具。"（郭强，2004）

(二)调查问卷的优势

第一，实施起来便捷易行。受访学生面对各种问题，无须为如何回答而煞费苦心，只需在每个问卷问题所给的答案中进行选择，就可以很快完成。这种调查方式易于接受，可以更好地赢得学生的配合。

第二，能够准确反映受访学生的真实情况。标准问卷一般采用匿名方式进行，这样能打消受访者的顾虑。

第三，收集的数据易于统计和分析。标准问卷中问题的答案事先给出，并按照一定的规律进行编号处理，因此很容易进行量化。短时间内可以获得需要的统计结果。

(三)调查问卷的适用范围

问卷的调查内容非常广泛，既可以是针对过去的经验或行为，如受访学生的外语学习方法、学习方式等，也可以是对某些事情的观点或看法，如受访学生对教师、教材、外国文化以及外语学习本身的观点或态度等。问卷内容还可以涉及个人体会或感受，如外语学习中的成就感、自信心、学习兴趣、焦虑感、挫败感、无助感等。也可以测量受访学生在某方面的知识或能力，以及个人背景等，如过去学习成绩或某次考试成绩、学习背景、在外语学习上所花的时间等。

二、调查问卷的设计介绍

(一)调查问卷的格式

问卷形式决定受访学生的态度和接受程度。作为问卷形式的重要组成部分，问卷格式一般由问卷标题、问卷说明、个人信息、答题方法说明、问卷项目和答案以及结束语等部分组成。其中问卷项目(即问卷问题)是问卷的主体部分。

(二)调查问卷的种类

根据问题的回答方式，问卷问题可分为开放式问题和封闭式问题。开放式问题包括填空式问题和简答式问题。

1. 开放式问题

其特点是设计者不给出任何选项，受访学生可根据个人的实际情况提供答案。一般开放式问题有填空题和简答题两类。

例如：我每周课外练习英语阅读大约花_____（小时）。

这个例子中只要求学生填入相应数字。这种用填空的形式设计问卷有以下好处：一是设计这种填空题非常简单，教师只需在题干处留出足够的空白处即可；二是填空题可以获得精确的答案；三是适合用来调查背景知识；四是当教师事先不好确定或不知道答案的变换规律，或无法穷尽学生可能给出的答案时用这种形式比较保险。

再如：除教材的阅读课文外，你课外喜欢阅读什么样的文章？为什么？

_____

这是一个简答题，回答的内容相对更多，答案可长可短。一般来说，简答题可以用来调查客观存在的事实、学生的主观思想，以及对封闭式问题的补充。其中第一问是一种事实调查，学生给出的答案可以比较简单，回答起来不难。通常，在事实性问题之后会设计另一个问题让受访学生解释，需要学生认真思索给出理由，难度相对大一些。

开放式问题还可用作对封闭式问题的一种补充。例如，题目中列举了学生在英语阅读过程中猜测生词可能使用的全部方法之后，又担心学生使用过的一些方法未能包括进来，就可以设计一道开放题，让学生列出其他未提及的猜词方法。

例如：除上述猜词方法外，还有哪些方法是你在阅读过程中用过的？

_____

2. 封闭式问题

问卷设计者提供答案供受访学生选择，或者给出量表由受访学生评价。常见的主要类型有：是非题、多项单选题、多项多选题、利克特量表等。

例如：中学阶段使用英汉双解词典比使用简明英汉词典更有帮助。

完全不同意	不同意	不确定	同意	完全同意
1	2	3	4	5

以上是一个利克特量表。问卷问题是陈述句，测量的是受访学生对一种观点的看法。受访学生根据等级量表进行评定，以确认自己对题目中的做法或看法的认可程度。本例中，学生从五个答案中选择一个表明自己的观点。如果答案过多集中在中间等级（拿不准）上，调查价值不大。如果希望排除这种"骑墙"观点，可以设计成 4 个等级。

再如：学英语时使用英汉双解词典

①完全或几乎不适合我的情况；

②通常不适合我的情况；

③有时适合有时不适合我的情况；

④通常适合我的情况；

⑤完全或几乎完全适合我的情况。

这里测量的不是受访学生对某种看法的认同程度，而是他们的实际学习行为与列举的行为在多大程度上保持一致。

利克特量表是一种标准化了的问卷，在外语教学调查研究中受到普遍欢迎。用它收集来的数据非常易于处理。研究者将全部问卷项目在利克特量表上的得分相加获得总分，或求平均值即可。

（三）调查问卷设计的基本技巧

教学中如果使用得当，问卷调查的方法简便易行，能给教师提供学生的现有基础、学习效果、学习需求等方方面面的信息。一般来讲，设计符合自己需要且质量较高的问卷需要注意以下几个方面。

1. 避免使用双重或多重含义的词语

一个问卷题目只能测量一个问题。但是初学者容易违背这一原则。例如：阅读课上，我容易感到犯困、乏味。

如果有的学生这两种情况都有，就比较好回答。但是有的学生只是缺乏睡眠而犯困，本身不觉得阅读很乏味，或有的学生只是觉得乏味，但不犯困，就不好回答这个问题。解决办法是将具有多重含义的问句分开来问。尽量不要使用"和""及""或""而且"等词语，或者使用顿号。

2. 避免使用概括性强、模糊的词语

设计问卷题目必须使用明确而具体的词语，这样更容易理解。学生理解透彻后作答，才能真实反映学生的思想。

例如：我通过媒体提高阅读水平。

本例调查的是学生提高英语阅读水平的途径。整个句子非常简洁，但是其中的"媒体"这个词概括性太强，究竟是指收音机、电视机、报纸还是网络并不清楚。最好用多个句子把不同的媒体分开表述。

3. 问卷的问题不能带有前提性或倾向性

使用问卷题目测量某一事物时必须保持客观、中性的立场，不能带有倾向性。如果让学生回答下面这个问题：你不喜欢英语阅读的原因是什么？学生无论怎么回答都表明不喜欢阅读。如果改成"你喜欢英语阅读吗？喜欢或不喜欢的理由具体是什么？"就更加客观。

4. 避免设计没有区分度的问卷题目

问卷题目必须具有一定的区分度，即受访学生在回答问卷时不能选择千篇一律的答案，如全部同意，或全部不同意，或全部不置可否。

例如：词汇量是影响阅读质量的重要因素之一。

完全不同意 不同意 不确定 同意 完全同意

该例调查的是学生对于词汇量对阅读影响的看法。这个问题是一个常识性问题，应该不会有人持异议，所以基本上会选择"同意"或"完全同意"，区分度不大。因此，问卷中不要出现非常明显的尝试性问题。如果教师对于设计的问题不能把握学生如何回答，这种问题的区分度可能就比较高。

问卷题目设计中除了上述比较一般性的问题外，还有一些具体问题需要注意。

第一，开放式问题。填空题和简答题是开放式问题的主要类型。它们便于设计，也可以获得更为丰富的数据，因此在研究初期阶段特别有用，适合在班级等小范围内进行，不宜展开大规模研究。

第二，封闭式问题。封闭式问题有几种常见形式，如是非题、多项单选题、多项多选题、比较式问题和利克特量表等。其中尤其要关注利克特量表。

问题措辞：设计关于行为的调查问卷时要注意问卷题目的措辞，尽量不要设计以第一人称开始的表述，如"我学英语时经常使用电子词典"，如果改成"学英语时经常使用电子词典"就会比较客观，否则会有一种"默认效应"，即受访学生倾向于同意问卷题目的观点。

问题数量及表述方式：如果问卷数量较多，受访学生回答问题时，还可能因为乏味、疲劳等原因，在问卷的后半部分倾向于填写不确定或者一律选择同一个等级。

因此设计量表问题时尽量要精练，数量要少，可以小规模、多层次、多次做调查。调查的项目比较专一，学生才有可能认真填写。

三、调查问卷在阅读教学中的应用

就阅读教学而言，目前设计阅读教学时，教师往往从自身的教学经验和以往的教学体验出发，较少考虑学生在阅读方面已有的基础和学习需求，因而导致阅读教学设计程序化，流于形式。这直接导致教师在阅读教学上高投入，低产出，教师下的功夫大，但学生学习成效不明显。因此日常教学中，用调查问卷的方法了解学生的阅读需求，并利用调查结果进行阅读教学设计会提高教学针对性和实效性，使教学活动满足学生的阅读学习需要。

(一)调查问卷在阅读教学中涉及的方面

笔者认为在阅读教学方面，调查问卷可以涉及阅读学习观念、阅读策略实践情况、阅读中的困惑和问题、阅读学习中对教师的期待等多个方面。

1. 阅读学习观念

阅读学习观念调查主要用来了解学生的阅读态度、动机、阅读学习策略的使用和在阅读学习方面的努力程度等信息。

【案例 1】

调查问卷的背景及问卷设计的具体内容：

设计该问卷的教师来自北京市某区一所普通高中。高一新学期之初她注意到阅读课堂比较沉闷，学生的阅读学习很被动，因而很想了解具体原因。由于该班学生来自不同的初中学校，生源分布较分散，该教师采用调查问卷的方式对新组班级(共 32 人)进行了阅读学习的学情调查。问卷具体内容如下。

阅读学习观念问卷调查

姓名_____ 所在班级_____ 初中所在学校_____

1. 你觉得英语阅读重要吗？

A. 非常重要　　　　B. 重要　　　　C. 一般　　　　　D. 不重要

请说出原因_____

2. 你喜欢英语阅读吗？

A. 非常喜欢　　　　B. 还可以　　　　C. 不太喜欢　　　D. 一点儿也不喜欢

请说出原因_____

3. 你比较喜欢阅读什么类型的文章？

A. 故事类　　　　B. 新闻类　　　　C. 科普文　　　　D. 广告类

E. 其他（请举例说明）_____

4. 你平时课下阅读的动机是什么？

A. 教师要求　　　　　　　　B. 为了扩充课外知识或提高阅读能力

C. 兴趣　　　　　　　　　　D. 为了应付考试

5. 你的课下英语阅读资料通常来自哪里？

A. 教师下发的　　　　　　　B. 课本书后习题上面的

C. 去书店买的　　　　　　　D. 班级订的英文报上的

E. 其他，请说明_____

6. 你认为影响你阅读理解的重要因素有哪些？

A. 语感　　　　B. 词汇量　　　　C. 分析句法结构的能力

D. 其他，请说明_____

7. 目前，你提高阅读能力的主要途径是（可多选）：_____

A. 教师辅导　　B. 自己多读　　C. 教师辅导加自己多读

D. 多读多背　　　E. 多背单词、句子和语法

F. 其他，请说明_____

8. 除教材外，你都喜欢哪些阅读资料？请列出并简单说出原因。

_____

从形式上看，该问卷设计以封闭式的选择题为主，辅之以开放式的简答题。该问卷中，教师运用了综合问题类型，主要设计了 7 个封闭式选择题和 1 个开放式简答题。教师既想了解每个选项学生选择的比例，又想继续了解学生选择的原因，所以在有的问题后面要求学生"说明理由"。同时教师担心自己所给出的选项不够全面，因此在选择题后又追加了封闭式问题，如"其他，请说明"。这几个完全开放的问题需要明确答案。这种问卷形式可以获得比较丰富的信息，还可以用于其他情况。例如，当教师对所探讨的问题了解不多，且可供借鉴的研究比较缺乏，希望做一些探索性的工作时，可以设计此类问卷。这类问卷类似于结构访谈，只是调查方式不同而已。但是如果受访学生数量较多，处理数据时工作量就会非常大。因此，在设计此类问卷时需要考虑这些因素。

封闭式问题和开放式问题各有利弊，但比较而言，封闭式问题是标准化了的问题。不仅学生回答起来容易，数据处理也相对容易，答案具有很强的客观性，而且易于分析，因此尤其适用于大规模调查。但是，封闭式问题的不足也很明显，一是答案都是固定的，变化幅度小；二是不具有探索性，编制起来比较费时。

2. 阅读策略实践

笔者认为阅读策略实践主要诊断学生对于阅读技巧和策略的使用情况，如学生已经能够使用哪些有效的阅读技巧和策略，学生是否使用了一些消极的阅读技巧策略，学生阅读学习方法和策略的使用频率以及这些方法和策略的使用情况与他们学习成绩之间的关系等。

例如：

请根据你的情况对照每个题目作答，并在题号后的括号里填入相应数字：

1 从不这样　2 很少这样　3 有时这样　4 经常这样　5 总是这样

1. 我觉得英语知识很重要。　　　　　　　　　　　　　　（　）

2. 上课前，我预习新课文或生词。　　　　　　　　　　　（　）

3. 我根据不同文体的文章采用不同的阅读方式，如读广告和读故事我会用不同的方法。　　　　　　　　　　　　　　　（　）

---

4. 读文章时，我先通读文章，了解文章的概要，然后再回头来仔细阅读。　　　　　　　　　　　　　　　　　　　　（　　）

5. 我根据具体的阅读任务，有选择地阅读相关部分来掌握细节信息。　　　　　　　　　　　　　　　　　　　（　　）

6. 在阅读中碰到生词时，我通过上下文猜测意思。　　（　　）

7. 我在阅读时忽略不熟悉的但不影响理解的词语。　　（　　）

8. 我经常通过字典查阅阅读中碰到的大部分生词。　　（　　）

9. 我根据常识或读懂的零散内容进行一些推理判断，理解作者没有直接写出的深层含义或者作者的意图等。　　　　　　（　　）

10. 我通过 but，so 以及 I think 等词语来判断作者的观点态度。　　　　　　　　　　　　　　　　　　　　　　（　　）

11. 我通过主题句、结论句等了解文章主题，分析文章结构。（　　）

12. 阅读时，我做一些笔记，记录所需要的关键信息或重点内容。　　　　　　　　　　　　　　　　　　　　　　（　　）

13. 课后，我经常大声朗读课文。　　　　　　　　（　　）

14. 我背诵课文或者相应的段落或语篇。　　　　　（　　）

15. 我在阅读的时候会圈出比较经典的句子或重点的词汇、短语。　　　　　　　　　　　　　　　　　　　　　（　　）

16. 在做阅读练习时，我有以下习惯　　　　　　（　　）

　　A. 指字阅读　　　　B. 出声阅读　　　　C. 心中默念内容

以上调查涵盖的内容和方面比较广泛。一次调查中涉及如此多的方面，不仅会引起受访学生的疲劳，也不利于教师后期统计数据。案例 2 中教师就只聚焦于学生对于词汇策略的使用。

【案例 2】

调查问卷的背景及问卷设计的具体内容：

北京市某所市级示范高中的高一英语备课组在进行了高一第一学期的教学后发现本年级的学生词汇量参差不齐，学生的英语水平差距较大，这给教学带来了很多现实的问题，如授课进度的快慢、所选用材料的难易度等。因此，教师们打算对学生阅读中猜词策略使用情况进行诊断，了解学生已经能够使用哪些有效的猜词策略；学生是否使用了一些消极的猜词策略；他们对策略的使用频率以及这些策略的使用情况与他们学习成绩之间的关系等。具体调查内容如下：

姓名_____　　所在班级_____　　初中所在学校_____

1 从不这样　2 很少这样　3 有时这样　4 经常这样　5 总是这样

1. 读一篇英语课文时，我对每一个词都很关注。　　　　　　　（　）

2. 阅读中如果我不理解某个词、某个短语或句子时，我都要重新读一遍。　　　　　　　　　　　　　　　　　　　　　　　　　（　）

3. 当我对某个单词或句子的意思不是很确信时，我进行几种可能的猜测。　　　　　　　　　　　　　　　　　　　　　　　　　（　）

4. 在阅读中碰到生词时，我通过上下文猜测意思。　　　　　　（　）

5. 我在阅读时忽略不熟悉的但不影响理解的词语。　　　　　　（　）

以上备课组设计的是利克特量表。调查问卷中设置了 5 个等级，测量学生的实际学习行为与列举的行为的一致程度。需要指出的是，该问卷中的表述都以"我"开头，这略有不妥，如果去掉"我"这一明显的指向词，而变为客观的事实陈述会更好，如"1. 读一篇英语课文时，对每一个词都很关注"。

3. 阅读实践困惑与障碍

笔者认为这类问卷主要了解学生在阅读过程中遇到的困难，如词汇障碍、句法障碍、语篇障碍或其他因素。例如以下问卷：

姓名_____　　所在班级_____　　初中所在学校_____

1. 下面哪种（哪几种）情况（说法）描述了你在阅读过程中的实际情况？（　）

词汇障碍：

A. 生词较多，产生畏惧心理，进而放弃阅读

B. 有生词，不影响理解文章的主旨，但影响理解细节

C. 有很多词似曾相识，但想不起确切意思

D. 自我感觉基本认识单个单词，但是不能准确把握对文章的整体理解

E. 缺乏构词法知识，无法快速辨认已会单词的相关合成词、转化词和派生词形式

句法障碍：

F. 遇到长句时，往往搞不清句子结构，很难理解句意

G. 不太理解一些句法现象，如省略、倒装、分隔等，导致对句子结构和句意不能正确理解

H. 不懂任何句法概念，就是凭感觉理解

语篇障碍：

I. 搞不清上下文之间的语意联系或逻辑关系

J. 抓不住段落或全篇主旨

K. 只关注表面意义，不理解内涵，难以做出推测和判断

其他，请具体说明_____

2. 如果你在阅读英语文章时遇到了一个句子无法理解，而这个句子对理解文章又很重要，你会怎么办？（ ）

A. 重新读一遍，分解句子，联系上下文来解决

B. 联系文章主题中心，希望帮助理解这个难句

C. 放弃，读文章的其他部分

3. 当你做一整套阅读理解题时，遇到难度比较大的短文，你会（ ）

A. 先跳过不认识的单词，不读

B. 大概地读，能知道文章大意

C. 仔细读，一个一个查字典

D. 先通读了解大意，然后对不认识的再进行进一步了解

4. 阅读教学评价

主要了解学生对于中学教师的教学风格、阅读教学方式以及阅读教学的满意度等。例如：

1. 英语教师在上英语课时经常采用的教学方式是 （ ）

A. 讲练结合　 B. 满堂灌　 C. 提问较多，很少讲　 D. 放任自流

E. 其他，请说明＿＿＿＿＿＿＿＿＿＿＿＿＿＿＿＿

2. 目前教师的阅读课是如何教的？ （ ）

A. 注重能力培养，能讲授知识点，传授阅读方法与技巧

B. 逐句翻译，通过中文去讲解和理解英文，讲得过细

C. 泛泛而读，许多问题未得到解决

3. 教师是否在英语阅读技巧方面有学法指导？ （ ）

A. 经常有学法指导，渗透于教学之中

B. 有时进行学法指导

C. 很少进行学法指导

D. 不进行学法指导

4. 你对英语教师在阅读方面的教学满意吗？ （ ）

A. 很满意　　 B. 满意　　 C. 一般　　 D. 不满意

以上仅仅给出了调查问卷在阅读教学领域涉及的几个大的方面。此外，在实际阅读教学中，还有很多具体的方面，比如针对学生对于某项具体阅读学习内容的已有基础的学情调查等。

(二)调查问卷结果的分析利用思路

调查问卷的结果可以用来确定教学目标、调整教学内容，提升教学实效。下面以上文提到的【案例 2】为例，简单介绍调查问卷结果的分析利用思路。

【案例 3】

一、调查问卷数据的简单统计

本调查选取了本年级的四个程度稍好的班级(共计 135 人)进行了调查。调查的具体项目和结果如下。(每一个问题都有个别学生没有作答，这是各具体项目中人数相加后都不是 135 的主要原因。)

猜词策略	从不这样	很少这样	有时这样	经常这样	总是这样
1. 读一篇英语课文时，我对每一个词都很关注。	10人	46人 34%	49人 36%	22人 16%	5人
2. 在阅读中如果我不理解某个词、某个短语或句子时，我都要重新读一遍。	6人	21人 16%	38人 28%	62人 46%	38人 28%
3. 当我对某个单词或句子的意思不是很确信时，我进行几种可能的猜测。	3人	12人	32人 24%	51人 38%	33人 24%
4. 在阅读中碰到生词时，我通过上下文猜测意思。	1人	12人	30人 22%	59人 44%	31人 23%
5. 我在阅读时忽略不熟悉的但不影响理解的词语。	1人	6人	33人 24%	37人 27%	56人 41%

二、调查问卷结果的简单分析

经过简单的数据统计和对部分学生的访谈，教师们发现以下问题：

针对第一个问题"读一篇英语课文时，我对每一个词都很关注"，有15%～30%的学生存在问题。他们不会忽略不重要的词，主次不分，对不认识的单词太关注，碰到这些词就从内心害怕、畏惧。不知道如何解决这些生词，从而影响了对所读材料的整体把握。

对于3、4、5三个问题，分别有62%、67%和68%的学生选择"经常"或"总是这样"。也就是说在程度较好的班级中，阅读中遇到生词时，三分之二的学生能够使用正确的策略。但是教师们感觉这些数据和平时学生的表现不太符合。学生日常阅读时对于猜测词义策略的使用率似乎没有这么高。例如，第4个问题"阅读中碰到生词时，我通过上下文猜测意思"，尽管该问题调查到了学生使用该策略的大致比例，但是这一数据无法具体体现学生到底使用了什么样的方法猜测词义，他们使用的方法是否科学也不可得知。

三、调查问卷后教师在教学上的调整

在中学英语学习中，词汇的学习非常重要，词汇量的大小会影响其他语言知识和技能的发展。但是英语词汇学习如果不讲究策略，结果往往事倍功半。在阅读过程中猜测生词意思是扩大词汇量的有效方法之一。尽管词汇学习如此重要，该校目前使用的教材中并没有把这种有效的策略详细呈现。这就要求教师根据学生的需求结合教材的内容加以补充。

针对这一调查反映出来的现象，该备课组认为在高一上半学期第一模块教学的基础上，在后续模块的阅读学习中要有意识地加入词汇学习策略的内容。具体来说，先要教会学生猜测词义的方法，然后再在具体的语言学习活动中不断强化这些方法的使用，最终达到自主使用的目的。

四、教学设计具体呈现

人教版教材模块 2 第 2 单元的话题是"奥运会"，学生非常熟悉。课文内容是一个现代记者"穿越"采访一个古希腊人，借以引出古代和现代奥运会的不同，并引发对即将举办的 2008 年北京奥运会的展望。（注：教材编写日期早于 2008 年）

很显然，这样一篇对话形式的采访稿无论在形式上、内容上还是在时效性上都很难引起学生兴趣。如果采用常规方法，很难推动教学。

通过分析这篇文章的特殊性，以及刚刚给学生做的调查问卷的结果分析，某教师把课文的学习重点放在了词义猜测方法的指导上，具体做法如下。

① 教师把问卷情况、分析结果和本节课的教学目的清晰地呈现给学生，让学生明白本节课学习的重点。

② 头脑风暴：If you come across the new words when reading, what will you do? 让学生简单说说他们目前已经知道的猜词方法。

③ 步步引导如何根据语境猜测词义。

从母语入手，让学生体验语境对句中英语生僻词的提示作用：

> 门很低，头容易撞到 lintel _____。
>
> 从屋顶上的 antenna _____知道房子里有电视。
>
> 鱼用 gills _____呼吸。

然后给出 3 个从语境不清晰到语境逐渐清晰的句子，让学生体验句中的具体信息如何帮助他们对每句话中的缺失词进行合理猜测：

①Tom can't find his _____ .

②Tom can't find his white _____ .

③Tom can't play tennis now because he can't find his white _____ .

A. money   B. bowls   C. shoes

接下来呈现 8 个语境充分的句子，让学生分组抢答，关注句中的哪些具体信息从什么角度帮助他们最终猜出生词含义：

①It will be very hard but also very <u>brittle</u> — that is, it will break easily.

② ⋯ Yet, shopkeepers may have to spend extra hours to deal with problems, such as <u>shoplifters</u>, who always take away things from the shop without paying for them ⋯

③If you agree, write "Yes"; if you <u>dissent</u>, write "No".

④Alexander Graham Bell was born in 1874 in Edinburgh, Scotland. His father was an expert in <u>phonetics</u>, the study of the sounds of language.

⑤She did not hear what you said because she was completely <u>engrossed</u> in her reading.

⑥Although the early morning had been very cool, the noonday sun was <u>tropical</u>.

⑦In old days, when girls from rich families were married to their husbands, they expected to bring with themselves a large quantity of <u>dowry</u>.

⑧I was asked to <u>minute</u> the race.

最后全班分小组进行总结，罗列出他们在上述练习中体验到的猜词方法，包括根据定义、同义词或反义词、生活常识、构词法等猜词。

学生对猜词策略的集中学习结束后，就借助课文的语篇进行实践。教师给学生提出以下要求：

List all the words you don't know.

Guess the meaning of the new words by using different methods.

Discuss in groups.

具体学案如下：

---

1. 课文中生词和词组(教材标记的生词共计 30 个)。

> **Warming Up**：ancient，compete，take part in，medal，stand for.
>
> **Reading**：
>
> Page 9：Pausanias，Greek，magical，volunteer，Greece，present-day，homeland
>
> Page 10：
>
> Line1~Line10：regular，basis，athlete，agreed standard，admit；
>
> Line11~Line20：slave，nowadays；
>
> Line21~Line30：gymnastics，stadium，gymnasium，as well，host，responsibility；
>
> Line31~Line40：wreath，replace；
>
> Line41~Line44：motto，swift.
>
> 除此之外，如果你还有不认识的单词，请在此处进行添加：
>
> _____

2. 请按要求将上表中生词分类。

请列出你认为不影响理解、不用查的生词、词组。

请列出你认为影响理解，但能通过不同方法猜出含义的单词、词组，并写出所用方法。

请列出你认为影响理解，但找不到办法猜出含义的词。

3. 小组讨论相互借鉴的办法。

五、该教学设计的优点

该教师在进行问卷调查后根据学生需求，把一篇不大容易引发学生兴趣、时效性不强的文章作为词汇策略的训练文本，改变了阅读课程序化的做法，引发了学生学习的兴趣。这一点在最后的小组讨论环节体现得最为突出。

六、学习效果反馈调查

本课学习结束后，教师在授课班级只让学生笔头回答了一个问题。"本节课你有什么收获?"学生提到的收获最多的就是"各种猜词方法"，具体包括

猜词法	学会的人数
根据上下文	30 人
根据生活实际、常识(方便、容易)	28 人
根据构词法(将原来会的词运用于新词)	16 人
根据关联词，前后句	15 人
观察句型，通过并列、因果等关系推测词义	8 人
根据跨学科知识	8 人
观察整句话的意思猜测某个词的意思	6 人
根据定义	3 人

可以看出，学生上述提到的猜词方法除了教师课上介绍的之外，他们还关注到了更多的方面，如根据跨学科知识、观察整句话等，反映出学生灵活变通的能力。此外学生还列举出了以下收获：意识到虽然有的词不认识，但不影响整体意思的理解，猜词时也会更大胆；以后遇到生词不会再产生恐惧、抵触心理，可以使用一些方法猜出词义；通过学习猜词的新方法，以后做阅读就更明白，效率就更高了；认识到不影响阅读的词可以越过不管，有助于提高阅读速度……

正确的方法引导使学生产生更强的阅读自信感，因此，培养学生的学习策略不仅能提高他们在校学习的效果，更重要的是使他们获得独立、自主学习的能力，让学生受益无穷。

统计表明，问卷调查的方法在英语教学研究中占有相当的比例。如果中学教师了解问卷调查研究设计和实施的步骤和方法，学习如何进行简单的数据分析，并且根据调查结果有目的地调整教学，教学就会更有针对性，教学有效性就会得到提高。

思考与实践活动

一、结合本节内容，请思考以下问题：

1. 调查问卷法有哪些类型？在设计时需要注意哪些问题？

2. 如何利用调查结果进行合理的教学设计？

二、实践活动。

结合执教班学生在英语学习方面的某个具体问题，开展一次问卷调查。具体过程任务如下：

1. 确定要重点调查的某个方面，如"大部分学生不能在规定时间内完成阅读任务"，越具体越好；

2. 选择调查问卷的类型。例如，用开放式问题还是封闭式问题？结合问卷设计的注意事项，具体设计出几个问卷项目；

3. 在班级展开调查，回收问卷，统计结果并进行合理的分析；

4. 利用统计结果进行教学反思并调整教学。

参考文献

郭强．调查实战指南：问卷设计手册[M]．北京：中国时代经济出版社，2004：2.

秦晓晴．外语教学问卷设计调查法[M]．北京：外语教学与研究出版社，2009.

第四节　培养阅读语篇衔接与连贯的意识和能力

【学习目标】

- 了解语篇衔接与连贯的概念和基本理论观点
- 归纳中学阅读课中语篇衔接与连贯意识和能力培养的具体方法
- 运用语篇衔接与连贯理论分析语言材料，设计培养基本阅读能力的教学活动

【内容要点】
- 语篇的内涵
- 语篇理解在中学英语阅读教学中的意义
- 基于语篇衔接和连贯意识能力培养的语篇教学

一、语篇的内涵

语篇一词在语言学中指一个任何长度的、语义完整的口语或书面语的段落。语篇的形式多种多样，可以是口头或书面形式，可以是散文或诗歌，也可以是对话或独白。从一句谚语到整部戏剧或从一句求救话语到会议上一整天的讨论无不属于语篇的范围。

衔接是语篇表层的形式连接，指一个语篇中的每个成分之间必须有某种形式使之互相联系。而连贯指语篇的深层的意义连贯，即篇章表层背后所指的语篇中的每个概念和关系必须相连和相关。衔接是存在于语篇表层的有形网络。韩礼德和哈桑(1976)把衔接的方式分为语法衔接和词汇衔接两大类。其中语法衔接包括指称、替代、省略和逻辑连接，词汇衔接包括词汇的重复(同现、复现)和搭配。而连贯存在于篇章底层的无形网络中，是语篇的语义关联。每个语篇都是一个有意义的、连贯的整体。凡·戴克(Van Dijk, 1977)指出，语篇的连贯表现为两个层次：微观结构连贯和宏观结构连贯。微观结构连贯指线性或顺序性连贯，语篇中句子或一系列句子表达的命题意义之间相互联系构成一个连续的统一体。宏观结构指总摄全篇的总主题(总话题)所代表的语义结构由次级的话题所共同蕴含。微观结构连贯是从句列的角度看句列内部的线性关联，而宏观结构连贯是从语篇整体的角度看句列所表达的意义的总体关联。一个语篇必须同时满足这两方面的连贯才能是连贯的语篇。因此，高中的语篇教学重点培养学生利用词汇和语法衔接手段，从语篇微观结构和宏观结构入手，整体把握篇章，建构意义，处理信息，形成英语思维的能力。

二、语篇理解在阅读教学中的意义

中学阅读教学是以阅读语篇为载体，在语篇理解过程中训练学生对语言知识和语言形式的认知和理解能力，对信息的获取和处理能力，以及利用信息、信息之间的联系和语篇结构及内在逻辑关系分析问题和解决问题的能力。语篇理解过程是意义建构的过程，也是语言知识积累的过程，更是语篇理解能力和思维能力形成的过程，为语篇表达能力奠定基础。语篇理解过程需要引导学生建构"意义"，即激活学生已有的知识框架，帮助其在阅读理解构建基本意义的基础上去明确、突出、丰富他们头脑中原有的认识、概念、社会背景知识和文化因素等意义框架，形成更加完善的"意义"或"概念"，完成阅读意义建构。要达到这个目的，学生要掌握词和句子等语言知识，获取事实性信息；利用语篇的表层衔接手段，通过猜词、理解长难句、理解句子和段落之间的逻辑关系，形成所理解语篇的基本意义；通过分析、抽象、综合、概括、对比等系统的和具体的思维过程，理解篇章结构，推断隐含意义，归纳语篇的主旨要义，理解推理作者的意图、观点和态度，形成完整的语义连贯系统，从而完成阅读篇章意义的整体构建，同时培养阅读理解能力，形成阅读策略和思维能力。

在中学阶段，学生的语篇理解训练过程应该置于课文阅读学习的过程中，教师应精心分析阅读材料，巧妙设计教学活动，把语篇阅读的过程转变为知识学习的过程和思维训练的过程，关注培养学生的语篇衔接能力和语篇连贯意识，提高其语言思维能力和意义建构能力。

三、培养学生的语篇衔接、连贯意识与能力

进入高中阶段，多数学生已具备获取信息、猜测词义、简单的归纳能力和推理能力，但在复杂事实性信息理解的准确度、综合信息隐含意义推理的深度、语篇结构理解的清晰度和整体语篇理解的速度方面还存在问题。主要原因是阅读过程中欠缺明确的语篇衔接和连贯意识，且在阅读过程中思维的连续性和灵活性不够，不能有效建立信息之间的各种联系；不能准确理解信息背后传达的意义；不能形成正确的思维习惯和思维模式；阅读过程中语义理解的生成速度缓慢。因此，阅读教学的目的是在课堂上能够通过教学活动，加强语篇衔接与连贯意识和能力的培养，逐步提高阅读理解深度、速度和准确度。下面笔者分别从三个方面进行阐述。

(一)语篇结构在形成语篇衔接与连贯意识和能力中的作用及教学指导

由于各种语篇的交际功能不同，语篇的主题和内容有异，体裁不同，

采用的语言形式不一，作者的知识背景不同，语篇结构也多种多样，但语篇结构并非随意组合。语篇结构是有条理的、上下连贯、前后一致有机的语言整体。语篇的组织是有一定规律可循的（黄国文，1988）。凡·戴克将对语篇结构的理解分为对语篇宏观结构的理解和微观结构的理解。

1. 对语篇宏观结构理解能力的培养及教学指导

所谓理解语篇的宏观语义结构过程就是对话语的主题或中心思想这一常识概念的形式化或明确化过程。宏观结构是语篇的主要思想及其脉络，决定语篇整体语义的连贯性，控制语篇各部分之间的关联，是语篇的深层次语义结构。语篇文体包括记叙文、说明文、议论文和应用文。不同文体有着不同的语篇特征，不同文体又对语篇的内容和形式起着制约作用。例如，记叙文用"直线式"语篇模式，以事件发生的时间、地点、人物、情感的变化为线，叙述事件发生的始末；说明文、议论文常以总—分—总的结构模式展开，先概括再具体，先整体再细节，形成围绕论点、组织论据、进行论证的语篇层次上的主次结构。根据文体特点，加强归纳宏观结构的训练，有利于帮助学生快速理解不同类型的语篇结构，提高思维品质的灵活性，更有利于养成学生从语义入手进行分析、归纳和推理等意义建构的思维模式。

下面以高三记叙文阅读专项训练、议论文阅读专项训练课和完形专项训练课为例，说明如何利用不同语篇的文体特点培养学生的宏观语义结构理解能力。

【案例1】

下图是教师设计的对宏观语义结构的理解活动。本篇记叙文选自2011年高考广东卷A篇阅读，文章明线叙述了作者的第一次上课经历，暗线反映了作者一系列的心理变化过程。为了让学生抓住心理变化过程，教师设计了以下活动：通过回答问题How did he feel when he accepted the job? How do you know? How did the author feel when the day came? How do you know? How did his feeing change after he arrived into the classroom? 训练学生自主从每一段中找出表现心理活动的关键信息，建立微观连贯语义联系，然后归纳出每一段中作者的心理感受。最后从整个篇章的角度归纳作者心理活动的变化过程，提炼出语篇发展的暗线，对记叙文文体和语言的特点充分理解，归纳记叙文写作特点，和文章发生发展的过程和顺序安排。从整体上将语言的形式和意义、文章表面的信息的衔接关系、文章深层次的语义连贯关系、作者写作手法和意图显性化，同时明确记叙文的思维写作模式，初步体验和形成记叙文衔接和连贯背后的阅读思维意识和能力。

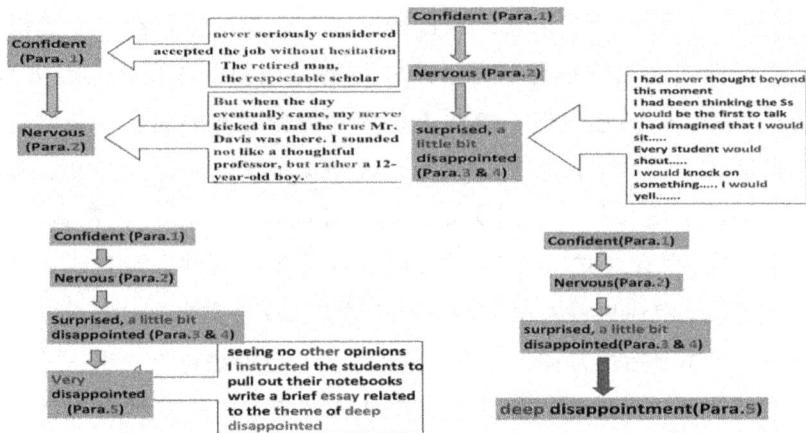

（选自北京市第十八中学黄继玲老师的教学设计）

【案例2】

下图是议论文阅读专项训练中教师设计的语篇宏观结构的理解活动。教师精心选择2011年高考福建E篇、江西D篇等七篇典型的议论文。之前一周学生每天利用10～12分钟阅读一篇。本课先讨论文章大意和基本内容，然后从如何快速找到论点并准确理解论点？怎样明确分论点、清楚论证方法？如何判断论证是否有效？三个问题入手，引导学生掌握议论文的文体特点和文章结构，归纳议论文的阅读思维方法。教师在明确论证方法环节首先引导学生找出各段落中论证方法即微观结构语义连贯，然后鼓励学生小组活动画出整个语篇的思维导图，关注议论文体语篇宏观结构的训练，帮助其真正建立篇章整体的语义连贯，理解作者是怎样通过列举、对比等写作手法，通过正论反论论证自己的观点的。同时学生通过体验议论文体的语篇结构特征和语篇衔接连贯的语言特点，归纳总结议论文语篇结构，逐渐反思自己的议论文阅读过程，形成议论文阅读思维的模式。

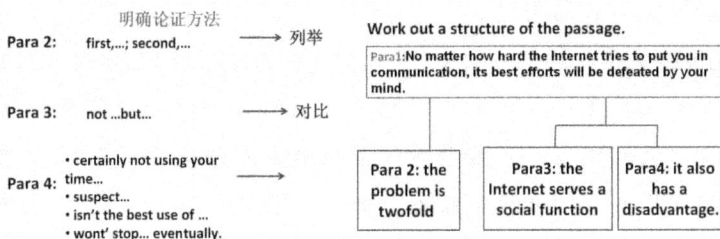

明确论证方法

Para 2:　first,...; second,...　——→　列举

Para 3:　not ...but...　——→　对比

Para 4:
• certainly not using your time...
• suspect...
• isn't the best use of ...
• wont' stop... eventually.

Work out a structure of the passage.

Para1:No matter how hard the Internet tries to put you in communication, its best efforts will be defeated by your mind.

Para 2: the problem is twofold

Para3: the Internet serves a social function

Para4: it also has a disadvantage.

（选自北京市第十八中学付静老师的教学设计）

【案例3】

下图是完形填空课中对学生语篇宏观结构理解能力的训练活动。完形填空的篇章往往是记叙文体夹叙夹议，文章的故事情节丰富，虽然信息缺省，但是学生仍然能够获取文章的主要情节和大意。因此，教师设计在获取大意信息的环节，通过个人阅读和小组交流活动训练学生在缺少20个词的情况下，通过关注时间顺序，抓住记叙文（故事）的主要信息和其中的关键词语（如左下图），厘清大意，思考故事的叙事结构（如右下图），并归纳作者写作意图。学生在词汇缺省的阅读过程中对故事发展的主要信息的获取越明确，对语篇宏观结构意识就越清晰，越容易厘清意图，形成清晰的语篇主旨，有助其正确选出与主旨相关的选项。

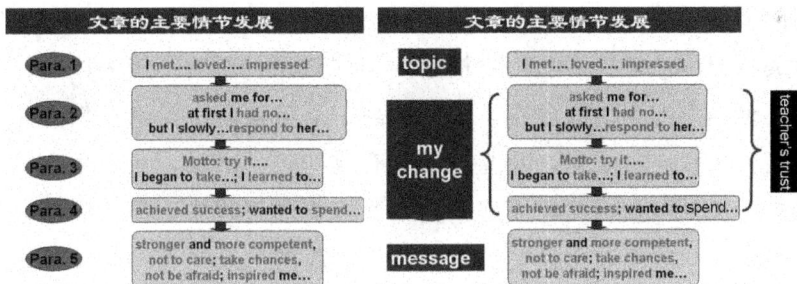

文章的主要情节发展

Para. 1　I met.... loved.... impressed

Para. 2　asked me for...
at first I had no...
but I slowly...respond to her...

Para. 3　Motto: try it...;
I began to take...; I learned to...

Para. 4　achieved success; wanted to spend...

Para. 5　stronger and more competent,
not to care; take chances,
not be afraid; inspired me...

文章的主要情节发展

topic

I met.... loved.... impressed

asked me for...
at first I had no...
but I slowly...respond to her...

my change

Motto: try it...;
I began to take...; I learned to...

achieved success; wanted to spend...

message

stronger and more competent,
not to care; take chances,
not be afraid; inspired me...

teacher's trust

（选自北京市丰台第二中学郝丽洁老师的教学设计）

2. 对语篇微观结构理解能力的培养及教学指导

所谓微观结构连贯是语篇内部各相关联的语句之间的语义联系类型，如因果关系、并列关系、解释关系、举例关系等。英语语篇写作的特点是：先概括，后细节；先抽象，后具体；先综合，后分析。直截了当声明论点，然后逐渐地、有层次地展开阐述。重组织，重理性，层次分明，句子组织环环相扣。而加强语篇理解过程中微观结构的理解训练，是帮助学生建立符合逻辑的思维方式的关键。

【案例4】

下图中的文段是一篇记叙文。它不像说明文和议论文那样段落中信息的微观结构比较清晰。为了帮助学生准确建立信息之间的联系，教师设计活动根据段义填写单词并说出理由。如第一个空填 position，学生根据下文中的解释信息：teaching a writing class. Teaching was a profession，从具体的"教写作课"抽象出"职位"这个概念，建立具体和抽象信息间的语义关系。第二个空填 never，学生根据下文中 I accepted the job without hesitation 建立了对比语义关系，理解了信息。

> **2011年普通高等学校招生全国统一考试（广东A卷）C**
>
> A year after graduation, I was offered a position teaching a writing class. Teaching was a profession I had never seriously considered though several of my stories had been published. I accepted the job without hesitation, as it would allow me to wear a tie and go by the name of Mr. Davis. My father went by the same name, and I liked to imagine people getting the two of us confused. "Wait a minute," someone might say, "Are you talking about Mr. Davis the retired man, or Mr. Davis the respectable scholar / professor?"

（选自北京市第十八中学黄继玲老师的教学设计）

不同文体语篇连贯的产生是读者对语篇的一种阐释。因此，对语篇中的衔接关系的认识能提高学生对语篇内容的认识；而对衔接手段的认识能使学生更迅速地把握语篇内容。因此，高中语篇教学中要侧重培养学生自主的语篇衔接和连贯意识，要通过设计有效的教学活动，让学生在分析篇章中的衔接关系以及由此建立起来的语义连贯的过程中，提高阅读理解的速度、准确度和效率，而且更清楚地认识语篇的微观内容结构，更重要的是可以从更宏观的角度把握语篇的结构和意义，逐渐形成不同文体语篇思维模式，最终提高阅读理解的能力。

（二）语法衔接在形成语篇衔接与连贯意识和能力中的作用及教学指导

语法衔接手段包括指称、替代、省略和逻辑连接。指称是一种照应关系，是对同一指称对象用不同的语言形式去指称，这些语言形式之间形成了互相解释的关系，一般分为人称指称、指示指称和比较指称。学生在语篇理解过程中对人称指称一般掌握较好，而对指示指称（this，that，these， those…）和比较指称（as … as，same，identical，equal，other，different，such，otherwise，less…）在上下文中寻找和识别对应的关系词语的意识和能力薄弱，因此建立语义联系速度也较慢，这些直接影响学生的语篇理解速度和准确度。尤其是在议论文体和说明文体中，指称情况较多，容易影响语义建构。所以，在语篇理解过程中，教师要有意识地训练学生准确快速寻找和识别同一对象的不同形式，培养学生在心理上建立语义联系的思维习惯，以期提高学生语义理解的速度和深度。如案例 5 中，教师为了让学生关注信息之间的语义联系，设计补全文段的活动。学生需要对信息中的指示代词的所指意义明确后才能完成任务，建立完整的语义网，理解文段。

替代和省略都是为了避免重复而采用的语言手段。替代指用某种形式替代上文中的某一部分，而省略的成分通常表达的是在上文中已经提到的信息。在阅读过程中有意识地培养学生快速反应出被省略和替代的语义，能够帮助学生加强语篇理解的速度和准确度。

下面以北京十八中付静老师的高三语篇理解专项训练——议论文阅读课为例，说明如何培养学生语法衔接意识，提高理解准确度、深度和速度。

【案例 5】

下图仍然选自议论文专项训练课，在如何快速找到论点并准确理解论点的环节，教师设计补全文段、说出指代意义和同义信息归类的活动，使学生通过有意识地分析文中语法衔接手段——it，that 等指代和词汇的复现，建立语义联系，快速找到论点。完成这项活动学生需将段落中的句子与句子之间的语义关系明确，尤其要先建立段中四个指称对象所对应的词语的语义关系，才能明确整个段落的语义关系，再找出并准确理解论点。

快速找到论点 并准确理解论点

promised; global village; hard;
be defeated; human mind;

The Internet will open up new vistas (前景), create the _____ --you can make new friends all around the world. That, at least, is what it _____ us. The difficulty is that it did not take the _____ into account. The reality is that we cannot keep relationships with more than a limited number of people. No matter how _____ the Internet tries to put you in communication, its best efforts will be _____ by your mind.

（选自北京市第十八中学付静老师的教学设计）

在明确论证方法的过程中(如下图所示),学生很容易找出第二段和第三段的分论点,但是对分论点的理解需要明确其中的 the problem,twofold 和 it 指代的意义,准确理解语义关系;然后找准和补全省略词语 it does 后省去的信息,这样才能准确理解两个分论点,并建立分论点与总论点之间明确的语义关系。

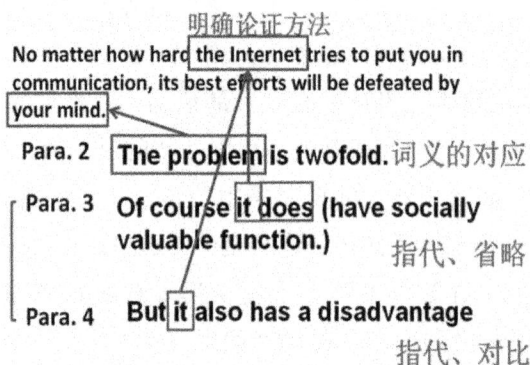

明确论证方法

No matter how hard the Internet tries to put you in communication, its best efforts will be defeated by your mind.

Para. 2 **The problem is twofold.** 词义的对应

Para. 3 **Of course it does (have socially valuable function.)** 指代、省略

Para. 4 **But it also has a disadvantage** 指代、对比

逻辑连接是用来连接篇章中相邻句子之间逻辑语义关系的衔接手段。连接关系是通过连词,如 but,and,however,when,because 等和表示连接关系的副词、介词短语如 consequently,in the meantime,one hour later 等实现的。根据所连接的句子之间的逻辑语义关系,韩礼德和哈桑(1976)把语篇中的连接划分为增补型(and,further,in addition,moreover…)、转折型(but,yet,however,nevertheless…)、原因型(for,since,because,for one thing,for another…)和时间型(and,just then,while,before,after…)四类。学生在语篇理解过程中对上述连接词语多数还是理解到位的,但不能准确建立连接词语前后句中的逻辑语义关系。在高中语篇教学中增加句子之间逻辑语义的训练,也是提高语篇理解准确度、深度和速度的重要过程。

【案例6】

以下是为了训练学生的逻辑连接意识和能力设计的活动,挑出与文段内容无关的句子。学生很容易就能够发现段落中的逻辑衔接连词 first,then,next,otherwise,after,但不是理解了这些逻辑连词就能理解句子和

信息之间的语义联系或能形成连贯的语义。因此，教师在文段增加了无关内容其实是引导学生深入理解被逻辑连词连接的前后信息之间确切的意义关系，训练学生形成在逻辑连词的帮助下，准确建立前后信息语义连贯的思维意识和能力。

Read the following paragraphs. Remove the sentences that are not relevant. Why are they not relevant?

You must be very systematic if you want to find a suitable apartment to rent. First, you must decide which neighbourhood is most convenient. Then you must decide how much you can afford to pay for rent. <u>Gas and electric bills for most apartments are usually US MYM 100 to US 150 per month</u>. Next, check the advertisements in the newspapers. If you don't want to buy furniture, be sure to check under furnished apartments. Otherwise, check under unfurnished apartments. <u>You can often find good deals on lots of items in the newspaper</u>. Be sure to check these advertisements often because new ones appear every day. After you have called and talked to the landlords of the apartments that seem suitable, you have to go inspect each of them.

(三)词汇衔接在形成语篇连接与连贯意识和能力中的作用及教学指导

词汇衔接手段包括词汇的重复及其之间的语义关系所建立起来的衔接关系，包括重现、同义、反义、上下义、整体部分义，以及同一语义场的词汇搭配等(张德禄，刘汝山，2003)。通过同一语言形式，相同、相近以及相反概念意义的重复使用，语篇句子之间自然产生意义关联。此处词汇搭配手段是指词语在意义场中的习惯性共现关系，如 solve 与 problem，doctor 与 ill 等。在同一语篇中互为搭配关系的词汇一起出现，就共同组成一个词场，发挥着编织和黏结语篇的作用(Hoey，1994)。因此，我们在语篇理解过程中关注训练学生熟练掌握词汇的衔接手段，可以帮助学生自然、快速地建立起信息之间的意义联系，领悟语篇层面的意义连贯。同时，帮助学生形成用不同语言形式表达同一概念的意识，并丰富词汇积累和词汇理解记忆。

【案例 7】

同样是议论文阅读课例，在准确理解论点的过程中（如左下图所示），教师通过逻辑关系词 No matter how hard 引出与 hard 相关的语义搭配 put you into communication，从而准确理解论点"无论因特网尽多大的努力，它还是会被人类的思想打败"。其中努力的具体内容是 put you into communication，而前面信息中 open up new vistas，create the global village，make new friends 都是以同义复现的衔接形式存在的，这样学生对整个段落是怎样提出论点，以及论点的内容准确解读得清清楚楚，通过这个连线训练，学生不仅准确而且充分地理解了论点，建立了清晰的语义关系网。

而同样在阅读 2008 福建 B 的过程中（如右下图所示），教师设计了猜测词义的活动，学生通过与上文中的 too much praise 建立同义语义联系，猜出 praise-aholic 的意思。同时，通过上文中 too much praise，理解了 seek to the same kind of approval 中 same 替代的语义成分，准确地理解了语段。

快速找到论点并准确理解论点

The Internet will open up new vistas (前景), create the global village—you can make new friends all around the world. That, at least, is what it promised us. The difficulty is that it did not take the human mind into account. The reality is that we cannot keep relationships with more than a limited number of people No matter how hard the Internet tries to put you in communication, its best efforts will be defeated by your mind.

A drill exercise (Fujian 2008 B)

For years we have been told that encouraging a child's self-respect is important to his or her success in life. But child experts are now learning that too much praise can lead to the opposite effect. Praise-aholic kids who expect it at every turn may become teens who seek to the same kind of approval from friends when asked if they want to go in the backseat of the car.

1. The underlined words "Praise-aholic kids" refers to kids who are _____.
A. tired of being praised　　B. worthy of being praised
C. very proud of being praised
D. extremely fond of being praised

四、结语

总之，中学阶段的语篇教学要加强语篇衔接和连贯意识的培养，通过精选材料和设计教学活动帮助学生逐步解决以下问题：复杂事实性信息理解的准确度低；综合信息隐含意义推理的深度不够；语篇结构理解不清晰等。要进一步提高学生阅读过程中思维的连续性和灵活性；培养其有效建立信息之间的各种联系的能力，准确理解信息背后传达的意义的能力，加快阅读过程中语义理解的生成速度，形成正确的思维习惯和思维模式，提高阅读理解的能力。

思考与实践活动

一、请结合本节内容，回答以下问题：

1. 语篇衔接与连贯的概念是什么？

2. 学生语篇衔接、连贯意识和能力的培养可以解决哪些方面的问题？

3. 语篇衔接、连贯意识和能力培养的方法有哪些？

二、实践活动。

对教材中的一篇课文进行语篇分析，为确定阅读技能训练目标提供依据。

具体过程任务如下：

1. 选择课文；

2. 分析其中的语法衔接、词汇衔接网络；

3. 分析整个文章的语篇微观结构和宏观结构；

4. 确定阅读教学目标；

5. 设计教学活动，并在活动中落实语篇分析内容；

6. 实施后写出反思，并与同备课组教师交流。

参考文献

胡壮麟. 语篇的衔接与连贯[M]. 上海：上海外语教育出版社，1994.

黄国文. 语篇分析概要[M]. 长沙：湖南教育出版社，1988.

刘辰诞，赵秀凤. 什么是篇章语言学[M]. 上海：上海外语教育出版社，2011.

张德禄，刘汝山. 语篇连贯与衔接理论的发展及应用[M]. 上海：上海外语教育出版社，2003.

De Beaugrande；Dressler，W. Introduction to Text Linguistics[M]. London：Longman，1981.

Halliday，M. A. K.；Hasan，R. Cohesion in English[M]. London：Longman，北京：外语教学与研究出版社，1976 /2001.

Hoey，M. Signalling in discourse：a functional analysis of a common discourse pattern in written and spoken English[M]. In M. Coulthard（ed.）Advances in Written Text Analysis. London：Routledge，1994.

Van Dijk，T. A. Text and Context：Explorations in the Semantics and Pragmatics of Discourse[M]. London：Longman，1977.

第五节　阅读学习策略培养

【学习目标】

· 能够依据不同阅读教学目标优化相应的阅读教学设计
· 能够梳理哪些是有效阅读策略并深入理解什么是阅读
· 能够在课堂阅读教学过程中训练学生运用有效的阅读策略
· 能够指导学生在课外独立运用有效的阅读策略

【内容要点】

· 阅读教学中忽略阅读策略培养的问题
· 阅读的含义及有效的阅读策略
· 阅读教学中策略培养的设计与实施
· 阅读策略的培养与运用

一、前言

在我国，尽管当前的英语学习环境大为改善，视听学习资料不断丰富，阅读依然是较为方便、经济的重要学习方式之一。阅读能力在纸笔测验中既发挥着重要作用，又是主要的考试内容。教师们都能认识到阅读的重要性，但在教学中往往"以测代教"，即用"阅读测试"代替"阅读教学"，只是测试学生的英语阅读理解能力，而忽略了阅读能力和阅读策略的培养。阅读教学中多数情况下教师主要核对阅读理解试题答案，没有进一步指导学生如何从篇章中获取信息，很少讨论在什么情况下该怎么做。因此，本节将重点探讨如何在阅读教学中培养学生的阅读策略，进而提高阅读能力。

二、阅读策略培养在教学方面的问题

中学阅读教学中忽略阅读策略培养的现象在教学目标设计、阅读活动实施和阅读检测评价方面均有不同程度的体现。

(一)阅读教学目标表述中忽略阅读策略培养目标

中学英语教师可能对如下阅读教学案例中的教学目标描述并不陌生：

"根据教材内容和学生特点，制定以下目标：

Knowledge objectives：

• To know the past continuous tense better.

• To get the main ideas of the text.

• To learn the detail information of the text.

Ability aim：

Students can retell the text using the past tense and the past continuous tense.

Moral aims：

• To help students to know how to escape from the fire.

• To develop students' character of helping others. "

另一份阅读课教案中写道：

"本课学习结束时，学生能够：

• Understand part of the brochure.

• Get the key information about the Adventure 2000.

• Talk about the adventure which we prefer. "

表面上，本节阅读课的教学目标很有层次感，有知识目标、能力目标，也有情感目标。但其中的能力目标不是培养阅读能力，而是口语表达能力："学生能够利用过去时态复述课文"，只字未提要培养何种阅读能力或策略。有不少教师会在教学目标中写到"培养学生的阅读能力"，却没有细化到培养哪些具体的阅读策略或技能。凡此种种，使阅读课很可能成为词汇课或语法课，或者阅读测试课，而不是真正的阅读教学课，没有真正培养学生的阅读策略和技能。

(二)阅读教学活动设计中忽略阅读策略培养渗透

在阅读课中多数教师能够依据"自上而下"(Top-down)、"自下而上"(Bottom-up)及交互阅读模式(Interactive)设计阅读教学过程，通常会把一节阅读课分解为"读前活动"(Pre-reading)、"读中活动"(While-reading)和"读后活动"(Post-reading)的三段式教学。但在具体的阅读技能培养上，读中活动又常常仅限于略读、找读、细读(skimming，scanning，careful reading)等基本技能，而没有根据具体的阅读内容训练其他阅读技能，忽略了多种阅读策略的培养。

(三)阅读理解检测后或阅读课的读后教学阶段忽略阅读策略讨论

很多教师在阅读教学中经常采取的方式是让学生完成大量的阅读理解练习，却并未真正训练学生的阅读策略和技能。阅读课的读后阶段本可以加入讨论环节，引起学生对阅读策略的重视，明确在特定情况下使用相应的阅读策略，但在实际课堂教学中，很少看到教师能够停一停，让学生想一想，反而多数是急匆匆进行相应的语言知识教学或语言输出练习活动，错过了阅读策略训练时机。

三、阅读策略培养的内容

阅读策略是读者在实现阅读目的或完成阅读任务的过程中，知道何时需要并如何选择和使用相应的方法或技巧，包括在阅读中获取文本信息、通过阅读提升思维能力、在阅读中积累语言知识等策略。具体内容包括：

获取文本信息的策略：快速阅读策略，知道何时需要并如何进行寻读和略读；细读策略，知道何时需要并如何找主题句，找细节，区分重点与次重点和推理；提升思维能力的策略，预测、想象、分析、综合、推理、判断、抽象、概括、评价、反思；解决知识难点的策略，生词处理策略，难句处理策略，知道何时需要并如何进行生词和难句处理。

阅读教学中，教师可以在不同阶段侧重培养不同的阅读策略。阅读前，教师可以鼓励学生思考如何获取文章信息，如何扫除文章中的阅读障碍，预测或猜想到了什么，文章的主题是什么，与主题相关的背景知识有哪些，是什么体裁的文章，生词怎么处理，是否理解复杂的句子，从标题或配图中得到了什么信息；阅读中，教师可以让学生思考自己是否边读边回答阅读问题了，能顺利完成阅读任务吗，需要怎样的分析、综合、推理、判断、抽象、概括、评价、反思，自己获取了什么新的信息；阅读后，教师可以鼓励学生回顾是如何完成阅读任务的，是否高效，如何提升阅读效果，没能高效完成阅读任务的原因是什么，询问他人是如何完成自己没能完成的阅读任务的。

四、阅读策略培养思路

(一)日常课堂教学

1. 根据不同的阅读教学目标优化教学设计

对于有些教师而言，阅读课就是为了应对考试。在这些教师看来，检测完阅读理解，似乎就完成了阅读课的教学任务。实际上，阅读课是提高学生英语综合语言运用能力的主渠道，可以训练语言技能、积累语言知识、培养学习策略、培养情感态度以及文化意识。此外，通过阅读课，学生能够获取英语语言本身之外的信息，欣赏优美的文学作品、陶冶情操。组织学生在课堂上阅读一篇具体文章时，教师的教学设计不可能囊括以上所有教学目标，但要根据具体内容和学生水平设定恰当的教学目标。下面是一位教师的教学设计实例。

【案例】

该教师执教的学校位于北京市海淀区山后地区，学校整体英语教学质量较差，学生因为词汇量小而出现了一系列问题。例如，听不懂，读不懂，不会写，成绩上不去，英语学习兴趣日渐下降等。因此，大家一致确定教研课题：如何提高学生词汇量。要解决词汇问题，应从每节课的实际教学着手。词汇的落实和应用应体现在教学实践中。带着这样的科研课题，同事们着手开展教研。思路如下：

课型选择——每位教师选择不同的课型，如阅读课、听力课、对话、试卷讲评等，执教一节公开课。教学中要体现自己对词汇教学的理解和应用。

时间选择——不同教师根据自己的教学进程设定公开课时间、地点。全体英语教师参加听评课。

调研——单词以试卷形式列表。把五级词汇以英语呈现，不出现汉语，分成三个等级，分别发给基础好、中、弱三类学生让其识别，记下识别数，经过一段时间的词汇教学后再次测试，观察结果变化。

该教师选择的教学课型是阅读课中的词汇教学。其教学内容为北师大版高中英语必修教材第三册第八单元第一课的阅读课教学：*Adventure in the Himalayas*。教学目标为：

• Understand part of the brochure.

• Get the key information about the Adventure 2000.

• Talk about the adventure which we prefer.

• 目标语：

重点词汇：adventure, holidays, route, porter, luggage, organization 等；

理解词汇：raft, white-water rafting, flight, arrangement, tour, maximum 等；

句型：It looks great. It sounds exciting. The trip can be dangerous. We feel / realize / believe that… We like / prefer / hate doing …

本节课紧紧围绕目标词汇，通过引入、操练、阅读、提取信息、编对话、写作等一系列活动使学生掌握所学单词并加以运用，顺利完整完成教学任务，基本达成预期目标。

【分析】

以上节选自一位中学英语教师的课后反思。从背景介绍中可以看出，依据学生基础较差的现状，本节课该教师将教学目标设定为在阅读课中加强词汇学习。这符合阅读课的教学目标，即在阅读学习中包含对英语语言知识的学习。将单词置于语篇语境中更能全面掌握词汇的意义和用法。问题是如何界定"阅读课中的词汇教学"才能更加明确本节课的教学目标？优化此类教学设计应遵循什么原则，进而采取什么优化策略？

对"阅读课中的词汇教学"的理解，一般来说是让学生通过阅读某篇文章来学习相关的词汇。阅读是手段，词汇学习是目的。但对英语基础较差的学生来说，教材中的文章生词较多，对理解文章造成了障碍，所以又演变为词汇学习是手段，阅读理解是目的。阅读与词汇学习相互影响、相互依存。在设定教学目标时，要求教师在分析语篇内容和学生学习基础的前提下，确定分阶段教学目标，对语篇中设计的词汇进行分类筛选，哪些是需要教师在阅读前呈现的，哪些是学生可以在阅读过程中自己猜测的，哪些是可以在阅读后反复练习运用的。

优化阅读课中的词汇教学设计，应当遵循以学生为中心的原则，语篇阅读活动和词汇学习活动设计都应当从学生的实际出发，充分调动学生的学习积极性，让学生去发现、鉴别，培养学生的阅读学习策略，教师做好引领和促进作用。

优化此类教学设计还需要从制定明确具体的教学目标开始，而教学目标的设定离不开对阅读文章的语篇分析和学生调研分析。本案例中教学目标表述为"understand part of the brochure；get the key information about the Adventure 2000；talk about the adventure which we prefer"有些笼统，难以起到引领教学的作用。

本课中"brochure"一词在中学英语课程标准中为八级词汇，并没有列在教材单词表中，而是在阅读指令语 Read the brochure and match the paragraphs（1~7）with this topic 中出现。通过查看该教师的教学课件，发现在教学过程中始终没有处理这个单词。这样很难使学生们从整体上把握阅读的目的。如果学生能够理解什么是 brochure，就有了阅读情境：是谁印发这样的旅行小册子？谁会读到这样的小册子？通过这样的问题，可以培养学生的预测策略，还可以启发学生猜测这样的小册子中一定要包含哪些信息，从而培养学生根据语境猜测词义的策略。

设计以词汇学习为目标的阅读教学离不开课前学情调研。该教师也提到"把五级词汇以英语呈现，不出现汉语，分成三个等级，分别发给基础好、中、弱三类学生，让其识别，记下识别数"，这样做的目的是要把文章中出现的新词汇和重点词汇进行分类。

教学目标的确定是教材内容分析结果和学生调研结果的综合反映。教学目标一定要具体、明确、可检测。阅读课的教学目标不能千篇一律，要根据阅读语篇和学生水平变化而变化。优化阅读教学设计，需要从明确教学目标开始。目标一旦确定，阅读教学活动就要围绕目标去设计。

2."英语阅读学习策略培养"教学活动设计

在讨论了如何确定阅读课教学目标之后，需探讨如何在中学阅读教学中培养学生的阅读学习策略。在教师培训中可以让学员参与体验系列的阅读活动，深入理解什么是阅读并梳理哪些是有效的阅读策略。

可以根据培训班学员人数将全班分为若干小组，每组5～6人，课前为每组准备一种常见的阅读材料，如文字故事、配图故事、英语新闻、依据英语新闻编写的阅读训练材料、英语试卷中的阅读理解题、英语电子邮件、关于英语阅读教学法的论文等，还可以提供英语美文、诗歌或戏剧片段等。

上课时可以引导学员参与下列活动：

Activity 1：Individual Reading.

The whole class will be divided into 7 groups of 5 or 6. Everyone will have a type of text to read. Read it as you like. Use the self-checking questions to reflect what you did while reading.

这一活动的目的是让参加培训的中学英语教师体验自己阅读不同体裁和题材的文章时使用哪些有效的阅读策略，根据培训学员人数每种印5～6份，先发给学员一人一份，边读边填写下面的表格（如表3-5-1所示）。完成后进入下一活动。

表3-5-1　关于阅读问题的自我检查

Self-checking Questions for Reading	
Questions	Group ____ Name _____
What type of text is the passage?	
Where is it taken from?	
Which level of students is it suitable for? Primary school, Junior high school, High school, or College students? Teachers?	
What have you learned from the text?	
Anything interesting?	
Any information?	
Any reactions or feelings?	
How did you read the text? Fast or slow? Silently or loudly?	
What did you do while reading? Did you underline or circle sth.? Did you (want to) use a dictionary? Did you write down sth. from it? A summary? Some sentences?	

Activity 2：Group Discussion.

Exchange your reading experience within each group；

Find out the same things and the different things you did while reading；

Clarify your effective reading strategies；

Elect a spokesman or spokeswoman to report your group discussion to the whole class.

这一活动的目的是让阅读同一种材料的学员组成一组，在组内分享自己的阅读体验。然后汇总各自在阅读过程中做的相同或相近的事情，也关注所做的不同的事情。这就能反映出各自在阅读过程中使用的阅读策略，并能汇总和澄清有效的阅读策略。小组成员都采取的策略就应该是有效策略。如果存在不同策略，就要思考原因。然后每组选出一名代表，准备和其他组分享各自的阅读策略。

Activity 3：Class Discussion.

The spokesmen report your effective reading strategies by group discussion to the whole class. Clarify what are effective reading strategies.

通过各组分享，很容易汇集大家在阅读过程中的共同做法，印证以下有效阅读策略：

• Skip words they do not know.

• Predict meaning.

• Guess the meaning of unknown words from the context.

• Do not always translate into their mother tongue.

• Have some knowledge about the topic.

• Draw inferences from the title.

• Ask someone when they do not understand a word.

• Reread to check comprehension.

• Make use of all the information in the paragraph.

• Try to figure out the meaning of a paragraph by the syntax of the sentences.

也可以和《课程标准》中提出的阅读基本技能做对比：

• 略读（skimming）

- 扫读、找读、跳读（scanning）
- 预测（predicting）
- 理解大意（identifying main ideas）
- 分清文章论点和论据（distinguishing the argument and proof）
- 猜测词义（guessing the meaning of new words）
- 推断（inferring）
- 阅读细节（detailed reading）
- 理解文章结构（understanding the structure of the text）
- 理解图表信息（understanding charts，graphs and signs）
- 理解指代（understanding references）
- 理解逻辑关系（understanding the logic relationship）
- 理解作者意图（understanding writer's attitude）
- 评价阅读内容（evaluating the contents of the text）

英语学习基础较差的学生需要懂得这些阅读策略、方法与技巧，并且加以运用。随着他们能够熟练使用阅读策略、方法与技巧解决阅读中的问题，其阅读能力也会逐步提高。

另外，英语教师需要了解"学习策略"与"学习方法"的区别，以便更好地培养学生的阅读策略。学习方法是学习者在完成学习任务过程中相对固定的行为模式，如记笔记、不断重复口述、分类和比较等。它是外显的可操作的过程。学习策略是学习者对学习方法选择和综合运用的意识和倾向，是学习方法正确发挥作用的必要条件。学习方法是学习策略的基础。教师应该通过设计不同的阅读学习任务，使学生在完成学习任务中学会学习方法。没有学习方法或者缺乏学习方法就不可能形成较高水平的学习策略。

学习策略是伴随着学习者的学习过程而发生的一种心理活动，这种心理活动是一种对学习过程的安排，是根据影响学习过程的各种因素即时生成的一种不稳定的认知图式。这种图式可以被学习者接受而成为经验，也可以因学习者的忽略而消失。因此，学习策略是指学习者在完成特定学习任务时选择、使用和调控学习程序、规则、方法、技巧、资源等的思维模式。这种模式是影响学习进程的各种因素间相对稳定的联系，与学习者的特质、学习任务的性质以及学习发生的时空均密切相关。

教师对阅读的内涵理解不同，会导致不同的阅读教学目标及阅读活动设计。

关于"阅读"比较权威的定义为："阅读是读者综合文本信息与个人背景知识建构意义的流利过程（Reading is a fluent process of readers combining information from a text and their own background knowledge to build meaning)。"阅读讲究策略，读者应该具备完成阅读目标的多种阅读策略。好的读者知道遇到阅读困难时怎么处理；阅读讲究流利程度，读者阅读时要有能力保持恰当的阅读速度，且能够充分地理解。（Nunan，2003)

根据以上定义，一个好的读者应该掌握各种阅读策略，既能够以一定的速度流利阅读，又能充分理解文章的内容。读者对文章的理解是文本信息与个人背景知识的综合。

3. 在课堂阅读教学过程中训练学生运用有效的阅读策略

上述梳理了有效的阅读教学策略。学生不可能一下子就把这些策略转化为阅读能力，需要根据阅读的文章强化某些策略。当前教师能够关注诸如略读、跳读、获取详细信息等策略，但常常忽略猜测词义、推断、理解指代、理解逻辑关系、理解作者意图等策略。下面举例说明如何培养这些策略。

(1)猜测词义(Guessing the Meaning of New Words)

第一，通过构词法破解词汇本身的意义。

如何破解词本身的意义？方法之一是掌握构词法的基本知识。不仅平时可以用这个方法学习和记忆单词表中的词汇，阅读时也可以用这个方法推测词汇意义。假如对英语词汇中包含的前缀、后缀和词根的含义或功能比较了解，就能较准确地推测出它们相互组合形成的整体词义。

第二，利用上下文线索。

上下文指该词所在的句子本身，也包括这个句子的上下句或更远的上下文。一般而言，上下文线索所提示的意义与新词汇的关系要么为同义关系，要么为反义关系。假如二者为同义关系，那么新词汇的意思就是线索提示词的意思；假如二者为反义关系，新词汇的意思就是线索提示词的反义。

(2)推断(Inferring)

推断是指在理解原文表面文字信息的基础上做出一定判断和推论，从而得到文章的隐含意义和深层意义。推断所涉及的内容可能是文中某一句话，也可能是某几句话，但推断的指导思想都是以文字信息为依据。所以，既不能不根据原文文字信息进行主观推断，也不能根据表面文字信息做多步推理。推断的结果只能是根据原文表面文字信息进一步推出的意义，即对原文某一句话或某几句话所做的同义改写（paraphrase）或综合。阅读理解中推理题的目的是考查识别能力，并不涉及复杂的判断和推理。因此，其主要做法是根据题干中的关键词或选项中的线索找到原文的相关句，读懂后比照选项，对相关句进行同义改写或综合概括的选项为正确答案。针对推理题的不同形式，可以采取以下做法：

第一，假如题干中有具体线索，根据具体线索找到原文相关句（一句或几句话），然后做出推理。

第二，假如题干中无线索，如 It can be inferred from the passage that ____；It can be concluded from the passage that ____ 等，先扫看一下 4 个选项，排除不太可能的选项，然后根据最可能的选项中的关键词找到原文相关句，做出推理。

第三，如果一篇文章中其他题都未涉及文章主旨，那么推理题，如 infer，conclude 题型，可能与文章主旨有关，应该定位到文章主题所在位置（如主题句出现处）；假如其他题已经涉及文章主旨，那么要求推断出来的内容可能与段落主题有关，应该找段落主题所在处；如果不与段落主题有关，有时与全文或段落的重要结论有关，这时可以寻找与这些结论相关的原文叙述。

（3）理解指代（Understanding References）

理解指代要注意代词指代的总原则——就近指代：代词指代在性（阴性或阳性）、数（单数或复数）、格（主格或宾格）、逻辑、意义、位置等方面与之接近的名词。就位置而言，代词所指代的名词通常在本句或其上句之中；就数而言，单数代词指代单数名词，复数代词指代复数名词。例如，it 指代单数名词（单数可数名词或不可数名词），也可指代一个句子；they 指代复数名词主格；them 指代复数名词宾格；one 指代单数可数名词等。逻辑和意义也是衡量的标准，正确的答案应该从意义（主要指语法搭配）和逻辑（主要指思想内容）两方面都通顺。

(4)理解逻辑关系(Understanding the Logic Relationship)

有时根据上下文提到的线索或者其他方法，仍然不能得到唯一答案，就可以利用语法和逻辑方面的规则来判断。符合语法和逻辑规则的可能为正确答案，反之则不是正确答案。

(5)理解作者意图 (Understanding the Writer's Attitude)

理解作者的态度(attitude)或语气(tone)关键在于把握作者对全文主体事物(与主题有关)或某一具体事物的态度。表达作者态度——褒义、中性和贬义的手段主要有加入形容词定语、加入副词状语、特殊动词。英语中有些动词也表明说话者的正负态度，如 fail(未能)、ignore(忽视)、overestimate(估计过高)等动词表示一种负态度。由此可知，确定作者态度可以有两种思路：针对全文主题，可以根据阐述主题或有关主题事物的相关句中的形容词、副词或动词来确定作者的态度；如果针对某一具体事物的态度，则可以定位到具体相关句，再确定作者的态度。

(二)指导学生课外独立运用有效的阅读教学策略

阅读能力的提升不能仅靠阅读教材，还要加强课外阅读。《高中英语课标》六级阅读目标要求"课外阅读量应累计达到 18 万词以上"，比五级阅读目标增加 3 万词；七级阅读目标要求"课外阅读量应累计达到 23 万词以上"，比六级阅读目标增加 5 万词；八级阅读目标要求"课外阅读量应累计达到 30 万词以上"，比七级阅读目标增加 7 万词。这种导向就是促进学生进行大量课外阅读。因此，教师要引导学生对课外英语阅读进行自我评价，尤其注重对阅读策略的评价，基本要求是"能根据阅读目的和文段的不同，调整阅读速度和阅读方法"；较高要求是"能基本进行独立阅读，有选择、有效地使用参考资源"。

建议中学英语教师采用以下问题清单引领学生自我评价：

·本周或本月我有没有明确的课外阅读计划？

·我选择的阅读材料有哪些？

·我每天阅读英语的时间为多少分钟？

·本周我对哪篇文章印象最深？主要内容是什么？

·本周我和谁交流了阅读体会？我告诉了他什么信息？

·阅读中我最喜欢的两句话是什么？

·我学到了以下几个词汇：＿＿＿＿＿＿＿＿＿＿＿＿＿＿＿＿＿＿。

·我会用其中的＿＿＿＿造句，如：＿＿＿＿＿＿＿＿＿＿＿＿＿＿＿。

教师还可以引领学生从以下几方面制定课外阅读互评标准。评价要素包括：

·阅读量：谁在一周或一个月内阅读的篇幅较多？

·阅读时间：谁花在阅读上的时间较长？

·阅读内容：谁阅读的题材和体裁广泛？

·阅读收获：谁通过阅读积累的知识、词汇较多？

·交流阅读经验：谁更主动去和他人交流阅读经验？

定期(如每月一次)组织课外阅读汇报交流会，评选每月阅读之星，交流阅读经验，达到学生能够自主进行课外阅读的目的。

思考与实践活动

一、结合本节内容，请思考以下问题：

1. 什么是阅读？

2. 哪些是有效的阅读策略？

3. 如何设定阅读教学目标？阅读教学目标中不能缺少什么？

4. 如何训练学生的阅读策略？

二、实践活动。

设计一节阅读教学课，思考如何确定恰当的阅读策略教学目标，通过设计哪些具体的教学活动去实现阅读策略培养目标。

具体过程任务如下：

1. 选择一篇或几篇供中学学生阅读的文章；

2. 利用问卷调查、访谈等方法开展学生语言基础、语言学习需求调研，确定教学目标(特别要包含阅读策略培养目标)以及教学过程、教学策略；

3. 运用课堂观察、阅读记录分析、课后访谈等方法反思教学目标、教学过程以及教学策略的有效性；

4. 写出本节课开展阅读教学的过程以及过程中对自身教学、自身教学研究能力(发展)的反思。

参考文献

Nunan. D. Practical English Language Teaching[M]. New York：McGraw-Hill，2003：68.

Nuttall，C. Teaching Reading Skills in a Foreign Language[M]. Shanghai：Shanghai Foreign Language Education Press，2002.

Silberstein，S. Techniques and Resources in Teaching Reading[M]. Shanghai：Shanghai Foreign Language Education Press，2002.

第六节 英语写作教学设计

【学习目标】
- 明晰过程性写作的基本方法
- 掌握情景作文的基本流程
- 能够分析并使用情景作文各个基本流程中的专项策略
- 设计过程性写作、情景作文各一课时的教学内容

【内容要点】
- 过程性写作教学的基本要求、主要特点和基本步骤
- 过程性写作教学策略

写作作为一个重要的输出环节在语言教学中占有举足轻重的地位。写作是一种思维活动，是学生表达思想的方式。写作教学可巩固已学的语言知识，发展学生的语言技能，是发展学生思维能力和表达能力的有效途径。

在《高中英语课标》的内容标准中对写作的八级要求是：能根据所读文章进行转述或写摘要；能根据文字及图表提供的信息写短文或报告；能写出语意连贯且结构完整的短文，叙述事情或表达观点和态度；能在写作中做到文体规范、语句通顺。

在高考英语北京卷《考试说明》中对于写作的考查要求是主要考查根据写作任务的要求进行英语书面表达的能力，具体要求为：根据不同文体，使用恰当的语言形式完成书面交际任务；运用正确的句式、词汇和语法叙述，描述，表达观点、态度和情感；做到文章扣题，内容充实（要点和细节结合），结构完整，逻辑性强，语意清晰。

一、过程性写作教学概述

英语教师在写作教学中主要存在以下问题：写前教学活动设计不够充分，对学生的读者意识的培养不够，写作任务留给学生表达自己思想的空间较小，对于学生的写作精准性要求过高，过于以训练某种语言结构为目的等。在英语日常写作教学过程中，如果教师能够使用过程性写作的基本方法，那么可以较大程度上减少或避免上述问题。

(一)过程性写作教学的主要特点

按照过程性写作教学理论，写作不再是对语篇信息简单、机械地进行排列和组合；课堂写作活动也不再是学生独立完成任务或者教师仅对写作结果做出简单总结。过程性写作教学主张在学生写作过程中教师应给予适度的帮助和指导，要求学生初学写作时不必刻意追求语言形式上的准确性，达到语言表达准确无误。学生应多关注自己思想和情感的表达，并要在写作过程中通过不断反馈，发现新的思想观点、新的句型、新的词汇用法，积累积极词汇，熟悉写作风格，掌握写作技能，体验写作过程的乐趣。具体来说，过程性写作教学有如下特点。

1. 注重在写作的具体过程中对思想内容的挖掘和表达

过程性写作教学着重培养学生挖掘题材内容的能力。教师可以提前布置作业，让学生在课外上网查询与题材相关的内容，也可以采用多种课堂活动，利用各种方式启发学生的思维，帮助学生拓宽思路，充实文章内容，鼓励学生自由发挥，帮助他们树立写作的自信心，充分体现学生作为写作主体在写作过程中的积极作用；使学生在写作过程中逐步把握所要表达的思想，最终达到培养学生写作能力，从而提高学生综合语言运用能力的目的。

2. 注重学生与教师、学生与同伴之间的不断交流

过程性写作教学提倡整个写作过程在一种轻松愉快的合作氛围里进行。教师与学生、学生与同伴之间进行多次反馈，充分发挥学生的主观能动性。实践证明，多向反馈不仅能很好地调动学生的写作热情及主观能动性，而且能较好地实现教师的评改作用。反馈是过程性写作教学中一项独特而有效的活动，是过程性写作教学的核心。反馈的作用是读者向作者的输入，是读者向作者提供修改作文的信息。成功的反馈活动能够促进学生的全面参与，帮助学生进行成功的理解和表达。通过反馈，教师能够激发学生写作过程的创造性思维，最终使学生受益。

3. 强调多次修改

在过程性写作教学中，修改是写作过程中极为重要的一个环节。过程性写作教学让学生充分认识到写作过程是一个不断修改的过程。在教学过程中，教师并非对学生的作品进行简单的打分、定级，而是让学生发现自己在写作上的不足和问题，通过一次次地修改作文来提高自己的认知能力、思维能力和写作能力，从而整体提升写作水平。

(二)过程性写作教学的基本步骤

过程性写作教学强调写作是学生主动建构的过程，要求发挥学生在写作中的自主性，承认学生原有知识经验在写作中的重要性，鼓励师生、生生间的合作交流以及学生自我反省和自主监控，采用形成性评价强调学生在学习过程中的表现。多层次反馈机制的引入使得原本枯燥无味的传统写作教学课堂充满了轻松活跃的气氛，学生成为课堂的主体，轻松自然地进行着信息交互和输出活动，再也不是那种消极等待、在得到刺激后做出反应的被动体。这种写作课堂激发了学生在写作过程中的主动性、参与性及独立思考的能力。过程性写作教学一般采用以下四个步骤。

1. 写前准备阶段

写前构思阶段发挥着重要作用，因此，教师要在写作前的准备过程中激活学生头脑中已有的内容图式和形式图式，使他们对所写的新内容产生兴趣。学生主动积极地去联想写作内容与格式，准备好相关的素材后，可以确定写作的内容。写前阶段包括以下几个主要环节。

信息输入：通过学习高中英语课本中的精读课文、泛读课文和课后阅读课文，中学生在写作前通常会积累许多关于写作主题的语言和信息。

审题判断：学生在看到写作题目后，对题目进行思索和联想，提炼文章的主题，确定文章的体裁、时态、人称、分段及要点等。

议题说题：在学生各自审题和阅读的基础上，教师可通过头脑风暴、小组合作等课堂活动形式激发学生的思维。学生在教师安排下和其他同学分组讨论和整理写作所需要的内容和要点，开展一个"议题说题"的活动，即让学生们各自说出每个人对写作材料的题目或主题的理解及自己酝酿构思的过程。学生们集思广益，各抒己见，进行激烈讨论，借鉴他人的观点，资源共享，不断丰富写作主题。教师可以把学生提出的重要词汇写在黑板上，也可以让学生整理在学案上，让他们感到有内容可写。

在此阶段，教师的指导作用主要是设计一些课堂活动激发学生的写作动机和积极性，从而激活学生与写作材料相关的知识图式，帮助他们开拓写作的思路。

以写作"中国"为例，为给学生足够的空间发挥创造力和想象力，教师可以采取各种方法调动学生积极思考，进行信息输入。如"头脑风暴法"可以让学生考虑：向外国人介绍中国要从哪些方面入手？学生充分发挥想象力，由中国联想到中国全名、地理位置、首都、面积、人口、旅游景点、文化风俗、节日、历史、食物、气候、动植物等（如图 3-6-1 所示）。

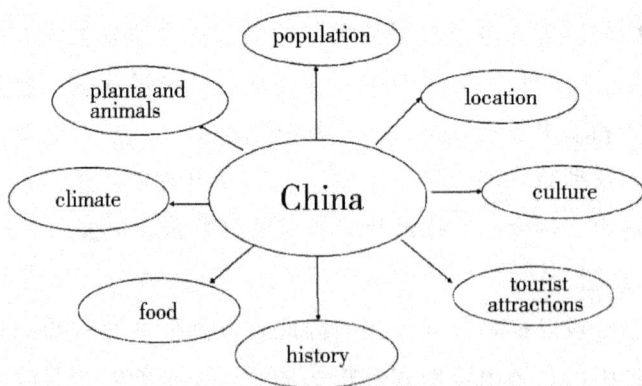

图 3-6-1

2. 写作阶段

这个阶段也称为初稿阶段。学生经过生生和师生之间的讨论后，加工整合所获得的信息资料，思路逐步变得成熟，再经过进一步整理，用文字把思想表达出来以确定写作内容。在整个写作过程中，学生是意义的主动建构者，要对文章进行全面统筹安排：如考虑文章的开题句如何能够吸引读者，结尾的点题句如何能够升华主题；将要点用适当的词汇和短语或常见句型准确地表达出来，并在各要点之间使用恰当的过渡词或短语；再通过为主题句添加支撑句扩展成段落；把各段按照时空顺序或者逻辑顺序连成一个有机的整体，最终形成一篇语义基本连贯、有一定层次感的初稿。

教师在此阶段的主要引导作用是：首先，让学生明白写初稿是一个反复构思、反复修改的过程。写作时要把所想到的全部内容一次性写下来，并且越快越好。教师要告诉学生此时可以不用太在意词汇和语法的准确性，而把重点放在表达内容的要点和联系上，因为在行文时如果太讲究语言的细节性问题，就会打断写作者的写作思路，扰乱其对作文内容的思考。其次，教师在学生写作期间，要不断观察学生的写作行为及可能出现的问题，及时给予指导与必要的帮助。

下面是一位学生关于"中国"话题的初稿原文：

I love China

My homeland is China that covers the area of 9. 6 million km² and has the largest.

Populationin the world. It is a beautiful and Peaceful country. I love China!

There are many tourist attractions in China, espeially in Beijing, such as the Great Wall, the palace Museum. As the capital of China, Beijing is not only ancient city but also full of modern atmosphere. Now it has become one of themost famous cities in the world. And the 2008 Olympic Games was held in Beijing. It is very sueeessful.

Now I want to say something about Chinese festivals. The most important festival is Spring Festival. The People always eat dumplings and set off fireworks.

The family watch TV together. Everyone is very happy.

China is developing faster and faster. I am proud of being a Chinese. I love China.

3. 修改阶段

在修改阶段，写作者先自我反思进行自查修改，然后和同学合作讨论，互相提供富有建设性的反馈意见，旨在优化初稿的内容与结构。修改不仅仅要检查出语法错误，更应该使文章的内容更显丰富，段落层次更具逻辑性，同时也可以借鉴同学文中的好词好句，宗旨是准确表达写作者的意图。具体包括以下三个方面。

自查修改：完成初稿后，学生自己要十分仔细地重读一次初稿，看看有无修正改进之处。这是个再加工的过程，也是一个自我完善的机会。文章是学生自己写出来的，不给思路指引，很难保证学生自己能检查出自己下意识中所犯的错误，因此，一定要让学生运用恰当的评价表格进行监控，从而掌握一份自我评价的思路清单。

同学互评：运用合作学习理论，教师组织学生进行分组讨论，可以分成两人或四人一组的形式，学生交换初稿，依据基于本节课教学目标设计的评价表格相互评阅并提出修改意见，评阅的重点在于文章的思想内容、结构及写作技巧，然后再涉及语法、标点、拼写和用词。

教师在此阶段只是活动的设计者和组织者，不能过多地干预学生的讨论行为。学生商讨时，教师来回巡视，密切关注学生的讨论，尽量全面、快速、准确地了解学生作文进展情况，摸清他们写作中出现的和潜在的问题，有针对性地给予他们启发、指导和答疑。

4. 再稿阶段

经过商讨互评后，学生对自己的初稿有了更深层次的了解和认识，扩大了信息量，增强了自信心，激发了兴趣，本来无话可说，现在写再稿时已是胸有成竹。如果有的初稿条理不清、结构松散、错误太多，教师要鼓励学生不要急躁。因为英语写作能力的发展，从语言知识技能到语篇组织技能的训练需要一个较长的过程，此时教师可以帮助学生先列出提纲，再重写。

教师反馈：再稿之后把作文交给教师，教师不能仅根据再稿中格式、拼写和语法等写作的技术性细节来判断学生写作的得失成败，而应先通读全文，了解大意，然后从整体上对文章的内容、结构和段落层次写出评语，包括优点、问题及建议，最后给出分数并把需要改动的地方用彩笔突出出来。当然，如果时间允许，教师最好能给学生面批作文。师生一对一的互动更能让学生清楚自己在作文中所犯的错误并了解怎样修改，教师也可以根据学生个人情况提出适当的建议和要求。

编辑定稿：编辑定稿就是对作文进行最后的提炼和润色。此时所要注意的是一些写作时要注意的常规。例如，文章是否分段，单词的书写是否认真，表达方式是否适当，标点符号是否准确等。学生接受教师和同学的不同意见，仔细考虑后再进行修改，最后编辑定稿，完成最终作品。

通过互评，针对上面的初稿，同伴的修改意见如下：第一段是否能够给读者一个中国的整体印象？中国春节的介绍内容是否充实？下面是某学生在同伴的帮助下修改初稿后的内容：

I love China

My homeland, China, is a great country with a long history and rich culture. It covers an area of 9. 6 million km^2 and has the largest population in the world.

There are many tourist attractions in China, especially in Beijing, such as the Great Wall, the Palace Museum. As the capital of China, Beijing is a city not only laden with ancient culture but also full of modern atmosphere. Now it has become one of the most famous cities in the world. And the 2008 Olympic Games was held in Beijing. It is very successful.

Now I want to say something about Chinese festivals. The most important festival is the Spring Festival. The Whole family always get together, and celebrate the festival, make dumplings, set off fireworks and watch TV together. Everyone is very happy.

China is developing faster and faster. I am proud of being Chinese. I love China.

二、情景作文的教学方法

情景作文是中考、高考英语考查写作能力的一种主要考查方式。情景作文侧重于考查学生写作记叙文方面的能力。笔者分析了很多学生情景作文的作品，发现学生的问题主要是：内容要点不全，细节不够丰满；从语言质量上来说，部分学生作品语言贫乏，准确性较差；另外，还有缺乏交际意识，语篇完整性和逻辑性不足等问题。下面笔者结合案例探讨一下训练情景作文的基本流程及某专项训练。

（一）情景作文的训练基本流程

在高考英语北京卷《考试说明》中对于情景作文试题的测试目标是考查学生是否能在叙述事件时做到：内容要点的完整性，上下文的连贯性，词汇和句式的多样性及语言的准确性。根据具体写作内容，情景作文对文章的内容和语言质量这两个方面尤为关注。考试试题一般设置为鼓励考生通过观察图片，确定内容要点并筛选重要细节，得体地描述一个比较贴近生活的事件。

例如，2012 年高考英语北京卷的情景作文是关于"助人为乐"话题的一篇日记。考生对体裁和题材都十分熟悉，立意健康向上，对考生有正向的情感、态度、价值观的引导。图中提供了比较丰富的细节内容供考生筛选（如图 3-6-2 所示）。

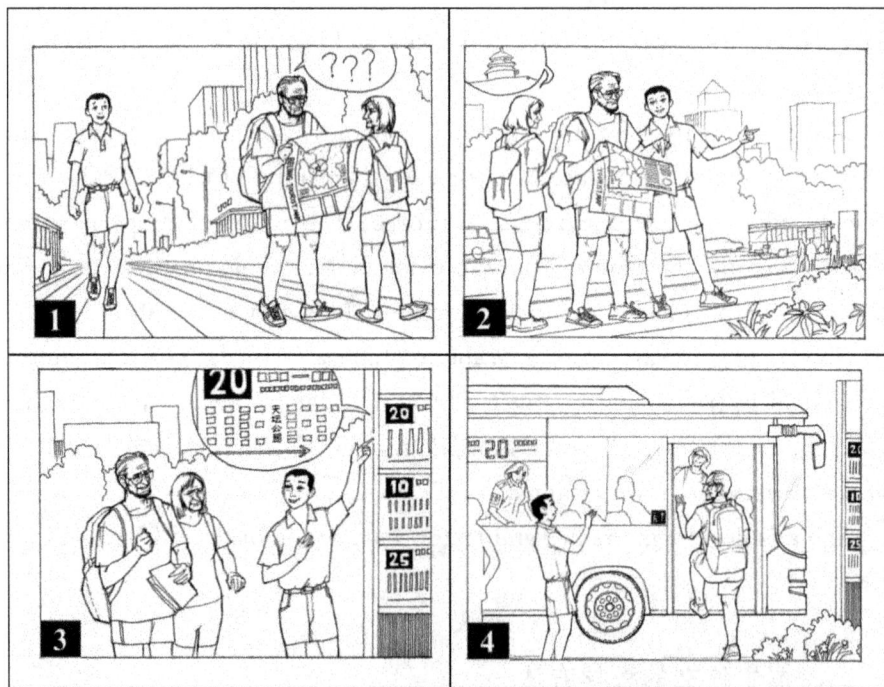

图 3-6-2　2012 年高考英语北京卷情景作文用图

笔者分析了考生的情景作文，发现情景作文主要存在以下几个问题：内容要点不全，细节缺乏或烦琐，语言贫乏或准确性较差，没有交际意识等。

在日常教学中教师可以把情景作文的解题思路整理为解题流程（如图 3-6-3 所示），这样可以最大限度地让学生发挥自己真实的语言表达水平。而这种解题流程理论上实际是依托于过程性写作主要环节的做法。

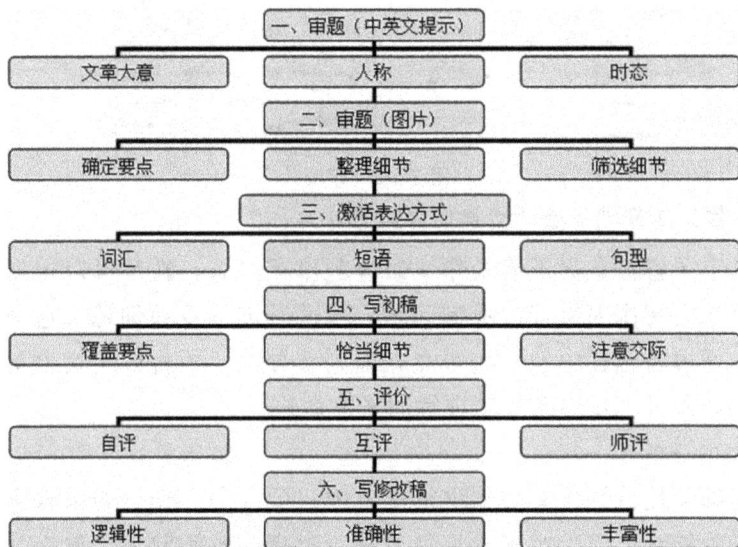

图 3-6-3　情景作文的阶梯流程

这样的解题流程，需要教师在日常写作教学中引领学生一步一步实践几次才能达到熟练和巩固。下面几个教学课件（2010 年、2012 年北京情景作文）有助于教师进一步了解这个流程。

第一，审中英文提示（大意、人称、时态）（如图 3-6-4 所示）。

图 3-6-4　审中英文提示

第二，审图片（要点、细节）（如图 3-6-5 所示）。

第三，激活表达方式。

第四，写初稿。

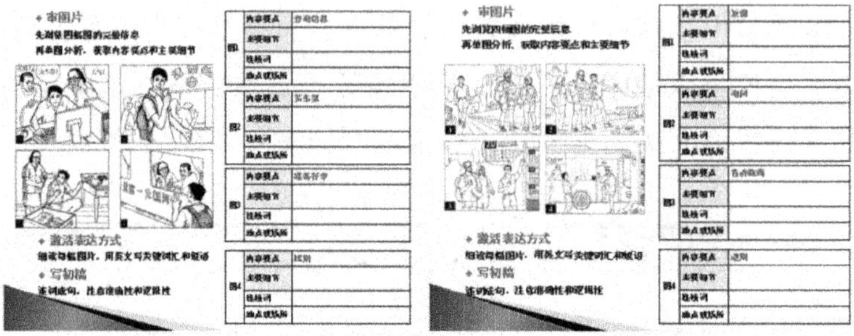

图 3-6-5　审图片

(二)情景作文训练各个步骤的突破方式

在学生了解并掌握了情景作文的解题流程之后，教师可以根据每次学生在情景作文写作中出现的典型问题，再适时进行专项训练。这样可以突破情景作文解题流程中的一些难点，如细节分类、语言的丰富性等。笔者用以下课例来进一步说明专项训练的具体做法。

1. 细节分类

筛选细节是情景作文写作中很重要的一项准备工作，如果教师在前期训练过程中能够让学生对于常见细节进行整理和分类储备，那么学生在进行写作时就能信手拈来，可以随时提取语言并进行运用。下面以北京市第11 中学陈嘉宁老师的时间和情绪分类来举例说明一下。（如表 3-6-1 所示）

表 3-6-1　对时间和情绪的分类列举

时间	
基础词	First, then, next, after that, eventually
多用于图 1	In the early morning
多用于图 2	Hardly had we arrived there when we began to climb. No sooner had we arrived there than we began to climb.
多用于图 3 开头	It took us almost 2 hours to reach the top. Having reached the top, we enjoyed the beautiful scenery.
多用于图 4 开头	How time flew! It was already dark before we knew it.
多用于图 4 结尾	It was not until 5 pm that we returned home.

情绪状态	
兴奋	So excited did we feel that we went up straight to the top. We had been climbing up, excited and happy. We talked about the activity today in high spirits. Their excitement was beyond words. We couldn't wait to start our activity.
开心	Talking and laughing, we headed out by bus.
被吸引	Attracted by the beautiful scenery along the way, we took many photos. Students were absorbed in the lecture.
感动	Touched by us, tears rolled down her face. Tears welled up in their eyes. They were so moved that they became speechless.
疲倦	We found it more and more tiring to approach the top.

2. 运用丰富的语言

对于中等以上的学生，教师可以从语言的丰富性上做专题训练。比如说为学生呈现一些表达方式的对比，让学生感知同一内容的不同层次的表达方式，根据自己的写作风格进行取舍。以下为部分表达方式对比的举例（如表 3-6-2 所示）。

表 3-6-2　表达方式的对比

基础	提高	例句
think of	occur	Suddenly I had an idea that someone had broken into my house. → An idea occurred to me that someone had broken into my house. It occurred to me that someone had broken into my house.
spend	devote	He spends all his spare time in reading. → He devotes all his spare time to reading.
want	seek	They sought（wanted）to hide themselves behind the trees.
ordinary	average	I'm an average（ordinary）student.

very	but	The film we saw last night was very interesting. → The film we saw last night was nothing but interesting. The film we saw last night was anything but boring.
sit	seat	On his way to school, he found an old lady seated (sitting) by the road, looking worried.
should	suppose	He is supposed to (should) have driven more slowly.
thank	appreciate	Thank you very much for your help. → We appreciate your help very much. / Your help is much appreciated.

思考与实践活动

一、请结合合本节内容，请思考以下问题：

1. 过程性写作、情景作文的基本流程分别是什么？

2. 日常写作教学实践的做法与本节课例有何异同？

3. 评价表的设计内容与形式有哪些？写作评价的实效性和针对性是什么？

二、实践活动。

请依据本节所提供的写作流程，设计一节情景作文教学，并通过问卷或者访谈开展学生调研，为反思教学实效提供依据。

参考文献

杰里米·哈默. 如何教写作[M]. 邹为诚，译. 北京：人民邮电出版社，2011.

王蔷. 英语教学法教程[M]. 北京：高等教育出版社，2006.

王笃勤. 英语教学策略论[M]. 北京：外语教学与研究出版社，2002.

中华人民共和国教育部. 普通高中英语课程标准(实验)[M]. 北京：人民教育出版社，2006.

Harmer Jeremy. How to Teach English[M].Beijing：Foreign Language Teaching and Research Press，2000.

第四章　情感态度与文化意识培养

第一节　英语教学中情感态度的培养

【学习目标】

- 了解情感态度的内涵及其在高中英语教学中的意义
- 了解培养学生积极情感态度的英语教学原则
- 运用相关策略在中学英语教学中培养学生的情感态度

【内容要点】

- 情感态度培养与英语教学的关系
- 英语教学设计中情感态度的培养途径
- 英语教学设计中如何有效培养情感态度

一、情感态度的内涵

(一)情感态度的含义

心理学认为，情感态度是一种复杂的心理过程，这种过程是反映客观事物与自己需要的关系，通过一系列的态度体验而形成自己的各种性格特征。外语心理学认为，情感是人对客观事物所持的态度中产生的主观体验，是人类行为的情绪和感受。情感因素包括兴趣、动机、自尊、自信等。态度是人世界观、价值观的表现，是人类面对某一事物时形成的思想意识，即对该事物所表现出的主观认识。《课程标准》中把情感态度作为课程目标之一，情感态度指兴趣、动机、自信、意志和合作精神等影响学生学习过程和学习效果的相关因素，以及学生在学习过程中逐渐形成的祖国意识和国际视野。教师在英语教学中不但要重视学生的语言知识和语言技能，更要关注学生情感态度的发展。

(二)情感态度培养与英语教学的关系

英语教学过程蕴含着对情感态度的培养，教师可以发挥自身独特的优势，积极关注学生及自我情感态度的变化，引导学生努力克服消极的情感因素，培养和发展积极的情感态度。英语学习需要长期的情感投入，需要强大的内驱力来推动。积极的情感、对英语教学正确的认识态度可以为英语教学目标的达成提供强大的动力。良好的英语语言教学方法有利于激发学生对英语学习的热情，有利于增强教师自我教学的信心，从而形成"积极的情感态度推动英语教学过程的开展，良好的教学效果又培养和发展了师生良好的情感态度"这样一种良性循环模式。

(三)师生情感态度对英语教学的影响

英语学习心理学认为(姜忠平，2010)：在课堂教学中影响学生的情感态度主要是学习动机、学习兴趣、对教师的认同程度与个人的性格特征。学生英语语言的习得过程需要投入细致的情感因素。强烈的学习动机和学习兴趣有助于学生自主学习观的建立，而自主学习观作为一种对学习认识的积极态度，在课堂教学中能够活跃课堂气氛，刺激教师和学生的情绪，推动教学过程的实施和教学知识信息传递的效率。学生消极的情感态度，如性格内向，上课紧张，对教师的提问或漠不关心、或不知所措、或沉默不语，都会导致教师情绪低落，教学活动难以开展，教学计划难以完成，从而无法达成英语教学目标。

问卷调查和个别访谈的结果都表明(金雄英，2007)：在高中英语教学中存在着明显的情感态度问题，如学生自信心不足、学习英语的兴趣不浓厚，这都会严重影响教学效果。教师只有在教学过程中重视培养学生的积极情感，消除学生的消极情感，才能促使学生提高英语成绩，增强教学效果。可见情感缺失是中学英语教学中急需解决的问题。教师在英语教学中要积极关注学生情感态度的变化，注重培养和发展学生积极参与的情感态度。

二、英语教学中情感态度的培养途径

（一）情感态度培养的方面与策略

1. 分析学生的学习动机，激发其求知欲

不论在初级阶段还是在中高级阶段，培养学生学习动机都是英语教师的首要任务。缺乏学习动机的学习者缺少前进的推动力，很难取得成功。教师应该因势利导，在教学方式方法上下功夫，运用具有形象性、生动性、参与性、表现力等中学生喜闻乐见的教学手段，创设良好的课堂教学氛围，让学生喜欢英语学科、喜欢英语教师，防止因教学方式单调、内容枯燥乏味、看不见学习的进步而导致学生逐渐失去学英语的兴趣，丧失培养学习动机的良机。

在英语教学过程中，教师要帮助学生端正学习动机，必须从尊重学生的自尊心、兴趣、爱好、情感、思维方式和价值观等方面出发。通过摆事实、讲道理等方法，让学生了解英语在国际、国内和日常生活中的重要作用，注意挖掘和利用教材中的德育教育因素，适时地对学生进行政治思想和科学文化教育，使其认识到学习英语的时代意义。并在此基础上积极组织有意义的课内及课外实践活动，让英语在学生心目中的地位不断提高。学生只有对自己、对英语、对英语学习以及英语文化有积极的情感，才能保持英语学习的动力并取得理想的成绩。同时设法让学生懂得，学好英语是学习者自身发展和适应未来的需要，从内心深处唤起学生要学好英语的愿望。

2. 分析教学内容中的情感培养因素

在引发学生学习的内在动机方面，教学内容及其呈现本身是最重要的影响因素。布鲁纳（J. S. Bruner）曾说过："学习的最好刺激乃是对所学材料的兴趣。"赞可夫指出："要以知识本身吸引学生学习。"因此，如何使教学内容满足学生的需要是教学效果优劣的关键（彭小娟，2008）。

备课时，教师不仅要把握教学内容中的重点、难点，考虑学生在课堂上可能出现的问题，还要分析教材中所蕴含的思想情感，并运用自己的生活体验领会其中的情感，真正把握教学内容中的情感因素。这也是情感教学中备课与传统教学中备课的不同之处。教师要备好一节具有情感性、体验性的课，关键还在于要想使学生被教学内容中的情感因素所打动、感染，教师自己首先就要被打动和感染。

例如：主题为 Freedom Fighters 的阅读文章"*I Have a Dream*"。教师可在课前布置学生查找马丁·路德金（Martin Luther King）当时所处的时代背景、生活现状，上课之初让学生做展示并介绍当时黑人所处的悲惨状况；然后让学生听马丁·路德金演讲的原声带，感受他演讲时的群众氛围和他们对平等的、有尊严的生活的强烈渴望。之后，教师饱含深情地背诵精彩段落：

"I have a dream that one day on the red hills of Georgia the sons of former slaves and the sons of former slave-owners will be able to sit down at the table of brotherhood;

I have a dream that my four little children will one day live in a nation where they will not be judged by the color of their skin but by the content of their character …"

在读后部分教师可要求学生根据个人生活、学校现状、所在班级的实际，作题为 *I have a dream* 的英语演讲，表达自己对生活的美好期盼，对班集体的美好希望……

3. 深层次挖掘教学内容中的隐性情感因素

中学教材的有些教学内容主要反映客观事实，不带有明显的情感色彩，但在反映客观事实的过程中会隐含着情感因素。这就要求教师通过自己对教学内容的加工提炼，尽可能挖掘教学内容中蕴含的隐性情感因素，从而使学生获得相应的情感体验。教师可以通过表现语言魅力、迁移学生情感、赋予特殊意义等方法来处理这类内容。

例如：在学习北师大版第七册第 22 单元第三课 *Natural Disasters—Nature is turning on us* 时，教师首先可以对文章内容进行语篇分析：

Part 1(Paragraphs A&B)A phenomenon——Natural disasters becoming common;

Part 2(Paragraphs C&D)Causes of natural disasters;

Part 3 (Paragraph E)Experts' prediction that worse natural disasters will turn on us,eg. eruption.

然后通过细读让学生更进一步了解到人类活动(urbanization, overpopulation, industrialization, etc.)对大自然所造成的巨大危害。通过本课的学习增强学生自然保护意识，树立呵护自然为己任的责任感和使命感，深刻理解我国计划生育国策的重要性，同时引导学生对我国的城市化和工业化前景有一个客观深入的判断。

4. 将德育教育渗透于英语阅读理解训练活动中

中学英语新课程的一个重要任务就是培养提高学生的英语阅读理解能力。英语阅读理解训练的形式多样。以回答问题为例，教师在对学生进行英语阅读理解训练时，可以结合新课程教材中的阅读课文的思想主题，适当加入一些有关德育方面的思考题，要求学生在阅读课文时积极寻找答案，让德育教育渗透到学生的英语阅读理解训练活动中。例如在讲解下面的阅读理解语篇时，教师可引导学生关注父子之间的代沟、父亲对自己本职工作和家乡的热爱。

Eddie's father used to say he'd spent so many years by the ocean, breathing seawater. Now, away from that ocean, in the hospital bed, his body began to look like a beached fish. His condition went from fair to stable and from stable to serious. Friends went from saying, "He'll be home in a day," to "He'll be home in a week. " In his father's absence, Eddie helped out at the pier (码头), working evenings after his taxi job.

When Eddie was a teenager, if he ever complained or seemed bored with the pier, his father would shout, "What? This isn't good enough for you?" And later, when he'd suggested Eddie take a job there after high school, Eddie almost laughed, and his father again said, "What? This isn't good enough for you?" And before Eddie went to war, when he'd talked of marrying Marguerite and becoming an engineer, his father said, "What? This isn't good enough for you?"

And now, regardless of all that, here he was, at the pier, doing his father's labor.

5. 将德育教育渗透于英语的写作训练活动中

英语写作训练是中学英语教学中的又一个重要环节，学生应该学习掌握各种写作文体，包括记叙文、议论文、说明文、应用文等的基本写作方法。无论是哪种写作文体的训练，在其中进行思想品德教育的渗透都是一件很自然的事情。此外，教师要求学生背诵经典英语名句、名人名言、谚语等，并在文章中恰当地引用，往往能够增加英语写作的亮点。许多英语经典名句，如"Knowledge is power.""Never too old to learn.""No pains, no gains."等，都能够很好地激励学生奋发向上，积极进取。所以说，将德育教育渗透于英语的写作训练活动中是一个"润物细无声"的过程。

例如：北京市某区高三第一学期期末试题情景作文要求学生介绍刚刚参加完的 18 岁成人仪式。由于学生刚刚参加完这一有意义的活动，学生作文中流露出自己真实的感受，涌现了许多感人的佳作。

情景作文

假设你是李华，上周五参加了学校为高三学生举行的成人仪式。请根据以下四幅图的顺序，向你的美国朋友汤姆(Tom)介绍整个活动过程，并谈谈自己的感受。

(二)培养情感态度的教学设计与实施方法

1. 设计生生互动学习活动，促成积极的情感体验

新课程倡导合作学习。合作学习是一种以学生为中心，以小组形式或对子形式，为了共同的学习目标共同学习、相互促进、共同提高的一种教学策略。合作学习能够促进学生学习的主动性，培养创新精神。

学生在教师的指导下开展对子活动或小组活动使学生不仅通过感知、体验、实践、参与和合作等方式实现任务目标、感受到成功的快乐，而且能增进学生之间的相互沟通、理解和信任、增进团队合作精神。有些教师错误地认为对子活动、小组活动只适用于高一、高二年级。而研究表明小组讨论、对子活动能够促进高三年级学生成绩的提高，并促进学生积极情感态度的形成(刘桂章，2010)。

2. 利用多种语言学习资源，激发学生的兴趣

英语歌曲、动画片、电影等媒介为学生喜闻乐见。它们能消除疲劳、放松心情，给人以美的享受、美的感染。音乐的旋律、节奏，电影的美好画面能把学生带入特定的意境中。因此在英语教学过程中选用符合主题的音乐、影片能对学生产生强烈的感染力，唤起学生情感的共鸣，拓展学生想象的空间，使学生容易进入语境。

例如：在学习 the sounds of the world 主题内容时，教师可在课前选取美国乡村音乐，美国、中国、日本流行音乐，中国民乐等多种旋律优美的乐曲片段，课前开始播放，上课开门见山直接提问："Do you like music? What kind of music do you like better?"然后播放一曲美国乡村音乐，导入本课主题"Is this American country music or Chinese pop?"。

在学习北师大版英语必修第二册第 5 单元第四课 *Let's Dance* 一课时可以放映探戈舞、华尔兹舞、恰恰舞等视频，学生结合课文内容能够更深刻地理解拉丁舞的特点，感受舞蹈的魅力。

在课间休息时，教师也可以播放《生活大爆炸》(*The Big Bang Theory*)、歌舞青春(High School Musical)等为中学生所喜欢的美国电视连续剧，反映中学生生活的电影等。当然在放映前教师必须预审，以避免不适合我国高中生观看的内容出现。

3. 设计多样活动，吸引学生参与语言实践

教育心理学研究表明，组织或引导学生主动参与学习活动能激发兴趣。徐胜三说："实践活动是培养兴趣的基本途径。"（朱立峰，2003）因此，我们要尊重学生的兴趣，把握中学生好新、好奇、好动、好玩、好胜、好表现的特点，设计出各种各样的课堂活动，积极开展丰富多彩的课外活动，吸引他们最大限度地参与语言实践活动，让学生在大量的活动中运用英语，在大量的运用中学会英语，在运用中体验英语学习的乐趣。

课堂活动是引发学生学习兴趣的主要途径。常见的课堂活动有三分钟自由讨论、值日报告、新闻报告、问答、对话、朗读、复述、角色扮演、情景会话、专题采访、辩论、讨论、想象、讲故事、猜谜、游戏、抢答等。组织学生参加课外活动，也是激发和培养其学习兴趣的重要途径。苏霍姆林斯基把课外活动称为"第二兴趣的发源地"。常见的课外活动有英语电影、英语歌曲、英语晚会、英语演讲比赛、阅读比赛、英语故事会、英语短剧、小品表演、英语角、英语节、交英语笔友、收集和辨认日用品上的英语等。当然，活动的设计和开展要有新颖性，教师要与时俱进，要以能吸引学生兴趣，调动学生参与的积极性为前提。

4. 创设多样语言学习情境，培养情感态度

可以利用人物传记类文章引导学生学习成功人士的优良品质（郭晋高，2012）。英语课程标准教科书中介绍了许多成功人士，如北师大版必修一第2单元介绍了杨利伟、克利斯托弗·里夫（Christopher Reeve）等英雄人物。他们的事迹可以感染、激励中学生为国争光，在逆境中顽强拼搏。教学必修五第 14 单元第三课 *The Road to success* 中王君燕（Wang Jun yan）的成功故事时，教师可以让学生就下面问题展开讨论：What does Wang Junyan's story tell you about success? 学生们纷纷发表自己的看法，如 Being curious, working hard, never give up, being committed, believing in what is true ⋯⋯ 通过讨论，给学生用英语阐述观点、交流思想的机会。还可以以此为主题让学生写一篇作文，题目可定为 How to be a successful man。

三、英语教学设计中如何有效培养情感态度

(一)让学生参与备课过程，构建师生共同备课的开放式备课形式

李小芳(2005)提出要突破教师封闭式的备课形式，让学生参与备课过程，构建师生共同备课的开放式备课形式。这是让学生参与主动学习的过程。在备课环节，教师可指导学生在互联网上搜集相关资料，让他们参与备课过程。在课堂上邀请学生以"小教授"的身份向同学们介绍文章的背景知识、自己所到过的名胜古迹、所擅长领域的专业知识等。许多教师面对学生所介绍的"手机云知识""F1 赛事""生物学聚合物"等知识会感到震惊。让学生参与教学准备过程中的知识学习会给学生留下更深的印象，同时，学生互相交流增进了合作，扩展了知识面，丰富了教学资源，激发了学生的学习兴趣。他们可以从中获得亲身体验，逐步形成善于质疑、乐于探究、勤于动手、努力求知的积极态度，产生积极情感，还可以激发进一步探索、创新的欲望。

(二)提高教师的专业素养，建立民主、融洽的师生关系

良好的师生关系是优化教学氛围的关键。民主平等是良好师生关系建立的前提。在教学过程中，教师是教的主体，学生是学的主体。教师要充分调动学生的主动性，充分尊重学生的人格，发扬教学民主，以平等的方式对待学生。学生是教育效果的最终体现，只有在民主平等的气氛中才能更好地领悟教学内容，积极主动地探索求知、健康和谐发展(郭晋高，2012)。

教师应该加强自身的情感修养，用自己的学识和优良品行言传身教，影响和教育学生乐于与他人合作，养成健康向上的品格，在学习过程中逐渐形成祖国意识和国际视野。教师应该将积极情绪带入课堂，善于活跃课堂气氛，为学生创设一个和谐、愉悦、能够激发学习欲望的外语氛围，让学生摆脱焦虑，积极主动地摄取知识，提高语言综合运用能力。教师还应该和学生一起反思学习过程和学习效果，互相鼓励和帮助，做到教学相长。

(三)运用丰富的肢体语言激发学生的积极情感

教师在授课中应注意身体语言的运用会对学生的英语学习起到积极的推动作用，如在学生回答正确时给予认可的点头，害羞、犹豫时给予鼓励

性的微笑、肯定的手势等。在课堂讨论时在教室内适当地走动巡视，认真倾听学生们的讨论，帮助他们解决个别问题，都具有很强的亲和力，使学生获得愉快的情感体验。教师在上课时微小的动作也能消除与学生间的距离。要让学生知道老师是真心真意地对待他们，以此收到意想不到的效果，大大增进师生间的情感交流。（金小曼，2007）

老师还要善于用眼睛表达自己的情感信息，走进学生的心灵世界。从走进教室的一刻起，老师就要有意识地将自己和蔼、信任的目光尽可能平均地投向全体学生。这不仅会大大缩短师生间的心理距离，还会让每一位学生有一种被重视、被关注的感觉，有利于师生间的情感交流。教师要意识到学生的这种需要，多与学生交往，以点滴的爱唤起学生的信心。

(四)运用激励性语言，唤起学生学习英语的热情

英语教师应格外注意自己的授课语言，不但应具有启发性、科学性、教育性、艺术性，而且更应生动形象、富于感情。教师要掌握语言技巧，提高语言艺术。要让课堂语言的声调亲切柔和，富有音韵感。节奏要以感情变化为基础，与教学内容相一致，做到快慢得当，高低适宜，且善于控制调整语言速度、节奏和韵味。

教师课堂用语应新鲜活泼，富有趣味。语言的趣味性是使教学语言产生魅力的要素。教师应注意运用精妙有趣的语言吸引学生的注意力。教师的课堂语言还应注意其激励性，使学生们焕发出积极向上的情感，充满上进的力量，不断进步。教师可以结合所教授的内容和问题，巧妙地采用激励性语言，使学生群情激奋，从心底里萌发出奋斗的信心和力量。从心理学角度来说，满足了学生的成功感和成就感，令学生心情愉悦，必将进一步推动学生争取成功。行为实验科学也证明：一个人如果受到正确而充分的激励，能力就可能发挥到80%～90%，以至更多。因此，发挥鼓励性语言之魅力，不但能促进学生良好思想品德的形成，而且对学生心理的健康发展也有一定的促进作用。

下面是国外课堂常用的一些激励性评价语言。英语教师不妨在自己的教学中大胆尝试：

- It's a (class) record!

• That was (at least/ more than/ about) twice as good as your last attempt!

• This team was the fastest, this team was the neatest, and this team wrote the most. Well done (everybody)!

• That is really excellent/ fantastic/ fabulous/ great/ superb!

• Give him a big hand! / Give her a round of applause/ I think that is worth a round of applause/ Put your hands together for …

• I'll give that a gold star.

……

在英语教学过程中，英语语言知识、技能的传递与参与教学的双方的情感态度有着紧密的联系，忽视英语教学过程中的情感因素势必严重影响英语教学的质量和学生的全面发展。因此，把师生情感态度的培养渗透到英语课堂教学中，培养和发展教师和学生积极的情感态度，及时克服各种消极的情感态度，有助于提高语言学习效果和英语教学的效率。

思考与实践活动

一、请结合本节内容，请思考以下问题：

1. 英语教学设计中情感态度培养的意义是什么？

2. 英语教学设计中如何培养学生的积极情感态度？

二、实践活动。

根据本节内容谈谈如何在教学设计中运用恰当的策略或方法培养学生积极的情感态度。

参考文献

郭晋高. 高中英语教学中情感态度教育的实施[J]. 现代交际，2012(9)：138.

姜忠平. 新课改下情感态度对英语教学的影响[J]. 考试周刊，2010(14)：9～10.

金小曼. 以情促教　以情优教——谈情感态度在高中英语教学中的运用[J]. 内蒙古师范大学学报（教育科学版），2007(12)：131～132.

金雄英. 在高中英语教学中实施情感教学的探讨[D]. 上海：上海师范

大学，2007.

　　李小芳．在英语教学中加强情感态度的培养[J]．南方论坛，2005(4)：71～72.

　　刘桂章．以学生为主体的高三英语试卷讲评课模式探究[J]．基础英语教育，2010.

　　彭小娟．情感因素在高中英语教学中的运用[D]．武汉：华中师范大学，2008.

　　王芳芳．浅谈高中英语新课程情感态度的培养[J]．中国科教创新导刊，2009(9)：20.

　　朱立峰．心智潜能的开发[M]．广州：广东教育出版社，2003：156.

第二节　英语教学中文化意识的培养

【学习目标】

- 了解文化的内涵
- 了解文化教学的原则
- 掌握文化教学的各种方法

【内容要点】

- 文化的内涵
- 文化教学的原则
- 中学英语文化教学案例分析

一、文化的内涵

(一)文化的含义

　　文化的概念很广泛，很多学者都对其做出了定义。我国的《现代汉语词典》中对文化有广义和狭义的理解。广义的文化指人类在社会历史实践过程中所创造的物质财富和精神财富的总和，特指精神财富，如文学、艺术、教育、科学等。狭义的文化指社会意识形态，以及与之相适应的制度和组织机构。

英国人类学家泰勒是最先提出文化定义的学者。他在 1871 年出版的《原始文化》一书中给出了这样的定义：文化是一种复杂的整体，其中包括知识、信仰、艺术、道德、法律、习俗以及人们作为社会成员而获得的一切能力和习惯。（邓炎昌，刘润清，1989）

胡文仲（1999）列举了许多不同的关于文化的定义，并得出了自己的看法：文化是人们通过长时间的努力所创造出来的，是社会的遗产；文化既包括信念、价值观念、习俗知识等，也包括食物和器具；文化是人们行动的指南，为人们提供解决问题的答案；文化并非生而知之，是后天学会的；价值观念是文化的核心，可以根据不同的价值观念区分不同的文化。

（二）文化与语言

文化包括一切人类社会共享的产物，不仅包括城市、组织、学校等物质的东西，而且包括思想、习惯、家庭模式、语言等非物质的东西。简单地说，文化指的是一个社会的整体生活方式，一个民族的全部活动方式。语言是文化的一部分，并对文化起着重要作用。没有语言就没有文化。从另外一个方面看，语言又受文化的影响，反映文化。它不仅包含着该民族的历史和文化背景，而且蕴藏着该民族的生活方式、思维方式及对人生的看法。语言与文化相互影响，互相作用；理解语言必须了解文化，理解文化必须了解语言。

（三）文化意识与中学英语教学

1.《课程标准》中文化意识的内容及其解读

《课程标准》中提出，英语教学中的文化主要是指英语国家的历史、地理、风土人情、传统习惯、生活方式、文学艺术、行为规范和价值观等。在学生学习英语的过程中，接触和了解外国文化有益于加强对英语的理解和使用，有益于加深对中华民族优秀传统文化的认识与热爱，有益于接受属于全人类先进文化的熏陶，有益于培养国际意识。英语学习的较高阶段要通过扩大学生接触外国文化的范围，帮助学生拓展视野，提高他们对中外文化异同的敏感和鉴别能力，进一步提高其文化意识。

语言具有丰富的文化内涵，是一种交流工具，也是文化的传播工具，因此学习一国的语言就必然要接触该国文化，了解和理解该国语言所蕴含的文化现象和知识，才能真正理解所学语言。英语教学具有工具性和人文性双重性质。《课程标准》中规定，文化意识的培养是英语语言教学目标之一。中学生已经具备了一定的文化知识和学习理解能力。这就更要求教师在英语教学中渗透文化知识，培养学生的文化意识。英语教学中，无论是语法、词汇教学还是语篇教学都受到文化因素的影响，因此语言知识的教学和文化知识教学不可割裂开来。而文化知识的教学就是要通过对文化知识的学习来加深对语言知识的理解，培养学生的文化意识，让学生认识到母语文化和目标语文化的差异，理解所学语言中词汇和语篇的文化内涵，理解和尊重他国文化。

文化知识的渗透和文化意识的培养是语言教学的重要组成部分，是英语语言教学特有的形式与辅助手段，也是得体运用语言的保障。英语教学中强调语言教学必须与文化渗透同步并进，在传授词汇、语法等语言知识和训练语言技能时努力挖掘语言形式的文化含义。

2. 中学英语教学中文化意识培养的内容

虽然中学英语各版本教材编排体例不同，但每单元都有语言知识、语言技能和专项训练，文化知识的渗透和文化意识的培养融入语言教学中。大体而言，根据课程标准中的文化意识内容，中学教材中文化教学的内容可以归纳为以下几个方面：著名人物、人物贡献，信仰、宗教以及社会生活，政治、经济以及大众媒体，文化现象、风俗，艺术、科学以及历史，国家、地理。

以上内容对于中学生文化意识的培养还远远不够。因此教师在教学中除了要对课文中出现的文化现象做出详细的讲解和说明以外，还应该根据学生的实际水平和需要融入更多的文化知识，在课堂中导入更多的文化背景知识，课后也要引导学生接触外来文化，提高正确对待外来文化的意识。

二、文化教学的原则

(一)交际原则

英语教学的一个重要目标就是培养学生的跨文化意识和跨文化交际能力。因此，教学过程中文化教学内容要注重那些容易使中国学生在理解和使用上产生误解，以及可直接影响其进行有效交际的文化知识。文化教学不是凭空介绍一些抽象的思维习惯或文化理论,而是要结合所学的教材和语言知识,结合不同的语境和不同的交际对象来展开。

同时,教学中涉及的有关英语国家的文化知识应与学生的日常生活、知识结构密切相关,并能激发学生学习英语文化的兴趣,这样可以帮助学生了解内涵和中西文化差异,使学生的语言表达更加得体。

(二)阶段性原则

文化的导入应该考虑学生的年龄特点和认知能力,根据学生的英语水平和接受能力由浅入深。起始阶段应使学生对英语国家文化及中外文化的异同有粗略的了解,教学中涉及的英语国家文化知识应与学生身边的日常生活密切相关。在英语学习的较高阶段,要通过扩大学生接触异国文化的范畴帮助学生拓宽视野,使他们提高对中外文化异同的敏感性和鉴别能力,通过鉴赏、比较、理解,进而使学生理解文化内容本质,提高跨文化交际能力。

(三)适度性原则

适度性原则是指教学内容、教学量和教学方法要适度。教师选材时应注意有选择地编排那些代表英语国家主流文化的内容。教学量的适度是指文化教学和语言知识的教学相互配合,提倡扩大课外阅读和英语课外文化建设。教学方法的适度是指要正确处理好教师讲解与学生探究之间的关系。教师根据教学任务和目的的需要,适度选择教学文化内容,创造机会让学生进行探究性学习,增强他们自主学习的能力,培养其文化敏感性。

(四)对比性原则

语言具有相对性,文化也具有相对性。语言和文化既相互依存又相互制约。中西方文化间既存在一定的共同之处,也存在一些相异之处。教师向学生导入外国文化时必须充分利用好这些异同点。依据文化的共性,教师可以引导学生学习和理解中外文化相通之处。对于文化中存在的差异性,教师可以引导学生进行比较和分析,提高学生的文化敏感性和跨文化意识。

(五)平等性原则

每种文化都有各自鲜明的特征。不同文化之间是相互平等的关系。要科学看待不同文化之间的差异，尊重和平等地对待其他民族文化。在英语教学中，既要引导学生学习英语国家文化，又要考虑本国文化的特点，在学习中找出相似点和不同点进行比较和区别，提高跨文化交际能力。

三、中学英语的文化教学

按照《课程标准》的要求，中学英语文化教学至少应该包括两个方面的内容：一是文化知识的传授；二是跨文化意识与能力的培养。实现这样的文化教学目标需要教师掌握完善的教学策略。以下按照文化教学策略的不同特点，结合教学实践，对中学英语文化教学的不同方面进行分析。

（一）利用教材中的文本开展文化教育

1. 概述及典型课例

教材文本分析是开展文化教育的起点。不同版本的英语教材尽管选材不一，但是每个模块都有一个话题，而该话题就是文化的具体体现。因此教师要对文本进行深入分析，充分利用教材进行文化渗透。这也是新课标综合语言运用能力中文化意识教学要求的重要内容。

进行文本分析时，教师要进行文化对比，注意所授文本体现的西方文化与中国文化的相似性和差异性。通过对比加深对中外文化的理解与认识，提高文化敏感性和跨文化意识。这一过程不仅可以帮助我们理解新文化，加深对本民族文化的理解，也可以为文化教学提供重要信息。教师利用教材进行文化比较教学时，应该坚持以平等的态度对待两国文化，一方面使学生了解和掌握英语文化，另一方面也要为学生进行汉语文化介绍的输出做准备，还要注意所使用教材的单元知识重点，注重两种文化的背景和内涵。

【案例 1】

北师大版高中英语必修一第 3 单元第四课 *Christmas* 中的 *Memories of Christmas* 是一篇介绍圣诞节的文章。在此之前本单元的第一课 *Festival* 中分别出现了 *The Mid-Autumn Festival*，The Lantern Festival，The Dragon Boat Festival 三个不同的中国节日。因此教师设计圣诞节这一课时的教学时，一方面关注了本课的知识重点，即圣诞节节日庆祝过程，另一方面把中国的节日和圣诞节进行对比，按照课文的时间顺序，利用思维导图引导学生思考，使学生在比较中感知节日文化，为学生介绍中国节日的输出做铺垫。以下是这节课有关文化教学的设计亮点。

圣诞节是学生很熟悉的一个西方节日。因此在学案中教师使用思维导图（如下图所示）让学生对圣诞节进行认知、拓展及语言输出。

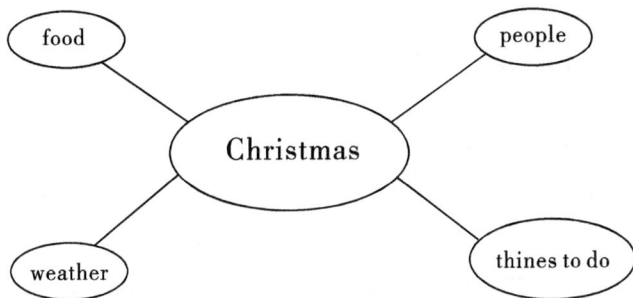

本节课中，教师抓住文章特点，自始至终都按照时间顺序这一记叙主线展开教学，同时注重突出每个时间段的活动，锻炼学生提取信息的能力，同时也为与中国节日的对比打下基础（如下表所示）。

Time	Paragraphs	Activities
Before Christmas Eve	P1	
	P2	
On Christmas Eve	P3	
On Christmas Day	P4	

结合练习拓宽学生思维，进行中国文化的输出。文化教学开始时偏重对英语国家文化的介绍，使学生知道和理解目的语国家的文化特征。随着社会的发展，文化的相互交流在英语教学中变得越发重要，因此，中学英语教学也承担着学生的本民族文化意识的培养任务。

教师完成本课课文教学后，给学生布置了口头练习。由于教师提供了词汇支持，学生按照课堂学习的时间顺序进行中国节日的输出，取得比较好的效果。

Speaking：Memories of a festival.

Possible vocabulary：

贴春联 post Spring Festival couplets，放爆竹 let off firecrackers，拜年 wish ... a Happy New Year，雪雕 snow sculpture，冰灯 ice lantern，雪雕艺人 a snow sculptor，糯米 polished glutinous rice，怀念 cherish the memories of ...

教师给出以下口头表达框架供学生借鉴：

Memories of ＿＿＿＿＿＿＿＿

Festivals always bring us unforgettable moments. I still remember how I spent ...

Memories of ＿＿＿＿＿＿＿＿	
Time	Activities
Before ＿＿＿＿＿＿＿	
On ＿＿＿＿＿＿＿	
Feelings	

对于节日内涵的思考：本课圣诞节内容与本单元第一节的中国节日恰好可以形成中西文化对比。教师在学生完成 Memories of a festival 的口语表达后，可以做一个引申。例如，这些节日都具有什么样的内涵？人们为什么要庆祝这样的节日？等等。从而引发学生对于节日的思考和讨论，引导他们关注节日的内涵——不同国家，不同节日，大家对于节日的祝福和未来美好生活的向往是相同的，同时中西方国家的人们对全家团圆也有共同的希望。话题材料的丰富和开放将会进一步激发学生的情感，体现英语教学的人文性。

2. 利用教材中的文本进行文化教育时需要注意的问题

(1)注重对本国文化的深刻理解

本国文化与外国文化进行对比，有助于学生对本国文化的深入理解，强化对外国文化特征的敏感度，从而理解外国文化。中学英语教材中有诸多涉及本国文化的内容，对于学生而言并不陌生。教师深挖文化内涵，学生深刻理解文中体现的本国文化意义，是利用教材中的文本进行本土文化教育的重要途径之一。

（2）培养学生养成积极客观对待外国文化的态度

在文化教学过程中，要调整好学生的心理、心态，使他们意识到外国文化是一种客观存在，文化并没有好坏之分，对待外国文化应采取客观、宽容的态度，避免以本民族的文化、道德、价值观为标准去衡量、评判外国文化。教材中的英语国家文化有些是先进、积极的，而有些则是不宜模仿的，如快餐文化等。因此，既不能把外国文化拒之门外，也不能过分追崇外国文化而摒弃本国文化传统，要以包容的态度、多文化的视角去看待和接受两种文化的差异，使学生形成正确的跨文化交际意识。

（二）在语法教学中进行文化教育

1. 概述及典型课例

语法教学中也可以实施文化教育。语言是一种交流工具，作为语言支架的语法结构，其实质是教会学生在一定情境中运用正确的语法结构使用语言，进而达到交际目的。由于学生学习英语主要在课堂上进行，平时很少接触具体的语言使用环境，因此传统语法教学往往通过大量的课堂练习使学生理解某种语法现象。然而在具体语言使用环境下，由于思维以及语法意义的不同，会出现英语语法使用错误。针对这种情况，许多教师在语法教学中注重发挥课堂的引导作用，挑选一些典型的文化信息材料，或者采用多种教学方法，既增强语法教学的知识性、趣味性，激发学生的求知欲，活跃课堂气氛，同时加深学生对语法现象的理解，扩展学习内容的深度和广度。

【案例 2】语法教学——虚拟语气

对于虚拟语气这个语法点而言，大多数学生存在的问题主要在于语境的理解和语法结构的掌握。进行虚拟语气教学时，大多数教师能够利用图片或者结合实际生活情况，启发学生学习。

一位教师在虚拟语气的语法教学中，使用了美国流行天后碧昂丝（Beyonce）的《假如我是男人》*If I Were A Boy* 的歌曲进行导入：首先让学生听这首歌曲，然后针对歌曲设计了如下两个问题：

T：What message does the song convey to you?

S：Show a girl's wish or dream to be a boy.

T：Which sentences especially convey this message to you?

S：If I were a boy，I would turn off my phone and tell everyone it's broken.

If I were a boy，I think I could understand how it feels to love a girl.

If I were a boy，…

以上导入环节只有五六分钟，但是由于选材合适，学生很快就体会到本课所要讲授的语法内容，并且在轻松的气氛下基本掌握了 If I were …，I would／could do …的句型。

2. 语法教学中进行文化教育需要注意的问题

(1)培养学生的英语文化思维习惯

中学生在学习英语的过程中，很多只是把英语看作一种语言工具，而较少赋予它人文因素，因此导致交际时会出现很多困难，其原因多来源于学生的汉语文化思维。

相对而言，语法学习往往不能吸引学生的注意力，引起其学习兴趣。然而细究其中原因不难发现，语法学习之所以比较枯燥，最主要就是学生对于英语语法点的使用感到困难，实践中会出现较多错误。语法的使用与情境关系密切。如果学生只满足于知晓语法规则，而不学习语法现象背后的文化和思维内涵，那么使用语法时就一定会存在问题。英语语法学习必须重视文化差异。

(2)重视语法教学中文化教育的客观性

教师在语法教学中加入文化注释多是教师对于学生难于理解，或容易引起歧义的内容进行相关解释和说明。为了确保注释内容的客观性，要对相关英语语言背景和使用进行讲解，为学生创建适合、真实、客观的文化氛围，以便于学生更好地理解文化内涵。

同时，由于文化的内容会随着社会的发展而不断变化，所涉及的文化内涵也会随之而改变，因此教师要关注英语文化的发展动态，培养学生对汉语文化和英语国家文化的兴趣和素养，不断充实和更新教学中文化教学的内容和内涵。

(三)依据主题增加输入资源

1. 概述及典型课例

依据主题增加输入资源主要是指依据教材的主题,给学生输入更多的补充资源,扩大文化教学内容,丰富学生的文化知识,提高学生的文化意识。教学实践中,许多教师为了使学生深度理解授课主题,编写了与主题相关的文化题材的各种语言材料,或直接把相关英语文化内容作为语言教学材料,采取文化会话、文化合作、文化表演、文化交流等方式进行英语课堂的文化教学。

目前各版本中学英语教材中每个单元所选取的文章都体现了文化资源融入的特点。如北师大版高中教材,每个单元的四节课内容都围绕该单元的话题设置,既突出了英语国家文化特色,又渗透了中国文化元素。而人教版高中教材则围绕单元主题文章设置了"Reading""Comprehending""Learning about Language""Using language"等不同部分来深化课文理解,特别是"Using language"中的文章,是主课文材料的补充,能够更进一步丰富学生的知识,扩大学生视野。

教学实践中,教师也较多使用了文化资源输入的方法。较为常见的方法是以学生学案中的练习作为文化教学内容,并进一步进行文化知识的扩充和丰富。

【案例3】

北师大版高中英语必修五第 5 单元第四课 *Let's Dance*。教师针对文中提到却并未展开介绍的恰恰舞设计了如下两个练习。

Exercise 1 Read the passage and fill in the gaps.

Cha-Cha

The Latin cha-cha is a very famous ballroom dance. This dance began in Cuba in the 1940s. It contains African and Cuban rhythms. The Cha-Cha developed from the Mambo dance. ＿＿＿1＿＿＿ . Bands began slowing it down, and the Cha-Cha was created from this new beat. Therefore, the cha-cha is a slower type of Mambo. In the 1950s, it became very popular in the US.

The cha-cha is a sensual, energetic and playful dance. Its light cheerful feeling gives dancers a unique sense of fun. The cha-cha needs small steps and lots of hip movements. It is danced to 4/4 time (节拍). The fourth beat is broken into two. ____2____.

There are different styles of Cha-Cha. The original cha-cha developing from Cuban Mambo dancing is still practiced in Cuba，while the international style or ballroom style is more widely practiced throughout the world.

Put the sentences below in the correct gaps in the text，and tell us the reasons why you choose it.

A. Even today the dance's influence can be heard in popular music.

B. Because of the cheerful nature of the cha-cha，its music should produce a happy，party-like atmosphere.

C. When it toured America，some people complained that this dance was too fast for their taste.

D. Therefore，five steps are danced to four beats as in the "One，two，cha cha-cha" rhythm.

Exercise 2 Read the passage on Page 28 and "Cha-Cha"，and fill in the table.

Layout Kind	Origin(起源)	Features（特色）	Examples
Ballet			1. 2. 3. The White-haired Girl
Folk Dance		1. usually group dances， 2. often performed on special occasions	1. 2. 3. 4. the peacock dance 5. the Yangge
Popular Dance	come from folk dances		1. Waltz 2. 3. 4. 5. Rock 'n' roll 6. disco 7. breakdancing

Task only for Group A			
Cha-Cha		1. sensual, energetic and playful, gives a light cheerful feeling to dancers 2.	1. Cuban style 2. 3.

练习1中，教师通过选择题使学生深入了解了 Cha-Cha 这种舞蹈形式的起源、形式、含义等知识。而填空题则使学生在对比中对文中提及的几种舞蹈的特征更加清晰。这是一种典型的文化渗透方法，即通过材料的补充和学生的思考、讨论，更深一步理解课文内涵。

2. 依据主题增加输入资源需要注意的问题

(1)文化材料的直接关联性

受到考试的限制，教师进行文化教学时很多时候是配合阅读、词汇的教学进行。根据现有教材内容融入文化知识语言材料是目前英语教师在文化教育方面最常采用的模式。文化输入的资源可以将文化材料作为教学材料来教授，也可以选取合适的文化材料作为练习，加强学生对相关文化和语言知识的学习。

文化资源的输入要注重文化材料的真实性和实践性，即材料要反映现代汉语文化和英语文化的现状；同时文化材料还要与课堂英语教学具有相关性，使学生学习的时候能够把一些文化内容和现象与语言知识关联起来，使文化教育发挥其巩固知识、理解文化的双重功能。

(2)学生合作方式的多样性和实效性

文化资源的输入在内容上要求有合适的文化材料，在形式上适宜采用讨论和小组活动等方式。中西文化差异能够激发学生对不同文化的兴趣，形成以不同视角看待不同文化的方法和态度。教师在课堂上要注意培养学生的参与意识和文化交流意识。课堂教学应该以学生为主体，但教师要发挥引导作用，使学生能够以多种形式在课堂的话题讨论中感知文化、理解文化，形成一种平等、开放、自由的文化交流观和跨文化意识。

(四)利用文化体验的方法进行文化教学

1. 概述及典型课例

文化体验法是让学生在文化教育活动中通过自身体验获得知识和文化，

养成积极的文化态度，形成文化能力。教师要充分利用各种条件为学生创造感受异国文化的氛围，在听、说、读、写等不同的训练中使学生感知文化。组织这些活动要充分考虑学生的语言水平和认知能力，如组织学生观看英美原版电影，增加文化知识的输入量，帮助学生挖掘文化的核心内容等。英语课堂的文化体验主要是学生通过体验活动对英语国家文化进行感知，以及对中国文化的对外输出。

【案例 4】

北师大版高中英语必修二第 6 单元第三课 *Chinese Paper Art*。教师授课时可以通过实物、图片、视频等为学生创造一个中国文化的学习氛围。围绕这些实物，组织学生就以下问题进行讨论：

How many types of paper cuts do people make? What are they?

How do you know that there is a long tradition of paper-cutting in China?

Which Chinese character often appears in wedding paper cuts?

How is paper-cutting related to fashion?

教师在引导学生对中国文化进行体验时要关注学生的跨文化意识和能力的提高。文化教学并非只是对英语文化的介绍，同时也要使中国学生有能力向外输出中国文化。因此，利用文化体验法促使学生深入理解中国文化有利于培养学生对本国文化的自豪感。

人教版高中英语必修三第 3 单元 *The Million Pound Bank-note* 是根据同名小说改编的戏剧剧本。这堂课上，教师不仅可以引导学生理解故事的思想内涵，还可以引导学生通过戏剧情节的发展了解英语戏剧的特点和要素，同时利用剧本的朗诵和表演帮助学生改进语音、语调。另外，还可以引导一些英语基础水平较高或对戏剧感兴趣的学生解读剧本，理解作者是如何利用动作和语言传神地表现人物的情感状态、身份地位以及性格特征的，挖掘和品味英语戏剧语言的魅力。

The Million Pound Bank-note 有不同的电影版本和录音剪辑，教师可以充分利用这些资源使学生接触原汁原味的英语戏剧文化，或组织学生进行戏剧排练和表演，提高他们对英语学习的积极性。

2. 文化体验法需要注意的问题

文化体验法需要教师利用多种教学资源，如视频、图片、多媒体等提高学生的学习积极性，增强学生的兴趣。文化体验法的关键在于学生的积极参与。例如，在以上提到的 *The Million Pound Bank-note* 一课的学习中，学生课前对作者、背景、小说和戏剧知识等内容的了解是开展文化体验法教学的前提。而授课过程中学生的积极参与和反馈会更进一步激发其自身的学习热情，充分发挥文化体验法的效果。因此，文化体验法需要教师和学生的共同努力，才能达成预期的教学目标。

思考与实践活动

一、结合本节内容，请思考以下问题：

1. 课程标准中的文化意识都包括哪些内容？

2. 怎样充分利用教材开展文化教育？

3. 进行文化教学时，可以输入哪些教学资源？

二、实践活动。

请设计并实施一节课，并就这节课中的文化教育思想及方法进行总结和反思：

1. 教学设计中明确该课文化教育的思想及教学过程中的方法；

2. 授课过程中应用所学的文化教学方法进行教学实践，在不同方面体现文化教育的内涵及特性；

3. 总结并分析这节课在文化教育实施中的成功和尚待改进的方面，进一步明确文化教学的方向和思路。

参考文献

邓炎昌，刘润清. 语言与文化——英汉语言文化对比[M]. 北京：外语教学与研究出版社，1989.

胡文仲. 跨文化交际学概论[M]. 北京：外语教学与研究出版社，1999：35～36.

中华人民共和国教育部. 义务教育英语课程标准（2011 年版）[M]. 北京：北京师范大学出版社，2012：23.

第五章　英语复习课的教学设计

第一节　单元复习课的教学设计

【学习目标】
- 了解复习课与新授课的区别
- 能够分析教学内容的重点和难点及学生的起点和漏点
- 依据单元复习的设计原则规划单元复习的课程内容
- 通过复习和检测相结合的方式落实知识、提高技能并培训策略

【内容要点】
- 单元内容的特征及新授后学生的起点分析依据
- 课程内容设计要以语篇为载体
- 系统建构、分层设计和活动驱动能够确保复习的质量
- 不同课型复习课的基本设计思路

一、单元复习课

复习的重要性不容置疑，对此最为经典的表述当首推"温故而知新"。实证性的研究成果中，最具代表性的理论当属遗忘曲线理论。德国心理学家艾宾浩斯(施良方，2008)研究发现：遗忘在学习之后立即开始，而且遗

忘的进程并不均匀。最初遗忘速度很快，以后逐渐缓慢。艾宾浩斯的研究告诫学习者：勤于复习能够减慢遗忘速度，而且记忆效果会更好。克拉申（Krashen，1985）的输入假说理论认为：只有当学习者接触到"可理解的语言输入"，即略高于他现有语言技能水平的第二语言输入，学习者才能够集中注意力于意义的理解而不是对形式的理解。上述研究成果为复习课的设计提供了理论支撑。但在操作层面上，要想达到理想效果，需要教师充分分析复习内容和学生的起点水平，并以此为依据通过创造性的设计使复习课高效且适用。

（一）单元教学内容分析

人教版教材单元教学内容通常以话题承载语言知识和设计语言技能训练活动。单元的词汇、短语和句型量很大，但是复现率低。这对于自主学习能力差的学生掌握并运用词汇是个难关。单元编写中，一个单元一般只重点介绍一个语法点。由于高中所学的语法点繁多，多数教材只是在选修部分才复现语法点，新授和复习相隔时间太长，导致学生很快会忘记新授课中所学的语法规则。学习策略常常被穿插在单元教学内容的各个环节。学生只能通过自己的偏好掌握零星的策略，不能系统地认知策略种类和运用策略解决问题。听读材料的信息量大，听力材料难，对学生的信息加工能力要求很高。说的设计以专题性对话为主，对学生的表达能力提出了较高要求。写按照句子、段落和篇章三个层次设计，附带少量的翻译练习。单元技能活动设计的高要求对学生提出了很大挑战，尤其对于学习基础能力差的学生来说，学习内容和基础能力的矛盾致使他们成为课堂的看客。

（二）学生的起点水平分析

单元复习课前，学生的学习动机、兴趣、偏好是教师教学设计前重点考虑的要素，这直接影响学生的课堂行为。学生的课堂行为是评价教学设计实效性的重要指数。学生参与课堂的深度和广度取决于教师教学设计中对学生起点分析的准确程度。对学生的情感态度和知识能力水平既要做定性分析，又要收集定量数据，以此来确保单元课具有针对性和实效性。单元复习的重要功能之一是查漏补缺，学生的疑点、难点、易混点是复习的重点。不同层次的学生在单元新授课后，对新知识的接受程度会有很大差异，其学习需求自然也不同。优等生希望通过复习有所提高，中等生希望通过复习来固化和运用所学知识，后进生则希望通过复习落实基础知识。学生的需求层次对复习课的设计形式和活动内容提出了很高的要求，因此，复习课应该满足全体学生的需求，难度设计要有梯次。

二、单元复习课设计的指导思想和基本原则

不恰当的"温故"不能达到"知新"的效果。设计好复习课首先要明确复习课和新授课的区别。新授课是学生首次接受新知识，设计起点自然要低；复习课是再学习，起点要高于新授课。复习课的特点要求设计时要考虑教学内容和学生水平的适切度，要依据学生的认知水平和心理状态科学地设计单元学习内容来平衡教与学的需求矛盾。克拉申（Krashen，1985）认为促进习得产生必须具备以下条件：学习内容是可理解的；内容要既有趣又相互关联；容量要足够。克拉申提出了"i＋1"公式，公式中"i"代表学生水平，"＋1"意味着学习内容要比学生水平略高。"i＋1"公式启示单元复习课内容的确定是一个科学预测和合理设计的过程。首先要通过科学评估学生单元知识的掌握水平来规划学习内容，然后确定教学目标。其次，预测重难点并设计教学主线，以教学主线为统领设计教学容量。最后，设计教学流程和具体活动，并通过目标体系检测内容设计的实效性。此外，复习课的设计要遵循以下原则：

（一）语篇为载体的原则

语言的承载单位一般以语篇形式呈现以语篇为语言单位呈现教学内容能够创设特定的语言情境，凸显语言学习的整体性。以词汇学习为例，很多单词和词组都有多个含义，在不同的语境中意义也有所不同，孤立地学习词汇会导致学生在具体语境中不会使用所学词汇。词汇复习课中，应该把单元中的高频词筛选出来，创设语境来复习词汇的用法，拓展词汇的意义。语法复习要在学生掌握语法规则的情况下，结合典型语境，强化学生运用语法的能力。语言技能的训练也要在语境中进行。要通过特定语篇为载体培训学生特定的语言技能。语篇为载体的单元复习课能够把语境、语义和语用结合起来，提高学生综合运用语言的能力。

(二)系统建构原则

单元学习后，学生对单元学习内容的理解是片段性的，没有通过横向和纵向进行归纳而形成相互联系的知识网络。单元复习的重要目标之一就是要帮助学生建构单元知识体系，使之相互联系，促进知识记忆的牢固性。格式塔学派认为：整体大于部分之和，整体决定着其他部分的知觉，整体是在部分之前被知觉的，整体加工先于局部加工。这一学术观点对单元复习的启示是：单元复习应该呈现单元的整体结构，帮助学生建构单元的知识体系。

(三)分层设计原则

学生的个体认知和基础知识能力的差异使得大班教学要想照顾到全体学生非常困难。解决这一问题的最好办法是采用分层教学。分层设定目标基本能够达到照顾全体学生的目的：优等生要在巩固知识的基础上进一步提高能力，中下等生要尽可能多地掌握单元知识。教学活动的设计也应该体现层次性，争取每个学生都能参加到活动中，调动其参与课堂活动的积极性。活动的设计要符合学生的认知特点，活动形式要多样。

(四)活动驱动原则

相比新授课，复习课的学习内容的难度相对要低，需要教师讲解的内容较少，因此知识的运用应该是复习课的主要目标。根据脑科学原理，学过的知识马上进行运用，才能使学生有效地记住这些知识。对于英语学习，兴趣是基础，语言知识的牢固记忆是前提，运用语言知识解决问题是学习目标。通过活动设计调动学生的兴趣和维持学习动机，通过复现和巩固语言知识强化学生解决问题的能力。要使学生成为学习的主要决策者，提高学习自信心，发展学习自主能力。活动不宜过难，目标设计要具有开放性，即各层次的学生都能通过努力完成相应的活动目标。活动之间要有内在连贯性和统一性，目标的指向要清晰。

三、不同课型复习课的设计思路

从形式上而言，专题复习是单元复习的重要方式，对集中解决特定问题很有帮助。复习课的基本课型包括语言知识课、技能训练课和策略培训课。复习课中的语言知识课不仅要复现知识、强化知识记忆和运用，还应生成新的理解。技能训练课既要强化和巩固单元技能，又要促进技能的迁移。策略培训课要为学生解决学习问题提供支撑，策略的选择应是学生认可并确实能够解决问题的策略。

(一)语言知识复习课的基本思路

词汇和语法对语言学习的重要性是不言而喻的。语言学家威尔金斯(Wilkins，1972)曾说：没有语法，很多东西无法传递；没有词汇，则任何东西都无法传递。有人把词汇比作砖块，把语法比作混凝土，这说明了词汇和语法在语言学习中的基础性作用。基于此，词汇和语法一直都是语言教学研究的重点，成果也颇为丰富。词汇语义学是其中最具影响力的理论之一，许多实践工作者以此为指导理论探索出了许多有价值的实践成果。近年来，语法教学的统领地位虽然有所减弱，但是很少有专家否认其重要性。目前，语法研究的重点更多关注教法和运用语法提升交际能力的研究。

1. 词汇复习课的设计思路

语言学家里奇(Leech，1983)把词汇的意义划分为七种不同的类型：概念意义、内涵意义、社会意义、情感意义、反映意义、搭配意义和主题意义。在词汇的七种意义中，概念意义是词汇的基本意义，而其他六种意义则是词汇的联想意义，也就是词汇在具体语境和语篇中呈现的意义。辛克莱(Sinclair，1991)认为：许多单词和短语倾向于出现在特定的语义情境中。例如，happen 这个单词很容易同 accident 等相关的词汇搭配，形成特定的语境。在某个特定的话题语篇中，作者会使用一些同主题相关的词汇使得主题意义的表达更为连贯。如谈论亡灵节这个话题时，相关的主题词汇可能会包括 ancestors，the dead，in memory of，honor 等主题词汇。

一般情况下，在新授课中，学生只是理解了词汇的概念意义。复习课应重点处理词汇的内涵意义和主题意义，促进理解的同时，更应强化学生通过特定语篇关联词汇的能力。新授课中，学生对单元词汇的语义关系理解非常有限，复习课要拓展其对单元重点词汇语义关系的深层理解和运用，为能够合乎逻辑地运用新词汇表达做准备。词汇的一词多用和一词多义是词汇教学的难点，也是复习课的重点。辨析词汇语义关系是分析句际关系和识别语篇结构的重要依据。在学生已经识记和掌握词汇用法的基础上，复习课中应该提高学生通过识别词汇语义关系来解决阅读理解问题的能力。

2. 语法复习课的设计思路

《高中英语课标》强调："高中阶段的语法教学，应从语言运用的角度出发，把语言的形式、意义和用法有机结合起来。要引导学生在语境中了解和掌握语法的表意功能。"依据课标的指导思想，单元编写提供的教学模式为：呈现→发现→归纳→实践→活用。这一模式打破了原有的语法教学"规则→范例→操练→应用"模式，使得语法教学更具灵动性，注重了意义和用法的结合，强调了学生的体验。

新授课中，采用"体验→归纳"模式的优点显而易见，但是语法测试主要考查学生运用语法的准确性。注重体验而忽略记忆会致使部分学生对语法规则记忆不准确，导致学生的测试表现欠佳，这会打击学生的学习自信心，进而影响其对语法学习的兴趣。新授课常通过句子承载语法规则，这使得学生在大语段中难以运用新学习的语法点分析和解决问题。新授课所遗留的问题应是复习课重点解决的问题，语法复习课设计应重点做好以下两点：通过复现强化语法规则记忆的准确性，通过创设不同情境拓展规则运用的范围。

(二)语言技能复习课的基本思路

单元设计中，听、说、读、写四项技能相辅相成，单元训练一般交叉进行，综合提高。听、读是输入性技能，输入量的多寡在很大程度上决定着听、读能力的高低。说、写是输出性技能，学生语言知识的熟练程度决定表达能力的高低。复习课中，不仅要加大听、读的输入量和提供口、笔头表达的机会，还应强化策略培养来帮助学生综合运用语言技能解决问题。

1. 听、读技能复习课的设计思路

听、读是一个双向互动的过程，学生自身的背景知识和努力程度决定听、读理解的成败。单元复习课要帮助学生建构背景知识，以此来吸引学生的兴趣，提高学生听、读的自信心。背景知识也称为图式，包括语言图式、内容图式和形式图式，学生背景知识的多寡影响其听、读能力。复习课中，增加学生背景知识的重要途径是深挖主题，提高学生的主题理解力。教材编写中，单元的听力和阅读材料与单元话题相关性很大。听、读训练中，对于听、读材料要认真挖掘，根据学生的认知能力设计活动来帮助学生通过听、读材料深刻理解单元主题。根据单元话题的内在联系，跨单元整合学习内容来帮助学生理解同题材和体裁文章的共性特点。以人教版教材为例，模块四前三个单元主课文的话题都是人物介绍，复习课中可以整合这三个单元的阅读材料进行比较阅读，以此来帮助学生全面理解人物话题语篇的结构特点和话题内涵。

2. 说、写技能复习课的设计思路

表达能力包括说和写的能力。相比较输入性技能而言，表达能力不仅需要学习者具备语言知识和话题知识，还需要学习者具备表达策略和语篇组织能力。评价学生表达能力的两个重要标准为流畅性和准确性。单元教学中，口头表达融于各个课型，专题训练比较少。相比较口头表达，教材对笔头表达的能力要求比较高。写作的具体步骤为：构思→列提纲→打草稿→校订→定稿→评价。这几个阶段相互作用，循环回复，强调写作的过程性。相比较结果性写作，过程性写作强调学生的主体作用，强调学生思维能力的培养。但是教材设计中，为照顾体裁的多样性而忽略了表达对主题理解的升华，致使听、读材料同写作脱节。复习课中，要结合阅读材料和写作要求，既强化单元语言知识的运用，又培训写作策略，实现知识、策略和技能发展的统一，使输入性技能同输出性技能成为单元中互为依托的整体。

(三)语言策略培训课设计的基本思路

艾哈迈德（Ahmed，1989）对 300 名来自苏丹学习者的研究发现：成功的学习者比不成功的学习者更多地依赖于各种词汇学习策略。张高远和韩静（2009）认为：针对演绎和归纳两种语法教学法，学生究竟从哪一种方式获益最多？这取决于具体语法结构和学生语法分析能力等诸多因素。教师需要针对学生实际和学习内容选择语法策略，并进行针对性训练。教学实践证明：准确记忆和运用规则是语法学习必不可少的策略，这对学生实现准确表达非常重要。苏连远（2003）的试验研究证明：接受听力策略训练的实验组学生的后测听力成绩明显高于对照组。曾祥敏(2009)通过文献研究指出：自 20 世纪 80 年代以来，一系列研究的结果让研究者们已经达成一致，以策略为导向的训练有助于提高学生的阅读水平。王立非(2002)的研究表明：课堂交际策略训练可以增加学生使用策略的频度和效度。徐永红(2005)通过培训学生语言输入策略、翻译策略、局部结构策略、冒险策略、纠错策略、宏结构策略和写作实践策略发现：策略训练能够调动学生对写作的兴趣，提升写作自信心和写作动机，进而促进写作水平的提高。

词汇、语法、听力、阅读、口语和写作的策略培训都明确表明：策略训练对于语言知识的掌握和语言技能的习得有助推力，且对促进学生自主学习帮助很大。但是教学中，策略训练课却经常被忽视。复习课中专门设计策略训练课能为学生提供解决问题的方法，促进学生运用策略解决问题，对提高其学习兴趣和学习自信心大有帮助。策略复习课的设计需要根据学生策略的使用现状确定策略培训内容，分步骤培训，以确保策略培训的实效性。

思考与实践活动

一、结合本节内容，请思考以下问题：

1. 你对于单元复习课的认识是否发生了变化？

2. 本节的哪些内容对你有启发？

3. 你自己设计复习课的弱项是什么？

4. 你会利用本节中的哪些思路和原则来设计自己的单元复习课？

二、实践活动。

请针对自己最近讲授完的一个单元，对于本单元知识、技能和学习策略的落实情况进行分析并思考：

1. 用什么手段检测学生落实本单元的词汇、语法和基本技能？

2. 哪些层次水平的学生对于本单元的知识、技能的落实情况不太好？

为此要设计的单元复习基本框架是：

目标	
课程内容	
活动形式	
检测手段	

参考文献

沈琴芳. 基于语篇的高三英语词汇复习策略探讨[J]. 中小学外语教学（中学篇）. 北京：中小学外语教学杂志社，2011(9)：32～37.

施良方. 学习论[M]. 北京：人民教育出版社，2008.

苏连远. 论听力学习策略的可教性——一项基于中国外语初学者的实验研究[J]. 现代外语，2003(1).

王立非. 大学生英语口语课交际策略教学的实验报告[J]. 外语教学与研究，2002，34(6)：426～430.

徐永红. 高中段英语写作策略运用的研究[D]. 南京：南京师范大学，2005.

曾祥敏. 国外近十年阅读策略训练研究述评[J]. 西南交通大学学报（社会科学版），2008(4)：87～93.

张高远，韩静. 英语语法教学："PPP"模式以外还有哪些问题有待厘清？[J]. Crazy English Teachers，2009 (6)：8～17.

Ahmed，M. O. Vocabulary Learning Techniques. 见梁慧：英语词汇学习及教学策略的探讨[J]. 语文学刊，2009(3)：169～171.

Krashen，S. D. The Input Hypothesis：Issues and Implications [M]. London & New York：Longman，1985.

Sinclair，J. Corpus，Concordance，Collocation [M]. England：Oxford University Press，1991.

Wilkins，D. A. Linguistics in Language Teaching [M]. London：Edward Arnold. 1972.

第二节 词汇复习课设计案例及分析

【学习目标】

- 分级处理单元词汇
- 了解词汇的主题衔接功能
- 能够对单元的目标词汇进行分类
- 能够设计不同语篇和语境任务帮助学生运用目标词汇

【内容要点】

- 词汇复习课设计的基本思路
- 引导学生理解主题词汇链的语段衔接功能
- 词汇的主题表达功能与词汇复习课案例及分析

人教版教材对生词的处理通常以单元话题为载体，通过听、说、读、写等交际方式，促使学生在具体交际情境中感知并理解目标词汇的意义和语义关系。词汇表按照黑体词、非标注词和三角标注词的形式区别词汇在单元中的重要程度。教材的设计体例暗示：词汇学习要关注情境，词汇学习需分级处理。新授课中，学生基本能够识记单元新词，但是对重点词汇理解的深度不够，运用词汇的能力也不强。复习课应以重点词为目标词，对其进行深度处理。

一、拓展单个词不同语境的语义理解

针对目标词的学习，除了该词的发音和拼写外，还应该了解这个词在不同语境中的意义。章宜华(2006)提出：词库的概念结构是分层级的网络结构，概念之间具有很强的关联性和继承性，而交际模式通常表现为概念或语义框架，要说明一个词项的意义和功能既要揭示整个框架内的框架元素，又要构建框架间的关联网络。不同语境中单个词在所属语义框架中的意义通过词块的逻辑关系体现，并通过与所属词汇网中其他词块衔接来表达主题意义，形成一个特定语境。模块四第一单元主课文第二段 observe 一词所属的语段中，observe daily activities，changed the way，discovered one important thing，observed chimps 等重点词块构成了该语段的语义框架。observe daily activities 词块所表达的意思，只有与其他词块衔接才能表达出本段的主题意思。为了让学生理解 observe 在不同语境中的意义，复习课中可以设计以下教学活动：

【案例 1】

活动 1：画出该段表达主题意义的重点词块（黑体）。

She spent years **observing** and recording Chimps' **daily activities**. Her work **changed the way** people think about chimps. For example，one **important thing** she **discovered** was that chimps hunt and eat meat. She actually **observed chimps** as a group **hunting a monkey** and then **eating it.**

活动 2：判断 observe，discover，change 所属词块的语义关系并概括段落的主题意思——Her observation changed the way people think of the chimps.

活动 3：呈现新语段，画出表达本段主题的重点词块（黑体）。

Many people **don't like to change.** They prefer to **follow their traditions** in spite of the fact that they have left the place where the tradition is rooted. For most Chinese，though having lived aboard for many generations，they still **observe the customs** of celebrating traditional Chinese festivals.

活动 4：判断 follow 和 observe 两个词所属词块的语义关系并猜测"observe"在此语境的意义。

活动 5：概括语段的主题意思——People don't like to change as they like to observe their own traditions and customs.

活动 6：归纳"observe"在不同语境中的含义。

特定词在不同语境的语义差异使得词汇的语义关系错综复杂。在词汇的语义学习过程中，既要关注目标词在特定语境中的意义，又要兼顾不同语义框架中词汇的语义差异，这样才能更为全面地揭示目标词的多重语义。

复习课中以单个词为切入点，设计不同的典型语境来造成认知冲突，对学生理解一词多义非常有帮助。一词多义是学生词汇学习的难点，复习课彰显这一现象能引发学生的特别关注，帮助其学会运用典型语境牢固记忆和理解词汇的多重语义。

二、引导学生理解主题词汇链的语段衔接功能

人教版模块二第一单元的话题是文物古迹，主课文是俄罗斯的皇家建筑物——琥珀屋，其历史地位同故宫有相似之处。对中国学生来说，他们更熟悉故宫。单元黑体词中的形容词和动词包括 amazing，fancy，survive，select，design 和 decorate 等。新词中的非黑体词 rare 和 valuable 属高频词，也是本课的重点词汇。单元主课文的第一段新词密集，段内的黑体词包括：amazing，fancy，select，design，decorate。为了巩固并强化这些目标词汇的学习，可以寓词汇学习于读写活动中，培养学生运用主题词块的读写能力。

【案例 2】

活动 1：阅读第一段，标出表达本段主题意思的重点词块。

活动 2：对重点词块进行分类。学生根据词块的内在语义关系把目标词块分为两类。

描述类的词块包括 selected amber，design in a fancy style，decorated with gold and jewels。

评论类的词块包括 have such an amazing history。

活动 3：根据词块的分类归纳本段的大意：The Amber Room has an amazing history and its design makes it one of the wonders in the world.

活动 4：呈现故宫图片（如下图所示），要求学生用单元中的形容词描述自己对故宫的评价，引出目标词汇：rare，valuable，amazing，fancy。

活动 5：教师呈现例句：The Forbidden City is designed in a fancy style. 然后要求学生根据例句，用目标词块描述故宫：**designed** in a **fancy style**，**survived** for more than 600 years，**decorated** in yellow and red color，well **selected** building materials，**valuable** as the most well preserved wooden buildings，has an **amazing** history 等。

活动 6：辨别主题词块的语义关系，重新编排语序，组句成段。

活动 7：教师呈现语段，要求学生选句填空。

a. It houses a large collection of valuable art works，most of which belonged to the imperial families of the Ming and Qing dynasties.

b. And the material was carefully selected and transported from all over the country.

The Forbidden City，which has survived for almost 600 years，has an amazing history. From Ming to Qing dynasty，many buildings were added，all of which were designed in a fancy style. ___1___ The outside of the building were decorated in yellow and red color. ___2___ These art treasures include paintings，gold and silver wares，jade wares and so on. （key：b，a）

以词块为单位学习词汇既是学生理解词汇搭配意义的过程，又是学生从单个词向句子能力提升的过程。依据主题构建词块网深入理解词汇的主题意义是学生从句子能力向篇章能力的提升过程，识别、判断词块的内在语义关系对培养学生的语言逻辑能力非常有益。寓词汇学习于读写活动中，对学生运用新学词汇表达的帮促作用很大。词汇学习不再是简单的语言知识操练和记忆，而是运用语言提升思维的过程。

三、词汇复习课例及分析

人教版高中英语模块二第四单元的话题是"野生动物保护"。单元学习后，学生对单元的话题已经非常熟悉，了解了单元主课文的组织结构为提出问题—解决问题（problem－solution），并能够识记单元的新词汇。阅读材料中呈现的话题词汇约为 40 个。根据高频词和黑体词的选词原则，复习课重点处理关于野生动物现状描述和保护措施的八个重点词汇：hunt，decrease，in danger，die out，appreciate，pay attention to，protect…from，in peace。根据学生新授课的认知水平，本节词汇复习课的目标为：在特定语境中辨析目标词汇的语义关系，并尝试运用目标词写出一篇逻辑关系紧密的短文。

【案例 3】

活动 1：呈现根据单元主课文改编的短文，要求学生对短文中的黑体词依据语义主题进行分类。

设计意图：引出目标词，培养主题词块的分类能力。

Nowadays more and more people **pay attention to** the endangered wildlife which are **dying out**. Their numbers are **decreasing**. In China, the fact is that antelopes in Tibet are being killed for wool, as their fur is being sold for money.

WWF calls for the whole world to put the animals **in danger** in the reserve. Measures have been taken in some countries. In Zimbabwe, the government decided to help the local farmers whose farms were destroyed by elephants. The tourists were allowed to **hunt** only a certain number of animals if they paid the farmers. In a rain forest, a monkey **protects** itself **from** mosquitoes by using millipede insects which contains a powerful drug. The drug can help human beings **protect** themselves without using chemicals.

If people can **appreciate** the importance of living with animals together, we can live with nature **in peace**.

Group A: Describe the situations of wildlife——hunt, die out, decrease, in danger.

Group B: Ways to solve the problem——pay attention to, appreciate, protect.

活动 2：要求学生根据分类填写"词汇温度计"（如下图所示）。

设计意图：辨析两组目标词的语义关系。

Group one：hunt, die out, decrease, in danger.

Group two：pay attention to, appreciate, protect.

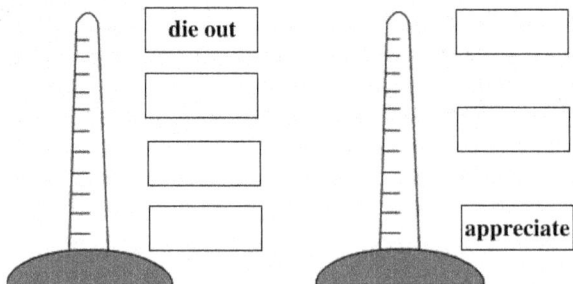

活动 3：根据图片和阅读主课文，运用目标词口头描述藏羚羊（如下图所示）的处境和可能的解决方案。

设计意图：聚焦口头表达，要求不同层次的学生都能初步运用目标词进行口头表达，为笔头表达做好语言准备。

Q：How do people treat antelopes according to the reading text?

Possible answer：They are hunted and killed for horns and furs.

T：Predict what will happen next?

| hunted and killed | Next? |

活动 4：运用目标词填空。

设计意图：掌握目标词在句子层面上的用法，强化正确拼写。

After Chinese government _____ this serious problem，it imported more than 2，500 milu deer from UK with the help of WWF and set up reserves for them.

Once in China people _____ milu deer without mercy to get their fur and horns and make money.

Because the horn market for medicine was increasing，the species were _____ .

The donation from people has helped to _____ milu _____ distinction.

With the effort of the government more and more people _____ milu and care about them.

Only if we Chinese people take some effective measures can milu deer be left _____ to live in harmony with us.

Gradually，their numbers were _____ .

As a result，milu deer _____ and completely disappeared in China.

活动 5：根据下图把上述 8 个句子改写成 3 段论的文章。

设计意图：聚焦段落结构，依据词汇的语义关系组段并形成篇章，为笔头表达做好结构准备。

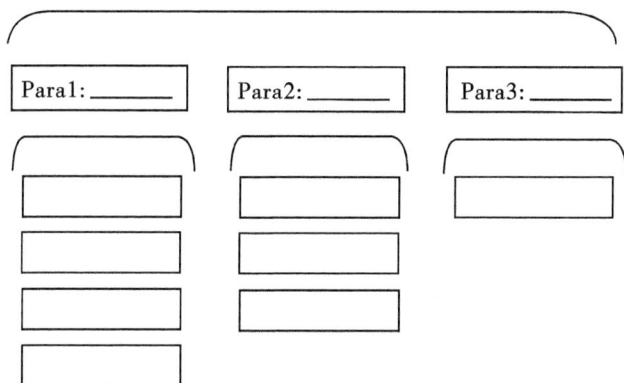

Possible version：

Once in China people hunted milu deer without mercy to get their fur and horns and make money. Gradually, their numbers were decreasing. Because the horn market for medicine was increasing, the species were in danger. As a result they died out and completely disappeared in China.

After Chinese government appreciated this serious problem, it imported more than 2,500 Milu deer from UK with the help of WWF and set up reserves for them. With the effort of the government more and more people pay attention to milu and care about them. The donation from people has helped to protect milu from distinction.

Only if we Chinese people take some effective measures can Milu deer be left in peace to live in harmony with us.

活动 6：看视频（主题为宣传动物保护），根据下图填写图中不完整的部分。

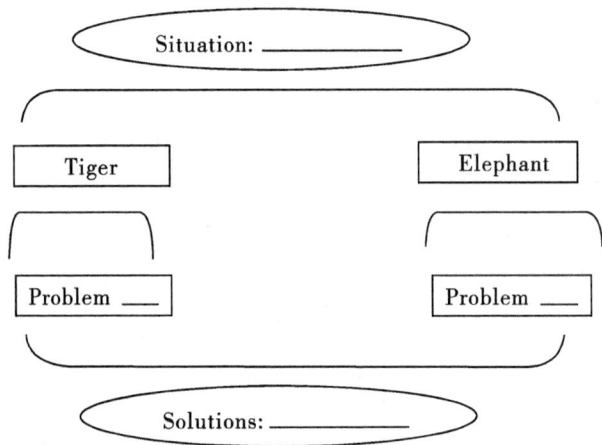

设计意图：利用视、听、写活动深化主题理解，为笔头输出做铺垫。

活动 7：根据活动 6 的结构图和视听内容，以 Protecting ＿＿＿ Is To Protect Ourselves 为题写一篇 3 段式短文。

设计意图：通过笔头表达固化学习成果。

本课例以话题为主线，有效地整合了同主题下 3 篇结构相似的语篇：阅读文本的缩写版、麋鹿保护、听说语篇。这三个语篇有效地解决了语言聚焦和重难点分解问题，对突破本课题的重难点作用很大。整个课例采用"语言接触—聚焦—理解体验—内化—自主运用"的教学程序，设计活动链，逐步铺设支架，引导学生以书面形式运用目标词汇进行写作。revision→grouping → word thermometer → describing pictures 等支架活动链能帮助学生理解目标词汇的语义关系，填图游戏和视听活动为学生写作提供了结构支撑。整个课例运用读、说、听、写等多种活动，通过多感官输入的方式全面训练了学生的综合语言运用能力。

思考与实践活动

一、结合本节内容，请思考以下问题：

1. 你是怎样设计词汇复习的？

2. 你所设计的词汇复习侧重于词汇的识记还是运用？

3. 你是否关注词汇的语义衔接功能？

4. 词汇的主题衔接策略都有哪些？

5. 你应该从哪方面切入来提高词汇复习课的设计能力？

二、实践活动。

请针对自己最近讲授完的一个单元的词汇，对其进行分级，按照识记、运用和熟练运用3级进行遴选，并思考下面问题：

1. 你用什么手段检测学生识记词汇、运用类词汇和熟练运用类词汇所达到的层级要求。

2. 哪些活动能够训练学生掌握词汇的主题衔接功能。

3. 你要设计哪些活动来训练学生的语义连贯力。

你要设计的活动是_____。

参考文献

陈冬秀. 词汇衔接与大学英语语篇教学[J]. 高教论坛，2004(3).

陈芳. 词汇搭配在中学英语词汇教学中的运用[J]. 中小学外语教学（中学篇），2011(9).

陈则航，王蕾. 以主题意义为核心的词汇教学探究[J]. 中小学外语教学(中学篇)，2010(3)：20～25.

雷兰川. 基于北师大版高中英语教材的词块教学初探[J]. 中小学外语教学(中学篇)，2010(5).

田定远. 词的语义关系与词汇学习[J]. 外语与外语教学，2000(12)：6～7.

张献臣. 新课程理念下中学英语词汇教学的问题与对策[J]. 中小学外语教学(中学篇)，2007，30(6)：14～19.

章宜华. 认知语义结构与意义驱动释义模式的构建——兼谈外汉双语词典的释义性质与释义结构[J]. 现代外语，2006，29(4)：362～370.

Halliday，M. A. K，Hasan，R. Cohesion in English [M]. London：Longman，1976.

Hoey，M. Patterns of Lexis in Text [M]. Oxford：Oxford University Press，1991.

Leech，G. N. Semantics [M]. Harmondsworth：Penguin Books，1983.

Lewis，M. The Lexical Approach：The State of ELT and the Way forward [M]. England：Language Teaching Publications，1993.

Oxford，R. L. Language Learning Strategies：What Every Teacher Should Know [M]. New York：Newbury House，1990.

第三节　语法复习课设计案例及分析

【学习目标】
· 能够设定不同语法项目的学习目标
· 能根据学生水平选择恰当的教学方法
· 能够为不同语法项目设计典型的语境
· 能设计有效的语法复习课活动让学生运用目标语法项目

【内容要点】

- 语法复习课设计的基本思路
- 表语从句复习课案例及分析
- 虚拟语气复习课案例及分析

　　语法教学需解决两个难题：一是语法形式的准确记忆，二是能运用语法规则准确表达。一般情况下，新授课对语法训练的深度不够，学生在具体情境中运用语法知识解决问题的机会较少，因此学生很快就会忘记语言规则，自然不能确保表达的准确性。准确输出之前，语言需要内化的过程，之后学生才能将所学规则运用到具体情境中。对于有些语法现象，学生掌握的熟练程度不够也会导致其在阅读理解层面上出现障碍。下面这段话要求学生理解虚拟语气所承载的文字的内涵意思。如果学生对虚拟语气的形式记忆不准确，根本无法理解语言的意义。

　　Had I lived up to those grades and defined myself according to those letters, I would have never confidently sought my writing career. Had I believed in my early grades instead of myself, I would have allowed my fear of failure to defeat my enthusiasm and damage my creativity. Instead, I viewed my younger self as an "A" English student, except for that undeserved "D".

　　这段文字的作者英语一直非常优秀，但是在高三期间，一位刚毕业没经验的教师教授英语，由于其评价标准的偏差致使她的成绩非常低。这一评价虽然没有给她带来灾难性的影响，但是对她造成了一些心理阴影。这段文字连用了两个虚拟语气的倒装来假设评价可能会导致的灾难。如果学生不能把语言形式和意义理解进行链接，理解这段文字就非常困难。通过这个例子，可以看出语法的形式和意义同等重要。明确了这一点，教师才能在教学中选择较佳的方式平衡语法的形式和意义，真正帮助学生运用语法解决问题。

　　语法教法中，演绎法和归纳法有其各自的优缺点。王蔷(2000)教授认为：虽然演绎方式对学生语用能力的强调程度不够，但对于学习动机强的学生，演绎方式能够节省时间，强化其应试能力。归纳注重学生对语言意义的理解，但是对学生的推理、分析和归纳能力要求较高。高中生的逻辑思维能力已经发展到一定程度，分析问题能力较强，因此语法教学要遵循学生现阶段的思维水平设计教学。新授课中，学生对单元所学的语法现象仅有初步了解，复习课应在此基础上促进学生内化知识来提高其运用语法现象解决问题的能力。

一、表语从句复习课案例及分析

从英汉语言特点的比较来看，从句是英语语法的特有现象，中国学生从理解到运用都会有困难。相比较其他从句而言，表语从句比较容易识别。表语从句所表达的意义是对主语的补充说明，既出现在口头对话语篇中，又出现在书面语篇中。在语言形式方面，难点是连接词的选用。选择连接词不仅需要对简单句的结构进行分析，而且还需对从句中动词的及物和不及物性质做出判断。就表语从句的语用情境而言，很难找出一个集中使用表语从句的语境。下面的案例以问题解决的情境为主要语境，结合语言形式和意义理解，试图引导学生运用表语从句进行有效表达。本课结束后，希望学生能够辨析"what"和"that"的形式区别，达到准确运用。

【案例1】

活动1：在小语段中通过问答形式呈现表语从句的结构。要求学生阅读下面一段文字，回答两个问题。

设计意图：尝试运用表语从句回答问题，感知表语从句的适用语境。

Human beings are putting too much carbon dioxide into the atmosphere. The problem is that the atmosphere will prevent heat from escaping from the earth. That is why the earth may become too hot to live on.

Questions：

1. What is the problem caused by too much carbon dioxide?

2. What trouble may be caused by too much carbon dioxide?

活动2：读下面两组句子，辨析"that"和"what"的区别。

设计意图：分析句子成分，完成巩固练习，在具体语境中辨析并恰当运用"that"和"what"。

Group one：

1. The fact is that my English is poor.

2. My wish is that I can change this situation.

Group two：

1. The fact is what I should do to improve my English.

2. The question is what caused the problem.

Exercise：Fill in the gaps using "what" or "that".

1. My problem is ＿＿ I don't communicate well with my parents.

2. One reason may be ＿＿ my parents don't understand us well enough.

3. My concern is ＿＿ may caused this problem.

4. The question is ＿＿ should be done to solve this problem.

5. My wish is ＿＿ both my parents and I can share ideas and understand each other.

活动 3：以课文改编的阅读语篇为载体，回答问题。

设计意图：准确运用表语从句的连词表达，强化连接词的准确运用。

Many small chimps were put into cages though they did nothing wrong. They were used for amusement. This worried Jane Goodall greatly. She argued that wild animals should be left in the wild. But some people think animals could be used for certain purposes. Jane has been outspoken about making the world understand and respect the life of the animals.

Questions：

1. What was the problem of the small chimps?

2. What was the reason for that?

3. What was Jane's worry?

4. What was her argument?

5. What was the idea of other people?

6. What is her solution to the argument?

活动 4：用表语从句描述下面两幅图，并给出解决方案。

设计意图：运用图片创设语境，要求学生运用表语从句描述实际生活中的问题并给出解决方案，为活动 5 做铺垫。

The problem of the students is ＿＿＿＿＿＿＿＿＿＿＿＿＿＿＿＿＿＿.

The reason may be ＿＿＿＿＿＿＿＿＿＿＿＿＿＿＿＿＿＿＿＿＿.

My worry is ＿＿＿＿＿＿＿＿＿＿＿＿＿＿＿＿＿＿＿＿＿＿＿＿＿.

The possible solution is _____.

活动 5：播放视频。要求根据视频内容和提示问题，复述刘伟怎样解决自己的问题。

视频内容：在某节目中，刘伟在失去双臂的情况下，通过自己的努力，用双脚弹琴。

设计意图：运用视、听、说多元方式固化学习成果。

Question：

1. What is Liu Wei's problem?   2. What caused his problem?

3. What was his wish?   4. What was the result?

活动 6：列出自己的问题，分析原因并尝试解决问题。

设计意图：运用表语从句表达并解决自己的问题。

Scaffold sentence patterns：

My problem is _____.

The reason may be _____.

My teacher's/friend's/parents' suggestion is _____.

My wish is _____.

活动 7：采访同桌的现有问题，要求对方运用表语从句回答并给出建议（pair work）。

设计意图：运用语言现象解决生活中的问题。

提示问题：

1. What is your problem?   2. Why do/are you…?

3. What is your wish?

二、虚拟语气复习课案例及分析

动词的形态变化是中国学生英语学习的难点。虚拟语气不仅有动词的形态变化，而且句法结构又比较复杂，这对学生学习造成很大困难。虚拟语气所表达的情况不是事实，而是假设和愿望。主要用于 if 条件状语从句和名词性从句等。if 条件句既有真实情况，又有虚拟情况，情境辨析成为教学的难点。就形式而言，if 条件句和主句所对应的过去、现在和将来情况的动词都有形态变化，学生不容易准确记忆。书面语中，虚拟语气的使用频率较低，复现率低容易造成学生对语言形式的遗忘。wish ＋ clause 表达愿望时，宾语从句需采用虚拟形式，这是学生学习的难点。一般情况下，学生会运用其在宾语从句中所学的时态搭配原则来对应虚拟的形式，这容易造成形式错误。复习课重点要解决学生的疑点和难点，要让学生准确记忆形式和结构，否则学生就不能在错综复杂的情境中理解其意义。基于这个思考，下面案例关注语言形式的同时，通过情境创设来提高学生运用虚拟表达的能力。

【案例 2】

活动 1：呈现下面图片，要求学生表达自己的愿望。

设计意图：通过学生自由表达引出错误，造成认知冲突，呈现正确的形式。

要求：假如你拥有阿拉丁神灯，你可以表达自己的愿望和遗憾。表达愿望的句式为：I wish that ＿＿＿＿＿＿＿＿＿＿＿＿＿＿＿＿＿＿＿＿＿.

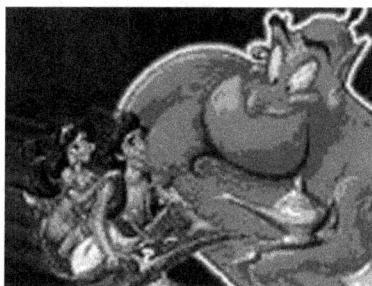

S1：I wish that I didn't say those words to make my mother unhappy.

T：You wish that you hadn't said those words to your mother. （write

on the blackboard)

S2：I wish that I am not a student.

T：Oh! You wish that you were not a student. （write on the black-board)

S3：I wish that I will become a great singer to make a lot of money.

T：Oh! You wish that you would become a great singer to make a lot of money. （write on the blackboard)

说明：活动中，尽可能让基础略差的学生回答问题，就可能会出现上述情况。通过教师的正强化，引出 I wish that … 的正确形式(如下图所示)。

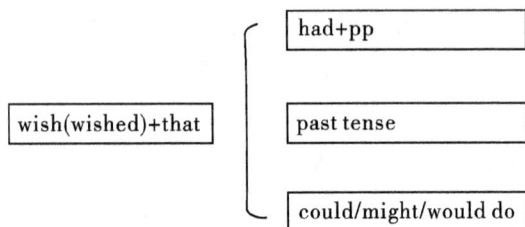

		had+pp
wish(wished)+that		past tense
		could/might/would do

活动 2：根据下图，表达小男孩的愿望。

设计意图：练习运用正确形式表达的能力。

说明：学生的答案可能会很多，教师要引导出活动 1 中的 3 种基本形式，充分练习，并运用选择填空的形式巩固练习成果。

S1：He wishes that he had been strong enough to be chosen as a member of our school basketball team.

S2：He wishes that he were Yao Ming.

S3：He wishes that he might grow as strong as the muscular man in the mirror.

Exercise：

1. I wish I ＿＿ you yesterday.

　　A. seen　　　B. did see　　　C. had seen　　　D. were to see

2. I wished I ＿＿ how to operate the machine as you do.

　　A. had known B. would know　C. should know　D. knew

3. I will not go to Jane's birthday party tomorrow, but I do wish I ＿＿ there.

　　A. was　　　B. could go　　　C. had been　　　D. went

活动 3：要求学生用"if clause ＋ main clause"句型结构转化下列句子。

设计意图：通过句型转换，呈现 "if clause ＋ main clause" 的形式。

说明：活动中学生可能出现错误，教师要通过正强化让学生在应用中逐渐理解词形变化。

要求：通过想象情境，把下列句子改成"if clause ＋ main clause"形式。

1. I wish I had seen you yesterday.

2. I wished I knew how to operate the machine as you do.

3. I will not go to Jane's birthday party tomorrow, but I do wish I could go there.

S1：If I saw you yesterday, I wouldn't miss the important meeting.

T：If you had seen me yesterday, you wouldn't have missed the important meeting. (write on the blackboard)

S2：If I know how to operate the machine as you do, I can work in your company.

T：If you knew how to operate the machine as you do, you could work in my company. (write on the blackboard)

S3：I will not go to Jane's birthday party tomorrow. If I go there, I will have a great time with all of you.

T：If you went there, you would have a great time. (write on the blackboard)

活动 4：根据表格填写"if clause ＋ main clause" 的正确形式。

设计意图：要求学生归纳"if clause ＋ main clause"动词的词性变化，并记忆不同语境下的动词变化。

Situation	Predicate in if clause	Predicative in main clause
Past	Past perfect tense	Would/could/should/might ＋ have done
Present	Past tense	Would/could/should/might ＋ do
Future	1. Past tense 2. Were to ＋ do 3. Should ＋ do	Would/could/should/might ＋ do

活动 5：通过连线和填空形式，练习动词的形式变化。

设计意图：通过练习内化并运用语法规则，固化活动 4 的学习成果。

要求：将"if"从句与主句进行匹配。

if clause
1. If you had come earlier,
2. If Rob hadn't injured himself,
3. If there had been an exchange program,
4. If she had studied harder,
5. If the poet had not written such a beautiful poem about this place,

main clause
1. we would have won.
2. we would have got the diploma.
3. it would not have become so famous.
4. he would not have found a sponsor to help him study abroad.
5. you would not have missed the scene in the movie.

练习：用下面动词的正确形式填空。

1. David is not a sculptor. If he ＿＿（be），he ＿＿（make）a sculpture for the exhibition.

2. If Sam ＿＿（be）here, he ＿＿（be）excited to meet the famous scholar in the flesh.

3. Mr Ling isn't here. If he ＿＿（be）here, he ＿＿（help）you with the problem.

4. I ＿＿（stay）at home if it ＿＿（rain）tomorrow. But the weather broadcast says it will not rain tomorrow.

5. If he ＿＿（come）this weekend, we ＿＿（hold）a party to

welcome him.

活动 6：分别用"wish ＋ clause"和"if clause"口头描述下面 3 幅图。

设计意图：通过图片创设情境，要求学生使用虚拟语气的不同句型进行准确表达。

　　Picture 1—Tutu　　　　　Picture 2—tomorrow　　　Picture 3—stomachache

活动 7：根据下面 3 组图，写一篇小短文，文章尽量用所学虚拟语气句式。

设计意图：结合情境，练习笔头表达的准确性，使得形式、意义和用法能够有机整合。

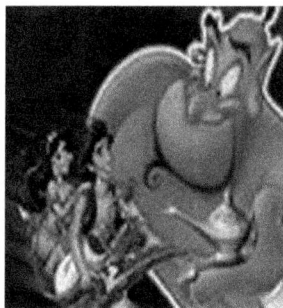 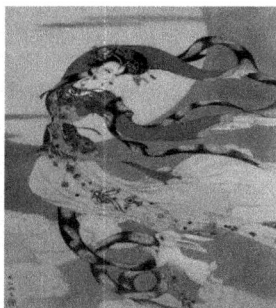

Group 1

Group 2

Group 3

One possible version：

In the long history of human development，dreams helped us accomplish many of our dreams. If the ancient people had had Aladdin's lamp，many poor people would have been helped. If they had possessed a flying carpet，they would have traveled everywhere very fast. Many Chinese people wished that they had been able to fly to the moon to play with the rabbit of Chang'e.

Nowadays，these dreams have come true in our life. However，without plane，we wouldn't be able to travel freely. Without rocket，we wouldn't be able to explore the moon.

In the future，we expect to migrate to the Mars and the moon. If we should live on the Mars，the earth would not be over populated. If we were to live on the moon，the population press would be less.

思考与实践活动

一、结合本节内容，请思考以下问题：

1. 语法复习课设计的基本原则是什么？

2. 你是否为语法项目的运用提供了典型语境？

3. 语法复习课的活动应该怎样设计？

4. 你从这两个案例中获得了什么启发？

二、实践活动。

请结合最近讲授完的一个单元的语法项目，思考：

1. 目标语法的特征是什么？

2. 让学生掌握目标语法的这些知识需要设计什么活动？

3. 要设计的活动是＿＿＿＿＿＿＿＿＿＿＿＿＿＿＿＿。

参考文献

大卫·苏泽. 脑与学习［M］. 董奇，译. 北京：中国轻工业出版社，2005.

王蔷. 英语教学法教程［M］. 北京：高等教育出版社，2006.

文秋芳，王立非. 中国英语学习策略实证研究 20 年［J］. 外国语言文学，2004，21(1)：39～45.

Anderson，J. R. Cognitive Psychology and Its Implications［M］. New York：Freeman，1985.

Bailey，K. M. Practice English Language Teaching：Speaking［M］. Beijing：Higher Education Press，2006.

第四节 阅读复习课设计案例及分析

【学习目标】

- 了解阅读材料的分析思路
- 明确阅读复习课设计的目标指向
- 能够找出不同阅读材料的内在联系
- 归纳并提炼相似阅读材料的复习课设计思路

【内容要点】

- 以复习课提高学生关键信息的理解力
- 在复习课中以段落为载体提升学生的段落理解力
- 判断文本特色的专题阅读复习课案例及分析

从语言单位划分，格雷里特(Grellet，2000)认为阅读理解力包括词句理解力、段落理解力和文本理解力三种。教师应以长短不同的语言单位为载体聚焦特定阅读能力的培养，提高学生运用多层面策略解读文本，促进其深层解读文本的能力。

一、以复习课提高学生关键信息的理解力

文本语境按其所附载信息量的充分与否分为两类：信息量充分的文本语境与信息量不充分的文本语境（王永德，1996）。阅读材料信息量的充分程度会影响学生对文本理解的准确性。对于信息量充分的语境，读者一般不会产生理解歧义。但是对于信息不是很充分的语境，读者可能会根据自身的背景知识产生不同的理解。以关键句理解为例，要求学生既要抓住段落语境，又要把握整体文本的语境，才能理解关键句，以达到对文章的深层解读。教材文本都有标题，学生仅读标题无法完整地预测出文本的全部内容。但是作为文本的重要信息点，有经验的读者会通过标题来预测文章的核心信息。核心句和标题是文章的核心信息，不管其信息量充分与否，都对学生解读文章有重要作用。

（一）核心句理解

核心句（thesis sentence）一般会对文章的中心意思或写作目的予以暗示，抓住了核心句就相当于抓住了文眼。新授课一般对核心句有所处理，但是学生只能理解其在特定文本中的意义。在不同题材和体裁的文本中，核心句的呈现方式有特定的规律。有些文章的核心句出现在首段，有些文章的核心句出现在文章的尾段。抓住这些普适性的规律有助于学生通过自上而下的方式快速读懂文章。复习课中，由于学生对所学的课文内容比较熟悉，可以要求学生对不同体裁的文章采用归纳的方式来发现核心句的位置，掌握解读核心句的策略。以人教版为例，模块内容学习结束后，可以跨模块整合阅读主课文，设计下面的教学活动。

【案例1】

活动1：结合主课文，根据下面3段文字思考作者的写作目的，用自己的语言概括作者的写作目的。

I have seen, however, that cultural customs for body language are very general—not all members of a culture behave in the same way. In general, though, studying international customs can certainly help avoid difficulties in today's world of cultural crossroads!（模块 4 第 4 单元主课文）

If I had a chance to say one thing to healthy children, it would be this: having a disability does not mean your life is not satisfying. So don't feel sorry for the disabled or make fun of them, and don't ignore them either. Just accept them for who they are, and give them encouragement to live as rich and full life as you do.（模块 7 第 1 单元主课文）

We will follow Xie Lei's progress in later editions of this newspaper but for now, we wish Xie Lei all the best in her new enterprise. She deserves to succeed.（模块 7 第 5 单元主课文）

活动 2：归纳作者的写作目的在文章中可能出现的位置。

说明：作者的写作目的一般会在文末呈现。

活动 3：归纳表达写作目的语段的语言特点。

说明：写作目的是为了祝愿、告知、呼吁。对于社会问题，可能选用呼吁、警告、暗示类的语言，对于成功的事件则选用祝愿性等语言。对于此类功能句，学习者应该明确其特征，这样阅读过程中就能够快速辨别出来。

(二)标题理解

人教版教材中的许多标题很有创意，标题提供了很强的暗示信息，对读者解读文本的核心内容很有帮助。新授课对标题有所处理，但是没有针对某类体裁或题材的标题予以归类，学生没有形成系统解读标题的策略和方法。

1. 人物介绍题材的标题理解

人教版模块 4 前三个单元主课文的题材都是人物介绍类，3 个标题分别为：*A Student of African Wildlife*，*A Pioneer for All People*，*A Master of Nonverbal Humor*。这 3 个标题的结构非常相似，学完这三个单元后，可以设计下面活动：分析这 3 个标题的语言特点和主题表达形式。学生通过分析可以得出以下结论：这 3 个标题都采用名词＋介词短语方式，主题包括人物评价和工作领域。完成这个活动后，要求学生为自己崇拜的名人加标题来固化学习成果。通过上述活动，学生对人物介绍类话题文章的标题能够形成新的认识，遇到此类文章就会自然采用所学策略预测文章的核心内容，写作中也能够通过迁移为自己的文章写出一个相对漂亮的标题。

2. 说明文的标题理解

说明文在人教版教材中占的比重非常大。以模块二为例，五个单元的主课文都是说明文，但是标题设计的差异很大。第一、第三和第五单元介绍事物发展的历程，其题目分别为：*In Search of Amber Room*，*Who Am I*，*The Band That Wasn't*。第二单元的题目为 *An Interview*，文章采用采访体的组织方式，比较古今奥林匹克运动会的异同。第四单元的题目为 *How Daisy Learned to Help Wildlife*，以黛西(Daisy)的梦幻旅行为组织形式，说明动物保护的现状。这些题目中信息量比较充分的题目是：*In Search of Amber Room*，*The Band That Wasn't* 和 *How Daisy Learned to Help Wildlife*。信息量不充分的题目是：*Who Am I*，*An Interview*。根据模块二的题目特点，可以设计下面的教学活动。

【案例 2】

活动 1：结合课文，观察下面 3 个标题 *In Search of Amber Room*，*The Band That Wasn't* 和 *How Daisy Learned to Help Wildlife*，归纳标题特点。通过此活动，学生能理解这 3 个标题直奔主题的设计特点，并可以通过解读标题抓住行文的主线。*In Search of Amber Room* 以"Amber Room"为主题，以"Search"为主线，理解琥珀宫的发展历程。*The Band That Wasn't* 以门基乐队的特殊发展历程为切入点，主线为该乐队与众不同的发展方式。*How Daisy Learned to Help Wildlife* 以"How"为主线，了解动物保护的现状和策略。

活动 2：观察 *Who Am I* 和 *An Interview* 两个标题，结合文本内容，分析这两个标题的特点。这个活动中，学生可以得出以下结论：信息量不充分的标题必须结合文本内容，通过后续的研读才能了解文本的核心信息。*Who Am I* 通过第一人称的方式概述电脑的发展历程，旨在通过以猜谜的方式吸引读者的注意力。*An Interview* 通过"采访"式的对话组织形式，吸引读者的阅读兴趣。

活动 3：根据这些标题特点，归纳说明文的体裁特征。

说明：说明文的体裁特征是为了说明某个主题，组织形式包括概述、比较、演绎和归纳等方式，解读中要学会透过标题来把握说明文的主题和组织形式。

二、以段落为载体提升学生的段落理解力

语篇的组织遵循特别的约定（Van Dijk，1977）。作为语篇的基本组织单位之一，段落组织也遵循相应的约定。作者在组织段落时，一个段落只表达一个观点。为实现这个目标，段落中的每个句子都相互衔接并力争服务于段落主旨意思的表达，段内的语义关系也呈现出不同的组织形式。根据段落的组织特征，段落阅读理解力主要包括段意归纳力和推断力。归纳段意所需的策略包括分层、判断段落结构和建构语义结构图等，推断力所需的策略包括找出文本线索和激活相关背景知识等。

人教版模块四前 3 个单元的阅读主课文的主题都是人物介绍类主题。第 1 单元阅读主课文的标题为 *A Student of African Wildlife*，文章第 2 段对简（Jane）事业的成功给予了很高评价并描述了简的主要事迹。第 2 单元主课文第 2 段同第 1 单元第 2 段的结构相似，区别是本段没有主题句，学生归纳段意有困难。第 3 单元的阅读主课文讲述了查理·卓别林作为无声幽默大师一生的杰出成就，文章的第 1 段是公众对其毕生成就的评价，整段只有 3 句话，首段和标题呼应，点题说明卓别林为什么是无声幽默大师。前 3 个单元学习结束后可以设计下列复习活动。

【案例 3】

活动 1：根据第 1 单元第 2 段完成下列任务。

①依据背景知识和文本特点画出本段的重点句。②判断重点句之间的语义关系。③根据重点句的语义关系分层。④辨析段落结构和组织策略。

Nobody before Jane fully understood chip behavior. She spent years observing and recording their daily activities. Since her childhood she had wanted to work with animals in their own environment. However, this was not easy. When she first arrived in Gombe in 1960, it was unusual for a woman to live in the forest. Only after her mother came to help her for the first few months was she allowed to begin in her project. Her work changed the way people think about chimps. For example, one important thing she discovered was that chimps hunt and eat meat. Until then everyone had thought chimps ate only fruit and nuts. She actually observed chimps as a group hunting a monkey and then eating it. She also discovered how chimps communicate with each other, and her study of their body language helped her work out their social system.

根据任务①，学生标出了本段的 3 个重点句：Nobody before Jane fully understood chimp behavior；She spent years observing and recording their daily activities；Her work changed the way people think about chimps。任务②中：学生判断出第 1 个重点句同 2、3 句的语义关系是因果关系。任务③：学生根据 3 个重点句把本段分为 3 层。最后一个任务中：学生判断出本段是因果结构，组织策略为演绎式。

活动 2：根据第 2 单元第 2 段完成下列任务。

①给本段分层并归纳层意。②画出本段的语义结构图。③辨析层意并归纳段意。

Born in 1930, Dr Yuan graduated from Southwest Agricultural College in 1953. Since then, finding ways to grow more rice has been his life goal. As a young man, he saw the great need for increasing the rice output. At that time hunger was a disturbing problem in many parts of the countryside. Dr Yuan searched for a way to increase rice harvests without expanding the areas of the fields. In 1950, Chinese farmers could produce only fifty million tons of rice. In a recent harvest, however, nearly two hundred million tons of rice was produced. These increased harvest mean that 22% of the world's people are fed from just 7% of the farmland in China. Dr Yuan is now circulating his knowledge in India, Vietnam and many other less developed countries to increase their rice harvests. Thanks to his research, the UN has more tools in the battle to rid the world of hunger. Using his hybrid rice, farmers are producing harvests twice as large as before.

根据任务①，学生把整段分为两层并归纳层意如下：Dr Yuan's life

goal was to solve the problem of hunger in China; His research is able to help the world to rid the problem of hunger。任务②中，学生根据层意画出本段的语义结构图（如下图所示）。任务③中，学生通过辨析层意关系判断出本段为因果结构，并据此归纳段意为：Dr Yuan was able to solve the problem of hunger because he has a life-long goal。为了培养学生段意表达的能力，要求学生列出表达因果关系的动词或词组，学生列出的答案包括 cause，lead to，result in，push 等。最后要求学生运用这些动词重新概括段意，其中的答案有：Dr Yuan' life goal pushed him to be a great agriculture scientist to rid the world of hunger。

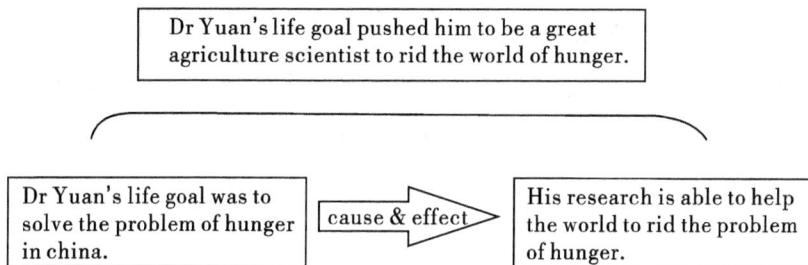

活动 3：根据第 3 单元第 2 段完成下列任务。

①回答问题。②列出背景知识。③形成推断结论。

As Victor Hugo once said, "Laughter is the sun that drives winter from the human face", and up to now nobody has been able to do this better than Charlie Chaplin. He brightened the lives of Americans and British through two world wars and the hard years in between. He made people laugh at a time when they felt depressed, so they could feel more content with their lives.

任务①中，为了引导学生理解本段第 1 句话的内涵，提出问题：Why does the author conclude that nobody has been able to do this better than Charlie Chaplin? 如果仅从表层理解，学生列出本段的后两句话就可以回答这个问题，但是学生难以真正理解为什么作者对卓别林给予如此高的评价。为了帮助学生推断出这个问题的内涵，要求学生画出本段的语义结构图（如下图所示），以此让学生抓住文本的信息线索及其内在联系。任务②中，要

求学生列出卓别林时代发生的重要历史事件及其影响：两次世界大战及其

| Nobody has been better than Charlie. |

| He brightened the lives of Americans and British through two world wars and the hard years in between. | He made people laugh at a time when they felt depressed, so they could feed more content with their lives. |

给世界人民带来的苦难。学生回答出两次世界大战之后，教师补充美国经济大萧条时期的图片。任务③中，根据文本信息和背景知识，学生得出以下结论：卓别林在世界灾难期间，通过舞台艺术以小人物式的生活态度鼓舞人们要树立生活的勇气和自信。卓别林的伟大不仅在于他的演技，更重要的是他关注世人和胸怀天下的精神。教学过程中，文本线索和背景知识是学生形成推断结论的重要依据和感性材料，同时学生形成推断结论的过程也是其升华理解主题的过程。

活动 4：通过比较阅读推断这 3 位杰出人物的性格特质。

通过对比阅读，学生推断出杰出人物的共性特征：无私和关注他人。相同话题相似段落的深层推断对启迪学生深度思考有重要作用，也能帮助学生将共性结论迁移到新的段落理解中。

以段落为载体阅读，对于帮助阅读基础能力弱的学生克服阅读恐惧心理和提高阅读理解力效果显著。以段落理解策略培养为切入点提升学生的理解力能够聚焦目标培养策略，使得学生习得策略的目标性更强。就学生的认知接受能力而言，以短小语段为载体的训练方式能够减轻学生的认知负担，在较为友善的学习情境中习得阅读策略，降低学生的阅读畏惧感，提高学习效率。概括力和推断力是学生阅读所需的重要能力，复习课中通过专项训练，分步骤培训能帮助学生习得形成这两种能力的程序性策略，对学生运用这些策略解决问题大有裨益。比较阅读能够拉伸阅读的深度和广度，比较阅读策略对促进学生迁移所学策略，解决同类话题的阅读问题效果明显。

三、判断文本特色的专题阅读复习课案例及分析

阅读新授课通常只能解决学生对文本的浅层理解。复习课的重要目的就是要求学生通过二次阅读理解文本特色，把课堂习得的阅读策略延伸到课外阅读，提高阅读质量。基于对阅读复习课的这一定位，教学设计中教师首先要抓住文本特色，深层解读，根据学生能力设计相应的活动来完成这一目标。

（一）判断文本体裁特色的阅读复习课设计

模块 4 第 5 单元的主课文是介绍主题公园的广告体应用文，学生第一次接触这类体裁，对文本的体裁特征不熟悉。针对学生新授课的理解程度，阅读复习课重点要让学生抓住广告文本的语言特点来理解文本的特色。

【案例 4】

活动 1：阅读下面一个小段落，标出夸张性的表达（黑体）和劝诱性的句子（黑斜体），并据此判断文本的出处。

One of the best places for a winter escape is Sanya! Sanya, **the most beautiful city** in Hainan province, is renowned as **the "Oriental Hawaii"**, it has **the most beautiful beaches** in southern China. *Relax in the beautiful sunshine and enjoy the beach scenery. The essence we selected for you will highlight your holiday.*

通过活动 1，学生能够感性地理解广告语言的基本特色：夸张和劝诱。

活动 2：根据广告语的特点，标出下段文字中游客选择西藏游原因的句子（黑体），并说明广告设计的策略。

When people think of Tibet, the image that usually comes to mind is of the holy city of Lhasa, Mt. Everest, the Potala Palace or perhaps the Dalai Lama in their red clothing. The mystical, magical, incomprehensible Tibet can easily overload the senses. **It is a journey of scenic and religious discovery, overwhelming culture,** impressive ceremonies and monasteries all located in the breathtaking landscape of the Himalayas. **It is one of the most adventurous and physically demanding trips in the world,** through harsh conditions with the gaspingly thin air，past sacred mountains glinting with ice，numerous crystal holy lakes，and remote high altitude deserts to the Rooftop of the World！

在此活动中，引导学生明确旅游广告语展示特色的同时，会运用一些广告设计策略。此广告的设计策略为：劝诱并暗示"adventurous and physically demanding"。

活动3：标出阅读主课文中夸张性和劝诱性的语言，并据此判断文本的体裁特征。根据自己的理解，学生能标出2至4段中夸张性的语言和劝诱性的句子，并判断出课文是由3个旅游广告整合而成的文本。

活动4：判断主课文中3个小广告的特色创意和设计策略。根据前3个活动的知识，学生得出以下结论：每个小广告通过广告词展示各自主题公园的"theme"。

(二)深挖文本主线的阅读复习课设计

人教版模块6是选修课程的第一个模块，语言知识较难，对语言技能的要求较高。第三单元的主课文中，爷爷通过自己的亲身经历来劝诫孙子戒烟。全文分为两部分，书信部分难度大，建议部分易理解。文章的标题是"Advice From Granddad"，理解的重点是爷爷与众不同的劝导方式。体裁是书信体的说明文，文章的段落层次和段际关系比较复杂，仅靠新授课难以完成阅读任务。文本的难度和深度为专项阅读复习课提供了很好的载体，可以段际关系为切入点，通过深层解读文本结构理解语篇的特色。

【案例5】

活动1：以"I"为主题归纳每段的段意，归纳出类似下面表述的段意。

Para 1：My long and active life must be due to the healthy life I live.

Para 2：Your mother's words urge me to write this letter.

Para 3：Though I was addicted in all three ways，I did manage to give up smoking.

Para 4：Though I didn't know the bad effects of smoking，my girlfriend's urge and my awareness lead to my decision to give up smoking.

Para 5：I hope that you will stop smoking and live a healthy life.

Para 6：Advice on how to strengthen James's resolve to quit smoking.

活动 2：根据段意回答：Why does Granddad write the letter using his own experience instead of other strategies? 引出第一段的结论：Granddad's active and healthy life is self-evident。对于其他结论暂不做深处理。

活动 3：阅读第二段，回答下面两个推断问题。

Why does Granddad mention Mother in the letter? What may be Mother's attitude towards James' smoking?

From the sentence "I know how easy it is to begin smoking and how tough it is to stop", what can we conclude?

通过此活动，引导学生推断出妈妈对詹姆斯抽烟这件事持反对态度。第二个问题引出爷爷通过换位思考理解詹姆斯，同时也暗示爷爷对孙子的"爱"。

活动 4：阅读第三段，回答下面两个问题。

Why is it "tough" to stop according to Granddad's experience?

What does "But I did finally manage" imply?

通过活动 4，引导学生推断出以下结论：尽管爷爷理解詹姆斯的现状，但是爷爷还是想通过自己的经历希望詹姆斯戒烟。

活动 5：阅读第四段，回答下面两个问题。

Why does Granddad mention so many times "didn't know"?

What is the major cause for Granddad to quit smoking? Why does Granddad mention his girlfriend?

通过活动 5，引导学生理解爷爷的良苦用心。爷爷想通过亲情和"爱"暗示詹姆斯戒烟：妈妈和爷爷都希望詹姆斯能够戒烟，也希望詹姆斯能够像自己一样能够感受到这份特别的"爱"。

活动 6：画出文中爷爷的"希望"：I do hope so because I want you to live as long and healthy a life as I have. 再次回答活动 2 的问题。

通过以上 6 个活动引导学生理解文本的特色：爷爷通过自己的亲身经历，以第一人称为主线，以"特别的爱"为暗线，循循善诱，真诚地希望詹姆斯戒烟。

思考与实践活动

一、结合本节内容，请思考以下问题：

1. 你是否会对课本的阅读材料进行整合来设计阅读复习课？

2. 阅读复习课可以侧重培养学生的哪些阅读能力？

3. 如何在阅读复习课中设计有效的活动培养学生的阅读能力？

二、实践活动。

请针对学习过的某个或某几个单元的阅读材料思考：

1. 你侧重培养了哪些阅读能力？

2. 是否有效地落实了教学目标？

3. 需要继续训练哪些能力？

你要设计的活动是_____。

参考文献

冯安，王德志. 中学生英语阅读策略的调查与训练[J]. 山东师范大学外国语学院学报：基础英语教育，2005(1)：20~25.

李得武. 语义结构图策略在阅读教学中的运用[J]. 中小学外语教学（中学篇），2011，34(4).

王永德. 句意理解策略初探[J]. 安徽大学学报（哲学社会科学版），1996(3)：71~80.

Geva，E. Facilitating Reading Through Flowcharting[J]. Reading Research Quarterly，1983 (4).

Grellet，F. Developing Reading Skills [M]. Beijing：People Education Press，2000.

Milan，D. Developing Reading Skills [M]. San Francisco：McGraw—Hill，1995.

Nutall，C. Teaching Reading Skills in a Foreign Language [M]. Shanghai：Shanghai Foreign Education Press，2002.

Reutzel，D. R. Story Maps Improve Comprehension [M]. The Reading Teacher，1985 (4).

Van Dijk，T. A. Text and Context：Explorations in the Semantics and Pragmatics of Discourse ［M］. London：Longman，1977.

Wassman，R. ；Pay，A. A Reader's Handbook ［M］. England：Company Glenview，1985.

第六章　学习评价与教学检测

第一节　形成性评价的设计

【学习目标】

- 深化对英语教学中形成性评价内涵的认识
- 提高英语教学形成性评价主要策略的使用技能
- 能够辨析形成性评价实践中的主要问题，提高解决问题的能力

【内容要点】

- 形成性评价概说
- 形成性评价的内容
- 形成性评价的设计
- 形成性评价的实施

一、形成性评价概说

（一）形成性评价及其意义

1. 形成性评价的含义

形成性评价（Formative Assessment）是指教师为使学生形成语言发展

能力而对学生综合语言素质、学习过程中的表现、学习成绩及情感、态度、策略等方面做出的过程性评价。

根据《高中英语课标》的要求，形成性评价与终结性评价相互补充、各有侧重，是过程与最终结果的关系。二者共同构成旨在促进学生全面发展的多元化评价体系。

2. 形成性评价的意义

从目的看，想要什么样的学生，就要有什么样的评价。形成性评价要促进学生的发展，激励学生主动学习，帮助学生有效调控学习过程，获得成就感，增强自信心。

从内容看，形成性评价是关于学生发展的评价，是"为了促进学生掌握尚未掌握的内容进行的评价"。形成性评价对于学生的学习表现、能力等多方面均有细化、个性化的评价标准，并运用多种方式有效记录学生"学习痕迹"，力争真实、准确地反映学生的英语学习过程。

从实施过程看，形成性评价在学生发展中进行。学生能随时了解自己的学习状况，感受到自身的进步与发展，也能明确自己的不足和努力的方向；教师也能快速而全面地掌握学情，为学生提供更适当的帮助，使教学更为科学高效。

(二)形成性评价的特点

相对于终结性评价，形成性评价具有以下特点。

评价目标及结果的层级性。学生学习基础不同，目标也可以不同。学生可比对最终结果与预期目标来评价自身的学习进展。

评价形式及方法丰富生动，"界面"友好。教师综合运用观察、交流、测验、实际操作、作品展示、自评、互评等多种方式，为学生建立综合、动态的发展性评价记录。此外，形成性评价以其"善意的""温情脉脉的"、支持性的界面，开放、宽松的评价氛围赢得了学生的高度认同与积极合作。

评价实施、评价反馈与教学过程同步发生。动态的、持续性的评价紧扣学生学习脉搏，教学评一体，学的过程就是评的过程，反之亦然。

评价内容及评价标准的综合性与相对性。形成性评价力图从不同侧面、利用不同证据来说明学生学习进展，佐证丰富而全面；此外，形成性评价既利于学生与他人比较，又利于学生与过去的自己纵向比较。

评价主体多元及评价主体与评价对象的互动、互换。在形成性评价的过程中，人人都可以成为评价主体，人人又都是被评价的对象；人人都在评价，又都在被评价，都在学习。当然，形成性评价离不开教师的合理设计。

(三)形成性评价目前存在的主要问题

1. 对评价功能的认识不够全面

从总体上看，评价有三个功能：

一是了解学生学习层次和表现、评估成绩和学习进展的重要手段；

二是及时调整和改进教学，弥补学生不足、改进学习的基准点；

三是引领学生学习、促进学业提升的重要手段。

但目前大部分教师仅重视第一种功能，即对成绩和结果的评价，评价手段也比较单一。

2. 教与评割裂的问题还比较突出

大部分教师对教学与评价之间的密切联系关注不够，更没有"以评导学、以评促学"的意识。

教学前，教师备课仅仅局限于"教－学"过程，而不是"教－学－评"过程，教师对"评"的设计粗糙、随意，甚至毫无设计。

教学中，教师没有将"评"作为"教－学"过程导引的意识，致使"教－学"过程缺乏质量检测，不利于学生关注学习过程，养成扎实的学习习惯。

教学后，教与评往往分离。只教不评，或只评浅层内容。例如，阅读理解课只考查重点词汇和课文基本内容，对于难考查的对课文的深度理解及深层收获等，教师会选择回避。此外对评价的利用也仅限于等级评定，而不是将其作为教与学改进的依据。

3. 大部分评价比较随意，没有体现课标要求

《高中英语课标》强调，要"着重评价学生的综合语言运用能力以及在学习过程中表现出的情感、态度和价值观"。但从实践层面看，一方面，好评价的、容易表述的、效果显而易见的内容往往受到教师的追崇。例如，教师自编测验的80%～90%仅限于考查记忆性事实知识，且基本上格式化。

另一方面，真正需要评价的、对学生成长起着关键作用的内容，如理解应用、分析评价和创造以及情感、态度、价值观的评价等，则因其不好评而被忽略、回避。如此，评价不仅不能促进课程目标的实现，还可能起到相反的导向作用。

4. 形成性评价系统设计与准备不足

相当一部分教师还没有认识到形成性评价的重要作用，对形成性评价系统设计与提前准备不足。例如：

其一，形成性评价零散随意，没有形成体系，更不会提前告知学生，使学生根据标准来学习。

其二，多数教师"仓促上阵"，有的教师经常会在给学生布置学习任务之后，再编制评价工具。这样做，具体效果可能不差，却没有持久的效果。

其三，教师在实施形成性评价，尤其是在使用非测验评价工具时容易忽略使用统一的评价标准，造成新的不公平。

综合上述问题可以看出，英语教学中的形成性评价如使用恰当，会有利于教与学的改进，提高教学效率；但如利用不当，则会无端耗费师生的许多时间与精力。因此需要认真设计，审慎应用。

二、形成性评价的内容和类别

(一)形成性评价的内容

根据《高中英语课标》，形成性评价主要包括：

学业成绩，如对学生听说、词汇、阅读、写作等方面的测评；

学生在日常学习中的表现，如注意、参与、交往、思维、生成等学习活动表现，多为观察性、描述性评价，也可按一定等级评定；

学生英语学习的综合素质，即学生情感、态度、策略、文化意识等的发展。

(二)形成性评价的类别

评价时，教师可以根据不同情况，有侧重地选择以下类别。

1. 表现性评价

主要考查学生自我表现力，在过程与方法及情感、态度、价值观方面的变化情况。主要包含两方面内容：

学生课堂活动表现，如发言、同伴对话与角色扮演、回答问题、完成学习任务情况等；

学生课外活动表现，如参加英语演讲、朗诵、表演、竞赛、书法、写作作品展示等。

2. 应用性评价

考查学生综合运用语言知识的能力，在学生完成具体任务的过程中或结束时实施评价。例如，在学习北师大版高中英语必修 2 第 6 单元 *Design* 时，教师请学生给灾区学生设计住房，并根据本单元教学要求设计评价项目，对"灾区住房"设计展示从多个方面进行评价。

3. 测评性评价

评价方式主要包含两种：

平时评测，如随堂测验等。教师要力争通过测试考查更为复杂、丰富的学习内容。例如，考查单词时，教师可拿出其中一到两个词，请学生进行词性扩展（如从 amuse 到 amusement）、前后搭配练习（如 dream，前搭 have a dream，后搭 dream up）、造句（尽可能用到更多的单词）、续编故事（以一个词开头写故事或者由一个词扩展出一个故事等）。

阶段评测。如单元测验或月考等，考查内容应更偏重理解与应用。此时教师关注的不是成绩，而是学生暴露出来的学习漏洞，据此教师可以确定下一步的辅导与补救计划。从题目形式上，教师可以参照会考、高考题型，但最好有所变通，如将阅读理解的选择题变为简答题，也可要求学生续写某篇文章等。从题目来源上，教师可考虑由学生编题，或以小组为单位出题。

4. 诊断式评价

主要包括即时评价和矫正性评价。

即时评价，即教师对学生"正在发生的学习"所进行的一种快速诊断。例如，教师在完成一段教学后请学生判断一个描述，如"同意"手指向上，"不能确定"手指平指，"不同意"手指向下。由此，教师就可以很快判断出学生的掌握情况，并据此调整教学。

矫正性评价，即教师设计活动使学生自我评估与改进。教师没有明显的干预行为，也不以评价为目的，评价与行为矫正自然融为一体，是了无痕迹但又比较奏效的一种评价方法。该评价在教师的策划与准备下发生，也可根据教学实际进展自然发生。

【案例1】小组活动改进的促进(Jill Hadfield，1998)

事先准备：

两个讨论任务(与学生水平相当，来自当前教材)；

学生问卷(问卷1和问卷2，每个学生各一份)；

学生事先分组，每组4~6人(也可利用原有分组)。

活动流程：

学生分组讨论第一个任务并汇报，教师不做任何干涉或管理；

第一个讨论任务结束后，教师给每个学生第一份问卷，请学生完成。教师要求学生只考虑自己的答案，而不考虑别人的看法(本问卷目的在于使学生反思自身行为，须使学生安静、不受打扰地思考)。

问卷1：

CONTRIBUTING TO A GROUP

Did you enjoy the discussion? _____

Did you contribute any ideas? _____

Did you encourage anyone else to contribute ideas? _____

Did you remain silent? _____

Did you interrupt anyone, or shout them down? _____

Is there any way you could help the discussion to go better? _____

—by contributing more? _____

—by making a suggestion for organizing the group? _____

—by not interrupting? _____

—by listening more carefully to others? _____

—by encouraging others to contribute? _____

Try to choose one way you could help in the second discussion. _____

_____

学生认真思考并回答了问卷1后，布置第二个讨论任务。仍由学生小组进行讨论，教师仍不加以任何干涉或管理。

第二次讨论结束后，给学生第二份问卷，请学生在组内讨论完成（本问卷目的在于对比前后两次行为的差异，及学生的自我矫正情况，可以进行小组讨论）。

问卷2：

CONTRIBUTING TO A GROUP

Which discussion took longer? _____

Which was more enjoyable? _____

Did more people contribute to the first or the second discussion? _____

Did you feel happier or more relaxed about making contributions to the second discussion ? _____

Was your contribution welcomed by others? _____

Do you fell that people listened better to each other in the first or the second discussion? _____

Is there anything more you could do as a group to make discussions successful and enjoyable? _____

说明：本活动可以随教师的正常教学进行。例如，在英语阅读课中，教师可设计阅读讨论题目，并将两个问卷穿插其中，在完成教学任务的同时对学生的行为进行有效矫正。

三、形成性评价的设计

(一)设计原则

1. 通盘考虑、系统设计原则

要以学生发展为中心，既关注简单的学习成果，更要关注复杂的学习成果；既关注重点技能，又要关注知能的综合平衡；既关注学生当下的学习成效，又要关注学生长远发展。

2. 公平、匹配原则

既有统一的标准，确保奖优罚劣、公正公平，又要尊重差异、考虑学生的差异特长，使评价标准与学生个体需求相匹配。

3. 事前预知、有效反馈原则

事先告知。有测评专家指出，学生应当清楚地知道被期望做到什么。例如，口语展示时，教师可以与学生讨论标准，并将其板书于显著位置，使学生据此改进自身表现。

有效反馈。有测评专家指出，有效反馈应当：在评测之中或之后立即提供；具体，可被学生理解；聚焦于学生表现的成功部分和需要纠正的错误；就纠正错误给出弥补建议；传递一种积极信息，为学生改进表现和自我评测提供指导等。此外，教师要考虑：给学生的这个反馈会让他们变得更依赖教师还是为促进学生独立学习？（诺曼·E. 格伦隆德，C. 基思·沃，2011）

4. 教、学、评一体原则

要使评价合理"嵌入"教与学之中，使评价成为教学的一部分，在教学前、中、后以评价跟进，有力促进学生学习；以评价导引学生日常学习，先制定基本要求。学生达标后，再逐渐提高要求，使学生最终习惯成自然。

5. 可信、可用原则

评价要能真实反映学生英语水平。此外，要注意对评价结果的利用。学生可以借此改进学习，或者通过评价进行学习，同时，评价也是教师学习的重要渠道。教师可以根据评价改进或调整自身教学。

(二)英语模块学习评价设计

1. 评价要素

过程性要素，如出勤，课堂行为及表现，作业、作品及其他学习任务，综合素质，平时检测等。需要注意的是，教师此时关注的不是学生的成绩或得分，而是要通过这些过程性要素（数据）诊断学生的学习状况，以便进一步指导教与学。

终结性要素，如模块闭卷评测，即校或区组织的模块考试；开放性评测，如完成单元专项练习、长篇写作、任务性阅读等。

2.评价结果的使用

模块学习及终结性测试结束后，教师与学生合作完成分数统计及学分认定工作。在此基础上，教师和学生均要进行分析和反思，并根据不同情况予以处理。

获得合格(良好/优秀)等级学分的学生可进行下一阶段的学习，但要对上一模块的知识漏洞等进行有针对性的补救，教师应提出个性化建议。

未获得模块学分的学生不能进行下一阶段的学习，教师要给予个性化补课及辅导，并要求学生自行补救。

对在终结性考试中暴露出的共性问题，教师一方面要反思自身不足，另一方面要采取积极措施加以弥补，并在设计下一模块教学计划时有所调整。

(三)英语课堂学习评价设计

课堂是学生英语学习的主要场所，对学生"正在进行中"的学习进行评价有利于教学效益最大化。课堂学习评价主要是一种表现性评价，应以描述性评价为主，多采用观察、自评、互评等手段。

首先，提前公布目标要求(如表 6-1-1 所示)，制定依据包括高中英语课程标准、所教模块教学要求、学生学习基础和现实表现、教师在一定时段内的重要培养目标等。

表 6-1-1　学生课堂表现评价标准及成绩对应

项目		目标要求	评价权重		
			好	中	差
课堂纪律		遵规守纪 无迟到旷课 不开小差 不打瞌睡	17～20	12～16	0～11
学习表现	主动性	积极动脑 勤于探索 乐于表达 主动学习好	17～20	12～16	0～11
	刻苦性	勤思乐学 知难而进 持之以恒 刻苦学习好	17～20	12～16	0～11
	合作性	平等交流 虚心热情 积极助人 合作学习好	17～20	12～16	0～11
目标达成		基础扎实 兴趣持久 成效显著 目标实现好	17～20	12～16	0～11
平时作业		按时完成 书写规范 正确率高 认真改错	80～100	60～79	0～59
日常测试		思路清晰 书写规范 得分率高 改错及时	80～100	60～79	0～59

其次，成立学生评价小组，进行学生自评、互评、组评（如表 6-1-2 所示）等，确保评价客观、准确。

表 6-1-2 学生自评、互评、组评表

学生本人填写	姓名			班级		
	模块名称			自评时间		
	自我评价	课堂纪律	学习表现	目标达成	作业/测试	总评分值（百分制）
学生互评	小组评价	课堂纪律	学习表现	目标达成	作业/测试	总评分值（百分制）
	学习小组组长签名：				年 月 日	
评价组填写	班级评价	课堂纪律	学习表现	目标达成	作业/测试	总评分值（百分制）
	评价小组组长签名：				年 月 日	

最后，与学生讨论学习标准，教师可以就具体的学习行为与学生进行讨论。

【案例 2】与学生共同讨论评价标准：What is a good listener? (Jill Hadfield，1998)

请学生回忆类似场景，并思考令自己印象深刻、或愉悦、或烦躁的原因。

发放问卷，请学生思考其中的问题：

【样卷】LISTENERS

Try to think of all the situations in your life where you have been a listener (to teachers at school，to a parent telling you off，to a friend with a problem…)

· Who do you enjoy listening to? Who do you dislike listening to? Why?

- Who listens to you? Are any of them the same people as in the first question?
- Who do you enjoy talking to?
- Who is a good listener? Are these the same people as in the previous question?
- What is a good listener? What do they do to make you feel happy about talking to them?
- What can you do to make you listen better?

学生自己思考后小组讨论，之后呈现讨论结果。

师生共同制定好聆听者（Good Listener）的标准，并以此为基准开展评价。

【样卷】GOOD LISTENERS

A good listener should

- know what they should listen to.
- listen carefully and take down what they believe important to the topic.
- smile and be friendly to the speakers.
- give speakers enough time and opportunity to express their ideas.
- give their own suggestions or opinions when requested.

(四)评价工具设计

中学英语形成性评价工具可谓丰富多样。教师方面包括观察、问卷、教学记录、访谈、检测、学习活动评比等；学生方面包括自评、互评、学习档案、学习日记(报告)、听课或读书笔记、作业或作品等。换言之，只要设计周密、应用得当，许多教学元素都可用于形成性评价。现就其中部分方式说明如下。

1. 问卷设计

要注意联系学习标准进行设计。答题过程就是进行学习的过程。

第一，学习效果问卷设计。如针对北师大版高中英语必修 5 第 13 单元，教师可设计如下问卷。

【样卷】Unit 13 QUESTIONNAIRE

---

1. In this unit, I've learned to _____.   ( )

   A. talk about personalities

   B. talk about personalities and jobs

   C. make guesses about someone's situation and characteristics

   D. describe a person and their jobs in writing

2. After finishing this unit, I understand what EQ & IQ means.   ( )

   A. Not very well.   B. Only a little.   C. OK.   D. Very well.

3. I've learned and remembered the new words in this unit.   ( )

   A. Not very well.   B. Only a little.   C. OK.   D. Very well.

4. I've learned and remembered Past Participle and Modals for Guessing. ( )

   A. Not very well.   B. Only a little.   C. OK.   D. Very well.

5. I enjoy reading and can make inferences or read "between the lines". ( )

   A. Not very well.   B. Only a little.   C. OK.   D. Very well.

6. I find the following ways of learning English are more helpful: _____.

                                                                       ( )

   A. self-checking after writing   B. reciting some sentences or texts

   C. working with other students   D. interacting with the teacher

   E. using reference books and dictionaries   F. raising questions in class

   G. other methods _____

第二，学习任务评价设计。针对具体任务设计，可将小组互评与自评同时进行。

【样卷】学生自评/互评问卷

```
    ____班自评/互评问卷      组____姓名_____
• 任务名称：_____
• 任务要求目标：1. _____(学生自己填写)
              2. _____(学生自己填写)
              3. _____(学生自己填写)
• 我们组最_____的地方是_____。
• 我认为_____组最_____，_____组最_____，_____组最_____。
• 我从他们那里学到了_____。
• 我自己最_____的地方是_____，我进步的地方是_____。
• 我从_____那里学到了_____。
• 我可以改进的方面是_____。
```

第三，学习行为评价设计。就具体学习行为设计专门的评价问卷。

【样卷】学生听课行为目标及自我评价(胡庆芳，程可拉，2008)

```
行为目标：
   1. 与谈话人交流。  2. 提问举手。  3. 虚心对待同伴。  4. 专注于
学习活动。
自我评价：评价自己以上行为目标的表现，注意评价等级从1(还没做到)
到4(做得非常好)，并简述原因。然后与老师讨论你的自我评价。
   1. 与谈话人(同学或老师)保持眼神交流。
   评价_____原因_____
   2. 提问或发表评论时要举手。
   评价_____原因_____
   3. 虚心对待同龄人发表的评论和提出的问题。
   评价_____原因_____
   4. 专注于学习活动，如果发现自己有无关的想法，立即将它放在一
边直到上课结束。
   评价_____原因_____
```

【样卷】小组学习活动行为目标和学生自我评价

行为目标：
　　1. 专心于功课。　　2. 轻声交谈。　　3. 相互支持。　　4. 虚心。
　　5. 参与小组活动，执行分派的任务。
自我评价：评价自己以上行为目标的表现，注意评价等级从 1（还没做到）
到 4（做得非常好），并简述原因。然后与老师讨论你的自我评价。
　　1. 专心于功课。　　评价＿＿＿＿＿＿＿原因＿＿＿＿＿＿＿＿＿＿＿
　　2. 轻声交谈。　　评价＿＿＿＿＿＿＿原因＿＿＿＿＿＿＿＿＿＿＿
　　3. 若小组角色已分配完毕，大家都要在自己的角色位置上相互支持。
　　评价＿＿＿＿＿＿＿原因＿＿＿＿＿＿＿＿＿＿＿＿＿＿＿＿＿＿＿
　　4. 虚心。　　评价＿＿＿＿＿＿＿原因＿＿＿＿＿＿＿＿＿＿＿
　　5. 要参与小组活动，执行分派的任务。
　　评价＿＿＿＿＿＿＿原因＿＿＿＿＿＿＿＿＿＿＿＿＿＿＿＿＿＿＿

　　2. 学习档案设计

　　学习档案包括成长性学习档案（反映学生学习进步）和展示性档案（反映学生最好成绩的作业或者作品）。学习档案既记录"成长故事"，又是评价学生进步过程、努力程度、反省能力及其最终发展水平的理想方式。

　　(1)学习档案的制作

　　学习档案需要进行整体设计，教师可事先征集学生创意，鼓励学生电子档案与纸质档案结合使用。具体项目可包括：

　　封面与卷首语。在遵循基本要求（如积极向上、有英语学科特点等）的基础上，由学生自行设计。

　　"现在的我"，即自我分析，包括"我的优势""我的不足""我目前的英语水平"等，也可通过"自画像""他画像"等方式进行。

　　"将来的我"，即英语学习目标。学生可以用喜欢的方式（如思维导图），不一定使用文字形式。

　　英语学习过程性证据资料。可按表 6-1-3 分类。

表 6-1-3　学习过程性的实证材料分类

一级指标	二级指标	据以评价的实证信息资料
知识技能	·基础知识和基本技能水平 ·实际应用水平	①测验成绩； ②评价结果（含自我评价、同伴互评、小组评价、教师评价）； ③作业或作品（如英文写作、思维导图等）； ④奖状或获奖证书、图片； ⑤教师评语、奖励卡片或实物； ⑥其他学生认为可以展示个人学习过程与结果的实证材料。 学生要用标签注明时间、地点及对本人的意义等。
学习能力	·发现和解决问题的能力 ·搜集、识别、管理、使用信息的能力 ·对学习过程和结果的反思能力	
行为情感	·学习行为态度 ·学习愿望和责任感 ·学习习惯意志品质 ·学习价值观	
过程方法	·自我了解与自我调控 ·学习策略应用 ·同伴合作交流	
环境适应	·适应学习环境 ·快速聚焦学习	

"学期末的我"，包括学段或学期结束后本人及他人对自己的评价或者描述（自评、他人评语、教师评语等）。

成长日志或者反思，记录成长过程中的点滴小事或阶段性反思、总结等。

"收获园"（也可与前面内容合并），如学生自己设计的"进步记录卡""优点卡片"、学业成绩记录册、同学评价评语、教师评价评语、获奖证书、受奖励和表扬记录等。

（2）学生学习档案的评价

学习档案评价不记学分，具体方式包括：

教师评价。教师定期浏览学生学习档案，评定等级，奖励并展示优秀等级的学习档案。更为重要的是，教师要通过浏览学习档案，对学生的学习状况做出诊断，总结共性问题，在全班进行指导；发现个别问题进行个性化指导。

学生自评与互评。定期进行学生学习档案展评活动，设计评价表格（如表 6-1-4 所示）和评价题目，使学生认真参与评价，并从评价中得到启发，受到教育。

表 6-1-4 学生英语学习档案评价表

评价时间		班级		被评价人	
评价项目	英语学习档案展示				
评价人	个性化评语			等级评定	
				A B C D	
				A B C D	
				A B C D	
				A B C D	
				A B C D	
观者留言					
教师评语				等级：A B C D	

【样卷】学生学习档案展评"填空题"

学生学习档案展评"填空题"

班级_____姓名_____

1. 我对_____等同学的学习档案进行了评价。其中，我认为_____的学习档案特别好，理由是：_____

2. 除此以外，我认为_____的学习档案比我的好，因为：_____

3. 我认为自己做得最好的地方是：

_____

4. 我自己可以改进的地方是：

_____

5. 这次活动给我最大的启发是：

_____

四、形成性评价的实施

（一）课堂层面的形成性评价

课堂层面的形成性评价是教师关注的重点，目的在于改进学生课堂学习，提高课堂学习有效性。具体包括以下三个环节。

1. 课前，即"起点"及"计划备课"环节

首先，教师方面。通过多种测评手段了解学生的知识掌握广度和深度、相关背景知识、情感、态度是否做好相关准备等，并据此确定教学起点、重点、难点等。

其次，学生方面。通过参加多种测评，激活头脑中已有知识，使大脑为已知和新知联结做准备；意识到知识欠缺，为新学习做准备；激发对新内容学习的欲望；了解新学习目标，知道努力方向，并据此确定自己的学习计划、策略等。

此外，学习任务结束还可安排后测，将"摸底数据"与"后测数据"进行对比。

评判教师的教：学生是否有长进，长进了多少；自身教学效果如何，或哪些教学行为效果更好；以及之后如何改进、如何补救，等等。

评判学生的学：分析学生自身学习效果，帮助学生反思和调整。

2. 课中，即"课堂教学"环节

基本程式是：

第一，学生分组。分组形式可多样，如同质分组、异质分组等；

第二，告知学生本节课的学习目标，使学生为即将到来的学习做好准备；

第三，使教学与学生生活相联系，或激活学生头脑中已有知识图式；

第四，在学习进程中了解学生知识的掌握情况。方法可以灵活多样，但注意不要通过类似"明白了吗?"等"假问题"来检测学生是否学会；

第五，根据学生学习进度进行相应指导，合理分配指导时间。此时教师也可以变换学生小组划分的形式，如由原来的异质分组变成现在的同质分组等。教师不要拘泥于一种分组形式，要根据教学需要灵活变通。

3. 课后，即"终点"环节

主要包括教师反思教学、学生反思学习、教师与学生有效互动等。其中的重点是对学生学习活动产出的分析和解读。需要注意的是，学生的图画、动作、作业、作品、表演等都可以给教师提供信息，认真分析有助于下一步更加有针对性地教学。

(二)学段层面的形成性评价

学段层面的形成性评价需要以课堂层面的实践为基础，逐渐改进学生学段学习，形成积极稳定的学习态度和良好的学习行为习惯。具体包括以下三方面内容。

1. 学段初：信息搜集和整体设计环节

信息搜集，包括搜集学生学段初的知识基础、学习态度、行为习惯以及学习准备情况等。可以采取问卷、入门测试、访谈等方式。教师了解学情越详细，越有利于对学生的个性化指导及随后的教学设计。

整体备课，将学段内知识内容打通，进行整体思考和系统备课，做出学段教学计划。其依据除原有教学大纲、教材以外，学生方面的信息数据是教师需要重点考虑的内容。教师还应为学生提供本学段的学习目标指南。

激活学生的已有知识，如学科知识和背景知识、学习动机等，使学生为即将到来的学习做好准备。

2. 学段中

包括学生自我反思设计和培训、学习档案等鲜活"印记"留存等手段或策略。其中要注意：

使各种测评为学生发展服务；

评价与矫正一体，将评价重点放在学生改进方面；

以评价导引学生学习过程中的成长，促进学生能力发展；

恰当使用评价，避免增加学生负担。

3. 学段末：对学生的终结性评价

注重过程性评价与终结性测试成绩的结合，以及评价主体多元、评价内容丰富鲜活、评价手段灵活多样，以及终结性评价对学生下一步学习的促进等。

(三)学生主体作用的发挥

1. 师生共同确定评价目标和原则、评价指标和工具

教师可以与学生约定评价办法。例如，"抓两头、促中间"（即只评价两头的学生，中间学生取平均数），"对子"评价（即学生两人结对相互评价），

评价小组而不评价个人（只看小组成绩，采取小组"连坐"制），组长或组内评价等。

2. 师生合作评价，学生主体作用逐渐增强

既要重视评价过程中教师的主导作用，又要充分发挥学生的主体作用。可采取评价主体逐渐"转移"的过渡性办法。

具体步骤是：先由教师进行评价，教师每一步操作都力求规范，注意对学生的示范引领；教师带着学生评，逐渐"教会"一些学生如何评价；教师逐渐放手，选择相对公正的学生进行评价，教师把关；"抽签"或"轮流坐庄"，每个学生都有机会参与评价。

3. 学生的自我评估及调整

这是形成性评价的"最高境界"。教师要鼓励学生自主确定目标，并定期评估、自我修正。

【案例3】学习目标的确定、评估及调整 (Jill Hadfield, 1998)

活动1：目标选择和修正 (I'm here because…)

要求学生完成问卷。

【样卷】QUESTIONNAIRE

Tick(√)the statements that are true for you.

I'm here because…

1. I have to learn English.　　　　　　　　　　　　　　□

2. I want to learn English.　　　　　　　　　　　　　　□

3. I want to speak to people on holiday.　　　　　　　□

4. I need English for my job.　　　　　　　　　　　　　□

5. I have to pass an exam.　　　　　　　　　　　　　　□

6. I want to pass an exam.　　　　　　　　　　　　　　□

7. I'm going to study in English.　　　　　　　　　　　□

8. I need to read English books or reports.　　　　　　□

学生完成该问卷后再发放说明表。学生阅读相关解释并与同伴及教师讨论，逐渐修正不恰当的学习目标。

【样卷】说明表

INTERPRETATION SHEET

　　If you ticked (1)：Think about how you learned something else successfully…

　　If you ticked (2)：What do you mean? Do you want to learn to speak English like a native speaker? Think of all the non-native speaker teachers you have had. How long…

　　If you ticked (3)：Do you mean you only want to be able to shop or buy train tickets? Or do you want to discuss philosophy? …

　　If you ticked (4)：See the first comment. Think about exactly what you need…

　　If you ticked (5)：See the first comment. As well as thinking about…

　　If you ticked (6)：See the previous comment.

　　If you ticked (7)：Think about the skills you will need：faster extensive reading, …

　　If you ticked (8)：What will you need in order to do that? Specialized vocabulary…

活动2：目标制定（What do I want?）

请学生思考并完成以下内容：

(1)长期目标(LONG-TERM GOAL)

By the end of the course I want to…

My first step towards this goal is…

(2)短期目标(SHORT-TERM GOAL)

This week I will therefore…（如读一本英文书、开始使用词汇笔记、用英文写短文或几封信等）。Today I will therefore…

活动3：目标评估(What we've done?)

请学生准备"目标日记"或"进步记录本"，记录每天或每周为实现目标所做的具体事情；教师也可以在下课前留时间请学生记录。每周(最好是周五)请学生讨论他们是否达到了周目标。如果没有达到，原因是什么，等等，并请他们思考下一周的目标。

每周（或每单元）请学生做目标评估（如下表所示）。之后请学生对评估结果进行讨论，包括项目完成情况及如何改进等。这种讨论同时也可以给教师提供一定的信息，促使教师改进自身教学。

学生学习目标自我评估表

Assess yourself	Not very well	OK	Very well
Reading： Skimming： Using titles and headlines Finding the topic sentence			
Writing： Getting and organizing ideas Comparison and contrast Request letters			
Listening： News broadcasts			
Speaking： Giving opinions Bringing other people in			
Grammar： Past perfect Past perfect continuous			
Vocabulary： Word-building using un/in/mis/dis			

（四）教师的自我反思与调整

针对自己的形成性评价设计及具体实施，教师可以思考以下问题。

其一，评价方案本身是否

有客观统一的评价标准，同时又突出个性？

将情感态度等比较复杂的项目转换成可观察的行为？

全面客观地对语言技能等方面进行了评定？

合理确定了各项权重（如努力系数、进步系数以及标准系数等）？

达到个人评价与小组评价、教师评价比重的平衡？

杜绝"无劣"、无标准的评价？

其二，实施我的评价方案之后，我的学生是否提高了学习英语的动机？

改进了他们的学习及行为表现？

具备了更强的自我评价和调控技能？

养成了良好的学习习惯，提高了独立学习能力？

对教师和学业有更积极的态度？

······

当然，除了自我反思外，教师还可借助学生问卷、同伴观察等方式，力求得到真实的信息，并据此思考形成性评价的改进与调整。

思考与实践活动

一、结合本节内容，请思考以下问题：

1."形成性评价"包括哪些要素？

2.同"终结性评价"相比，"形成性评价"的意义是什么？

3.形成性评价的方法有哪些？使用过程中要注意哪些问题？

4.形成性评价要求教师有怎样的学生观和评价观？

二、实践活动。

请选择一到两个教学项目（如学习档案）开展评价，具体研究过程任务如下：

1.制定出完整、具体可行的评价办法；（可参考学生建议）

2.对学生进行培训和宣讲，明确意义和具体操作办法；

3.初步实施评价方案，与学生及时沟通，做评价实效记录；

4.定期梳理评价实效记录，写出实践反思，以一定形式分阶段展示评价结果。

参考文献

迪恩·R.斯彼德.绩效考评革命[M].龚艺蕾，译.上海：东方出版社，2007.

胡庆芳，程可拉.有效的课堂管理手册[M].北京：教育科学出版社，2008.

尼尔·布朗，斯图尔特·基利.学会提问[M].吴礼敬，译.北京：机械工业出版社，2013.

诺曼·E. 格伦隆德，C. 基思·沃. 学业成就评测（第 9 版）[M]. 杨涛，边玉芳，译. 北京：教育科学出版社，2011.

L. W. 安德森. 学习、教学和评估的分类学[M]. 皮连生，主译. 上海：华东师范大学出版社，2008.

Douglas Fisher，Nancy Frey. Checking for Understanding：Formative Assessment Techniques for Your Classroom[M]. Alexandria：Association for Supervision & Curriculum Development，2007.

Jill Hadfield. 课堂活力[M]. 上海：华东师范大学出版社，1998.

Laura Greenstein. What Teachers Really Need to Know about Formative Assessment[M]. Cheltenham：Hawker Brown Education，2010.

第二节　单元检测试卷的设计

【学习目标】

· 掌握单元测试卷的命制原则
· 熟知单元检测试卷的命制流程
· 能够独立命制单元检测试卷

【内容要点】

· 单元测试命题原则
· 试卷的命制过程
· 试卷各题型的编制技巧

单元检测的目的通常有两个方面：通过检测，一是使学生了解自己对本单元知识的掌握情况，有利于学生改进学习方法；二是教师能够及时了解学生的学习情况，以便决定教学的起点与进度，决定教学内容的深度与广度，有利于教师改进教法，提高教学水平，进而提高教学质量（王弘泽，2011）。

如果教师对试卷编写的目的和过程缺乏了解，往往难以把握难度。要么出题简单，要么设计的试题太难，及格率偏低。有时试卷考查内容未能覆盖本单元的要点或与本单元教学内容无关。本节教学内容力图回答青年教师在单元测试卷编制过程中所遇到的困惑。

一、单元测试命题原则

单元测试卷的命制要遵循以下基本原则。

(一)科学性与思想性原则

科学性是命题的灵魂，是命好题的首要条件。英语测试卷的科学性包含两个方面，其一是试题本身是正确的、可解的，没有科学性和知识性错误；客观性试题的答案应该也必须是唯一的。其二是试题的表述要简洁、明确、规范、图形准确，不存在歧义。因此出卷教师要反复核实试卷内容和答案，坚决杜绝科学性错误的出现。

思想性原则是指英语教学要体现我国的教育方向，向学生传授正确的世界观和人生观。考试也是一种促进学习的教育手段。完形填空和阅读材料的内容都能对学生的心灵产生启迪和震撼。在试题的编制上教师要坚决避免政治性错误，引用资料及图片要慎重，涉及的人物要注意其政治背景，注意价值取向，追求教育价值。试卷考试内容要避免类似辨别国际纷争是非、宗教信仰、领土争端等敏感问题。

(二)针对性与创新性原则

单元检测主要是为了考查本单元的教学目的是否达到，测试学生对课程内容的掌握程度。如果达不到这个目的，考试就是无效的。因此，在编写这类试卷时，教师应严格遵循《课程标准》的要求。教师应根据本单元的教学内容进行命题。单项选择的编写、阅读理解篇目要与所学单元话题内容相符，这样学生能够运用所学词汇或语法项目解决问题。在书面表达中学生能够运用所学词汇(单词、搭配、好句子)完成任务，这样学生就有成就感，在平时的学习中更加重视知识积累，教师就能运用单元测试这一手段引导学生进行学习。

考试内容不能偏离本单元的教学内容，否则学生会形成"学与不学一个样"的错误概念。与所学课程内容完全无关、与教学要求脱节的试题是不合格的。同时在编制单元测试卷时教师应充分考虑被测群体的实际情况，针对学生的认知水平科学地命制试卷。

出卷教师应注重探索体现新课程理念的新题型，让学生能够获得学习体验与认识，利于学生感悟知识的价值和意义；在试题内容上要突出对学生创新精神和实践能力的考查，要为学生充分发挥主观能动性创设舞台；试题要灵活开放，减少纯粹记忆性的考试内容，并适当增加开放性、探究性题目。例如，高一、高二阶段的完形填空可改成"根据所学课文内容填入恰当的单词或词组"，鼓励学生背诵名篇，让学生在语境中落实词汇的学习；可以将高一和高二的书面表达设计成半开放的形式（详见下面"三、试卷各题型的编制技巧（四）书面表达"）。

（三）难度适宜原则

一份优秀的试卷必须适合学生的实际水平，太难或太容易的试卷都会削弱测试的可靠性和有效性。为了更好地达到预期的效果，教师在编写试卷时，应根据学生的具体情况确定试卷的难度系数。过于简单的试题会影响学生思维的质量，思维活动得不到充分的展开，达不到训练的目的。难度大的试题容易挫伤学生的学习积极性。难易标准应当以新课标和教材为基准，以学生的实际水平为出发点。一般来说，高中阶段试卷中基础题占60%，中等难度题占20%，较高难度题占20%比较合理，既能保证测试的合格率，又能区分出学生不同的掌握程度。

为了让学生掌握好教材中的重点知识和典型的解题思想方法，单项选择题、阅读理解题的难度也不能停留在一般了解的层次上，要有意挑选一些需要学生经过认真思考才能解出的题目，使学生从中得到启发，加深理解。试题的编排上也要按照由易到难的顺序排列，使学生由浅入深、循序渐进，以达到触类旁通。当然，这里所指的"基础题"和"难题"要根据学生实际具体情况具体分析。因此，出卷老师对考查对象需要有相当的了解。

（四）主观、客观测试题比例适宜原则

一套优秀的单元测试卷不应是高考试卷的盲目追随者和模仿者。单元测试卷要有其独特的特点：主观试题的比例应加大，例如，通过语篇的方式考察语法，在完形填空中要求学生根据所学课文内容填入应掌握的积极词汇，在阅读理解中加入任务型阅读——回答问题、填写表格等；在词汇考察方面也不能仅仅让学生进行单项选择，可让学生根据首字母提示或词根提示填写生词，让学生在语境中复习、巩固词汇。

二、试卷命制过程

一套高质量的单元测试卷不应是他人成果的简单借用和抄袭，需要出卷教师根据学生具体情况和教学内容编制试卷。这要求教师做好以下工作：

(一)试卷命制前的专业准备

1. 养成收集试题的习惯，建立个人题库

优秀的教师都有一个比较好的教学习惯——对于所发现的好试题及时收录到个人题库中，并进行分门别类，日积月累，便有了丰富的题库资源。因此，青年教师在日常教学之余要关注全国其他省市同类型考试的新趋势、新题型等，并对这些命题资源进行收集、整理、加工以形成命题的有效素材。

2. 明确预期分数目标、确定难度系数

出卷教师在征求备课组其他成员意见的基础上确定本套单元测试卷的预期分数目标，包括平均分、及格率、优秀率等，这样才能有的放矢。不过出题者往往知道预期的分数目标，但考试的结果却往往偏离目标太远，大多是分数过低。有些出题者觉得试题题目容易，别人会说自己没水平；有的出题者总是以教师的视角命题，自己感觉试题不难，造成考试分数离目标分数太远、平均分过低，严重挫伤学生的学习积极性。

(二)总结归纳测考点一览图

1. 通览整个单元，把握整个单元重点和难点

熟悉和贯彻执行《课程标准》是正确确定教学重点和难点的第一项重要工作。同时，在编写整套考试卷前，出卷教师必须通览整个单元的内容，并阅读与教材配套的《教师用书》，了解本单元的教学重点和难点，确定考试要点，

这样才能避免遗漏要点。同时，还要避免对同一语言点的重复考察。

【案例 1】

现以北师大版模块四第十一单元为例来分析如何确定单元的重难点。根据《教师用书》(王蔷，2007) "Key Points of Teaching"，我们将本单元的教学内容(省略关于语音和口语的内容)进行归纳(如下表所示)。

Unit 11 The Media		
词汇	5 级词汇（8 个）：nation political demand host announce committee attempt process	
	4 级词汇（31 个）：affair bomb AIDS sex administration reform debt publish incident evidence blame willing legal defend argument profit attitude respect channel classic budget approach citizen spokesman scene district editor ahead environment protection media	
	3 级词汇（38 个）：chat photographer widespread electricity belief painful application pub delighted explanation arise self employ analysis onto hire advertise certain beer corporation brand suitable consist concept humour contemporary contribution consideration conclude innocent load yours somehow false opera agenda boom unemployment	
	2 级词汇（18 个）：distinction analyse encouragement dislike pretend bush disagreement visual astronomer fog tyre ankle ambulance strawberry harmful interrupt tobacco fiction	
	1 级词汇（7 个）：quiz sew niece nephew sightseeing muddy bravery	
	非课标词汇（2 个）：paparazzi greengrocer	
	教材词汇（8 个）：current poverty advertiser visually trolleybus southwest ex-husband faithfully	
	词组（12 个）：stand for；turn to sb；in favor of；stand out；consist of；get stuck in；come down to；go ahead with；keep away from；be responsible for；help out；participate in	
句型	1. However, not all advertising is about selling products and services for a profit. (L3) 2. ··· people don't mind bad language on television as long as it is not used in programmes watched by children. (L3)	
功能句	表达观点 1. Personally, I think··· 2. I mean, it seems to me··· 3. Can I interrupt a moment? 4. I'd just like to say··· 5. I'm afraid you are wrong.	

语法		1. 被动语态（Ⅱ） (1)G 8 was formed by eight of the world's wealthiest nation in 1998. (2)Reforms have been demanded by people from all over the world. (3)…the name of the host city for the 2012 Olympic Games was being announced by the International Olympic Committee in Singapore. 2. 动名词 (1)For many of today's advertisers, repeating old ideas is not a successful approach. (2)…a lot of money is spent on applying modern techniques of design to make these advertisements as visually attractive as possible. (3)Others try to create advertisements that people simply enjoy looking at.
语言技能	听	能够运用听力策略——听特定信息。
	读	能够运用略读和文化因素阅读策略。
	写	按要求写一篇100词左右的正式信函给一家杂志社投稿。

在深刻理解《课程标准》、第十一单元的教学内容和《教师用书》的前提下我们可以确定本单元的考试重点（如下表所示）。

词汇	单词（11 个）：nation; political; demand; host; announce; committee; attempt; process; media; administration; reform
	词组（10 个）：stand for; turn to sb; stand out; consist of; get stuck in; come down to; go ahead with; keep away from; be responsible for; help out
句型	not all; as long as
语法	被动语态（一般过去时；现在完成时；过去进行时） 动名词（作主语、宾语、表语、定语）
语言技能 听	能够运用听力策略——听特定信息。
读	能够运用略读和文化因素阅读策略。
写	按要求写一篇100词左右的正式信函给一家杂志社投稿。

将本单元的难点确定为3点：

demand 的宾语从句虚拟语气用法；

动名词作表语和定语的用法考察；

运用所学词汇写一篇英文稿。

2. 填写考试双向细目表，罗列知识考点

教师详尽了解考试范围和本单元重点、难点之后，对所考范围的知识须做一个考点的罗列，思考哪些应该考，哪些不该在此次考，以及哪些不能考；然后填写本次单元考试双向细目表。

双向细目表是考查目标、内容、难度、题型和认知水平目标等要素间的关联表，是科学规范命制试题的基础和保证。利用双向细目表命制试题可以有效克服教师在命题过程中的随意性和盲目性，避免出现知识点重复考查或考查遗漏的现象，避免出现试卷难度太大或太小、题型设置的不合理等现象。一般而言，一套完整的双向细目表可以包含多个相关的细目表。如有反映题型与难度、测验内容之间关系的双向细目表，有反映测验内容与测验目标关系的细目表，有反映测验内容与测验目标、题型之间关系的双向细目表等。

制定双向细目表应首先依据《课程标准》，参照教材和教学参考书，教师要列出需要考查的内容要点、能力层次、题型及难度系数等，再根据设计的指标规划双向细目表。根据高中英语课程特点我们可设计如下的简易命题双向细目表。现以北师大版高中英语 Module 1，Unit 1 为例（如表 6-2-1 所示）。

表 6-2-1　高一英语 Unit 1 命题双向细目表

年级		高一	学科	英语	命题人	李瑛	审题人	刘晓	
题型		题号	分值	知识点	考查目标		简单	中等	较难
选择题（共 115 分）	听力1~15 题		每小题 1 分，共 15 分		基本的单句理解和谈话内容的细节把握能力			√	
	单项选择	第16~20题	16.	1	非谓语动词 bored；boring 辨析	Lesson 1 p.9 课文内容		√	
			17.	1	一般现在时表将来	本单元语法理解	√		
			18.	1	冠词	结合课本复习语法	√		
			19.	1	一般过去时	本单元语法理解	√		
			20.	1	take 词组辨析	重点词汇用法		√	

年级		高一	学科	英语	命题人	李瑛	审题人		刘晓
题型		题号	分值	知识点	考查目标		简单	中等	较难
选择题 (共 115 分)	单项选择	第21~30题	21.	1	现在进行时表将来	本单元语法理解			√
			22.	1	过去进行时	本单元语法理解		√	
			23.	1	switch 词组辨析	课本知识掌握(Lesson 1)	√		
			24.	1	一般现在时表将来	本单元语法理解		√	
			25.	1	副词 otherwise	课本知识再现(Lesson 4，p. 14)		√	
			26.	1	Challenge 的用法	Lesson3 重要词汇复习		√	
			27.	1	advertisement 介词搭配	课本知识再现(Lesson 3，p. 13)	√		
			28.	1	spend 用法	课本知识掌握(Lesson 4)	√		
			29.	1	be free of 搭配考查	重点结构掌握应用(Lesson4)			√
			30.	1	can't stand do-ing 表示喜爱	课本重要语法掌握(Lesson 2 Function File)		√	
	完形填空	A篇 31~40	10分	1. 根据 Lesson 4 缩写填入恰当的词	考查对所学文章的掌握情况		√		
		B篇 41~50	10分	2. 高考类型题材：夹叙夹议	考查篇章把握能力，语境分析能力			√	
	阅读理解	A篇 51~54	每小题2分，共30分	记叙文，考查文章细节理解		√		
		B篇 55~57		说明文，考查快速阅读，整体理解能力			√	
		C篇 58~61		论述文，考查细节理解及归纳总结能力				√
		D篇 62~65		科普文，考查语篇理解及客观常识				√

续表

年级	高一	学科	英语		命题人	李瑛	审题人		刘晓
题型		题号	分值	知识点		考查目标	简单	中等	较难
主观题 （共25分）	单词拼写		满分10分	根据所学文章内容和首字母提示填入本单元的二级和三级词汇。				√	
	书面表达		满分15分	依据本单元所学材料对城市生活和乡村生活进行对比。考查学生遣词造句能力，再现学生基本英语词汇、句法的掌握及灵活运用。				√	
试卷整体设计难度系数			0.65						

（三）筛选和命制试题

确定考点以后，教师的下一步工作就是选题和独立编制试题。

1. 注重选择有代表性的题目

单元考试不同于高考，前面谈到命题教师应注意考试的功能。学生考试的过程也是学习和受教育的过程，承担着一定的教育功能。为了激励教育学生钻研教材、认真完成作业，我们可以适当地出一些源自教材或者教辅资料上已做过的试题，以促进学生的自主学习。但也要注意试题应有新意，对教材中的原题以及所用的资料中的原题最好做适当的改编、引申。

李琼怡（2010）提出出题教师应注重选择有代表性的题目。一般情况下，代表性的题目包含重点题、典型题及综合运用题等，它们可以体现在不同的题型中。语言测试命题者指导思想定位不能是难、偏、怪。太多难题会挫伤学生的英语学习积极性。高中英语教材每个单元含有若干个知识点，具体包括语言知识（如词汇、语法、句型等）和文化知识，也包括已知的知识和未知的知识。教材有步骤、有程序地介绍了一些语言和文化知识，潜藏了很多语言信息，但是为了检测学生在学习相关知识后能否灵活运用，这就要求命题者在有限的测试题目中容纳尽可能多的信息。

2. 充分利用学校题库和各大"教育网站"检索经典试卷

每所学校档案管理部门都收录了近几年或多年来本区或其他区的期中、期末考试题，管理较好的名校对单元测试题也都进行了收藏和整理。这都为编制单元测试卷奠定了基础，出题教师可以对部分内容进行借鉴。随着科技的发展，互联网上出现了众多的教育网站，提供了丰富的教育资源，出题者可在互联网上搜索本单元的试卷。

有了多种资源在手，出题教师可对资料进行遴选，但这并不意味着全盘接受。出题教师可以借鉴70％左右的资料，但30％的试题还需出题教师依靠自己的智慧来完成。

（四）全面审视试题质量

单元测试卷初稿完成后，出题教师必须对试卷内容进行认真的审查，确保试卷质量。试卷出现问题不但会影响教师的声誉，而且会对学生知识的学习造成负迁移。

1. 检查试题是否符合科学性

审视试题质量要注意考查的知识是否科学、合理，检查试题有无错误。英语试题有些错误不经过反复推敲和细致的解答无法发现。为了防止在试题中出现知识性错误，需要命题教师以考生的身份认真全面地把试题从头到尾解答一遍，以便及时纠正可能出现的错误。

2. 检查考点覆盖是否全面、合理

试卷初稿完成后难免存在个别错误，或者不全面、难易程度不当等各方面的不足。这都需要命题者做认真全面的修改、校正。首先，检查考点是否全面，尽量避免未涉及重点知识点的情况，当然也不必每个知识点都面面俱到，但是测试卷的考查面应尽量宽，有代表性，还要检查骨干、核心内容是否考查到位，考题是否超出应考范围，是否符合《教学参考书》规定的教学目的，各部分比重是否与教学内容基本一致。最后，还要检查题量是否过多，在规定的时间内大多数学生是否能够完成。

3. 检查试题是否体现公平性

考试公平性是评价试卷质量的重要方面。高中阶段一套单元测试卷文、理科学生共同使用。试卷考查内容要体现对文、理科学生的公平性。如避免出现文科学生学习过而理科生不了解的历史题或地理题，或理科生非常熟悉，文科生却费解的物理、化学知识。同时也要考虑到对男生、女生认知区别的公平性。例如，2016年北京高考题第一节要求考生描述一位历史人物，内容包括选择该人物是谁，主要贡献，对你的影响三部分。该写作任务显然对文科生有利。又如，期末考试阅读理解中笔者出了一篇关于 F1 赛事的阅读文章，文章生词量大、长难句多、试题难度大。但是许多体育迷由于对 F1 赛事了如指掌，在没有阅读文章的前提下顺利完成了阅读理解题，而许多女生在此篇文章上却得分较少。

4. 校对试卷

校对可由命题者自己校对，在允许的情况下也可找备课组同事校对，因为试题中有些错误命题者自己无法发现。命题者自己校对时通过对试题的解答、推敲、反复审核、纠正错漏后还需要考虑试题是否需要配上插图、表格等，并且要认真思考各题分配的分值、前后顺序是否恰当。

三、试卷各题型的编制技巧

在单元测试卷中既要有经典试题的摘选，也要有创新性试题的编辑。出题教师应根据被测群体的具体情况和教材内容编制 20％～30％的试题。高中各题型的编制技巧如下。

(一)单项选择

根据重点词汇在本单元的用法和语法项目，在纸质版权威词典或网络在线词典句库中确定例句并编制 4 个选项。

出题教师可以根据所确定的语言点和语法点在自己的题库中寻找相关内容，也可在纸质词典、网络在线词典中寻找相关例句，并结合学生生活实际、当前时事进行改编。

(二)完形填空

1. 完形填空题主要有两种形式

肖或明(2006)认为完形填空题主要有两种形式：一种是在一篇词数适当、难度与学生实际水平相当的短文中，间隔一定数量的词，挖出若干空格，要求学生从所提供的选项中选出一个最恰当的词填入空格，使短文意义准确，结构完整。另一种是在一篇长度及难度适中的短文中，间隔一定数量的词，抽去若干单词，并给出被抽去单词的首字母，要求学生写出该单词。目前我国中学英语测试一般都采取第一种形式。本文亦以第一种形式为例展开说明。

2. 完形填空题的命题方法和技巧

(1)充分利用文章的上下文设计问题

教师要充分利用文章的上下文设计问题。这是命制完形填空题的一种重要方法，也是衡量一篇完形填空题质量高低的重要依据。它着重考查考生的分析、判断、理解和综合等能力。教师要注意所选文章第一句不挖空，首句往往是文章的重要信息点。第一句没有挖空，为考生提供了短文的背景信息。

(2)避免设计纯语法知识题

完形填空题侧重考查学生对文章的理解能力和逻辑思维能力。语法知识原则上不列为考查项目。质量高的完形填空试题不应出现纯语法考查题。试题要侧重对考生能力的考查。

此外，教师要注意如果干扰项没有干扰性或干扰性太强，就不能有效地考查学生的阅读能力。若将完形填空题的各选项分别放入各自对应的空格中，就单个句子而言，无论是从语法结构，还是各选项的句意而言，都是正确的(个别小题除外)；但若从上下文的逻辑关系来看，则正确答案只能有一个。

(三)阅读理解

针对单元话题、国家和本地区及学校实际，确定阅读理解话题。高中阶段所选用的文章为记叙文、应用文、说明文、议论文。在一套阅读理解试题(4～5篇)中，出题教师要注意文章体裁的多样性。要避免在一套阅读理解试题中出现2篇以上的故事、说明文等。

一套科学的阅读理解试题要满足不同层次的学生要求，阅读理解A、B篇难度要小，多以细节查找为主，而阅读理解最后一篇应加大难度，即词汇量大、句式复杂、选取议论文等，适应优等生的需求。

(四)书面表达

单元测试卷中的书面表达任务在话题上最好与本单元学习内容有关，这样学生能够运用本单元所学的词汇、句子，使学生能够学有所用，迁移所学知识。例如，在完成北师大版模块1第1单元教学后，我们在单元测试卷中可以设计这样的书面表达任务——依据本单元所学材料对比"城市生活"和"乡村生活"。

【案例2】北师大版模块1第1单元测试书面表达部分

人们经常讨论乡村生活和城市生活。一些人喜欢乡村生活，而另一些人则喜欢城市生活。请你以 Living in the Country or the City 为题，按照以下要点写一篇英语短文。

乡村生活：	空气清新、生活恬静
城市生活：	交通便捷、购物方便
我喜欢的生活和理由：	……

注意：词数 100～120，文章的题目和开头已给出（不计词数）。

Living in the Country or in the City

People are forever talking about living in the country and in the city.

思考与实践活动

一、请结合本节内容，请思考以下问题：

1. 单元测试命题原则有哪些？

2. 如何确定单元测试卷的重、难点？

3. 命制单元测试卷包括哪些步骤？

二、实践活动。

根据目前所教单元编制一套单元测试卷。

1. 编制双向细目表；

2. 检索相关试题；

3. 根据本单元学习内容自编部分题目；

4. 组卷、校对试题。

参考文献

李琼怡．高中英语教学单元测试的选题策略[J]．考试周刊，2010(7)：127．

王弘泽．对数学单元检测试题命制的一点思考[J]．科技创新导报，2011(3)：172．

王蔷．英语教师用书 Module 4[M]．北京：北京师范大学出版社，2007：36.

肖彧明．如何设计完形填空题[J]．中小学外语教学（中学篇），2006(9)：16～20.

第三节　试卷评析课的教学设计

【学习目标】
- 了解英语试卷评析课的原则
- 理解试卷评析课的教学流程
- 运用现代教学技术手段确定试卷评析课的重难点

【内容要点】
- 试卷讲评课的讲评原则
- 试卷评析课的课前准备
- 多样的试卷讲评课模式

一、前言

著名心理学家和教育家布鲁姆论述了试卷讲评课的意义。他认为学生可以通过测试获取信息的反馈；教师通过讲评，明示正谬，矫正教学中的错误，促成教学目标的达成（黄子成，2003）。《高中英语课标》（陈琳等，2002）在评价建议中指出：科学的试卷讲评是帮助学生查漏补缺、归纳复习、培养答题技巧和提高学生运用能力的重要环节。我国的一线教师对试卷讲评课也进行了大量研究。肖慧敏（2009）认为试卷讲评课能够使教师及时了解学生的共性问题，调整复习课策略，提高学生解决问题的能力。因此，科学有效的试卷讲评课模式值得英语教师探索和研究。

但是许多教师仍然延续传统的试卷讲评模式——根据自己的教学经验确定教学重难点，课堂上对试题内容进行细致的分析。课堂的大部分时间被教师占用，偶尔穿插师生之间的问答互动。教师上课滔滔不绝，讲得非常辛苦，但是教学效果却不令人满意。课堂气氛沉闷；学生上课注意力不够集中，而且对教学内容不感兴趣；教学内容和速度不能满足学生的学习需求。

二、试卷讲评课的讲评原则

要上好一堂试卷评析课，教师应注意运用科学的方法，同时遵循以下试卷讲评原则。

(一)针对性原则

教学进度紧时间有限，要使试卷讲评课更高效，应抓住典型，针对试卷中的典型性错误重点讲解。诸如试卷中有些试题正答率较高，讲评时只需要点到即可，甚至可舍去不讲。课后进行一对一答疑辅导。有些试题学生普遍出错，正答率很低，就需要树立典型、深入剖析那些涉及重、难点知识、能力要求较高、综合跨度较大的试题。教师要善于运用恰当的策略强化学生对这些典型错题的掌握。

如果评析试卷时面面俱到，势必会造成师生双方时间和精力上的浪费。因此，教师在进行试卷评析课之前必须做好对普遍性错误以及错误原因的分析，做好错题情况统计，并在此基础上进行备课和评析，以便保证试卷评析的针对性。切忌只核对答案或者泛泛评论。

例如：The story took place in Europe in the days before automobiles _____ everyone used horses.

A. which　　B. where　　C. when　　D. as（正确答案为 C）

有些学生认为本题是考查定语从句，但把 automobiles 或 Europe 当成了先行词，错误地选择 A 或 B；有些学生选择 C，但认为本题考查时间状语从句。通过分析教师可以发现问题——学生对于"分割性定语从句"掌握不好。教师在试卷讲析时可针对此语法项目进行相关的训练。

(二)启发性原则

根据新课改理念，教师在课堂教学中一定要体现出学生的主体性，要通过设计一些具备探讨性、发散性的教学情境，鼓励学生勇敢假设、提出问题，培养学生的创新意识和敢于表现自己的人格意识，还可以鼓励倡导学生对"评价"做出"反评价"，使学生成为讲评课的真正主人。教师要转变思想，摒弃"满堂灌"和"填鸭式"的教学方式。因此，教师在进行试卷评析时，要非常注重启发性教学原则的运用。

例如：_____, so he had to write a letter again.

A. As he hadn't received an answer

B. Not having received an answer

C. Having not received an answer

D. He hadn't received an answer

该题多数学生首选 B，用分词完成式来表示时间有先后，但仔细观察，可见句中有一并列连词 so，因此应有两个并列句，首先应排除 C，只有 D 才正确。A 是一个原因状语从句。如果去掉连接词 so，A、B 都是正确答案。因此教师在评析试卷时，不能就题论题，应该启发和引导学生把思路延续下去。通过开发、设计一些探究性活动，不失时机地引导学生积极、主动地参与学习。学生的学习活动越多，体验越丰富，对知识的理解就会越透彻，对方法的体验就会越深刻，在学习过程中学生的学习能力也就自然而然地得到了提高。

在试卷讲评过程中教师应积极营造轻松、愉快、民主的氛围，鼓励学生畅所欲言、大胆质疑、展开多向思维，切忌一言九鼎、一锤定音。要鼓励学生大胆对难点提出疑问，发表积极的建议，提出一些"why"，大胆暴露自己的知识缺陷。教师在整个讲评教学中要有的放矢，始终处于指导地位。

(三)系统性原则

系统性原则，也可以称之为拓展性原则。要求学生构建学科知识结构远比要求学生掌握孤立的知识点更为重要，这是教学的一大根本任务。因此，试卷讲评过程中教师要通过示范提供给学生构建系统知识结构的方法，将分散的知识最终连成一个经纬交织的知识网络，这样才会有助于学生对该学科整体的认知，不至于产生盲人摸象的错觉。具体来说，教师在讲评课课前备课时要先将散布于各题中的知识点和基本规律原理进行门户归类，形成知识的系统结构，课堂上展示给学生，教学生用整体综合的观点分析问题，从而提高其系统分析问题的能力。

例如：If people _____ virtual reality holidays, we _____ on an around-the-world tour.

A．invent；go   B. invented；had gone

C．invent；have gone   D. invented；would go（正确答案为 D）

为了让学生全面、系统地掌握每道试题的相关内容，讲评时教师可以此题为题眼，从试题的深度和广度上加以延伸，加强知识的纵横联系，对虚拟语气的条件状语从句进行归纳，加大知识摄入量。这样有利于加强复习的系统性，强化做题的实际效果，提高学生的应变能力。在对虚拟语气进行系统总结后，教师可对此知识和思维方法进行延伸和扩展，从一道题目拓展到一类问题，达到举一反三、触类旁通的学习效果。

例如：This printer is of good quality. If it _____ break down within the first year，we would repair it at our expense.

A. would   B. should   C. could   D. might（正确答案为 B）

通过分析可以知道该题考察的是虚拟语气。教师可以借助此题引导学生体会虚拟语气运用的语言魅力——推销员在向顾客推销打印机，运用虚拟语气标明此种打印机质量高，第一年出现质量问题的可能性非常小。鼓励学生在表达将来发生的可能性较小时尝试运用虚拟语气。例如：If I should become the president，I would cancel all the exams.

（四）激励性原则

教育家第斯多惠指出："教学的艺术不在于传授本领，而在于激励、唤醒、鼓舞。"在教学中教师应将激励贯穿于试卷讲评课的始终，应学会欣赏学生。讲评课开始时对成绩好、进步快的学生提出表扬，鼓励其再接再厉，再创佳绩。讲评过程中对学生答卷的优点应加大推荐，如卷面整洁、解题规范、思路清晰、思维敏捷、解法有独到之处、有创造性等。讲解时可将试卷中出现的好的解题思路、方法介绍给大家，也可以由学生上台讲解。对成绩暂时落后的学生要能和他们一起找出原因，鼓励其克服困难，奋起直追。要让他们在赞扬中获得愉快，对他们的错误解法要指出其合理成分，并和他们一起研究怎样做可以改正为正确答案，增强其信心，激发其兴趣，消除其压抑感，增添其成功感，让学生达到"胜不骄，败不馁"的境界。

此外，在讲评课上还要多展示学生的思维成果，如能体现学生能力和才华的优秀解法、创造性的新颖见解等。通过在讲评中对学生的激励，充分调动各类学生学习英语的激情、兴趣等积极因素，激发学生勤奋好学的愿望，促进智力因素与非智力因素的协调发展。

(五)及时性原则

测试结束后，大部分学生都急于知道自己的成绩，情绪比较高，而且对试题及自己的解题思路印象还比较深刻，此时讲评能够收到事半功倍的效果。有的教师往往三四天过后仍未完成阅卷，完成阅卷后，统计分析工作又不及时，等到讲评时，学生早已把试题忘得差不多了，而且情绪懈怠，讲评课的效果也就可想而知。

试卷评析课忌讳教师不批改就评讲，教师只凭自己的主观估计来确定讲评的重、难点，事实证明这样并不合理。教师往往只能推断出学生错误的一部分，而有些错误往往出乎教师的意料。教师只有及时批阅试卷，才能了解学生各题的得分情况，了解学生的整体水平，才能分析普遍性错误，整理出错误的性质、类型，根据犯错的原因确定讲评的顺序、重点和方法，从而在讲评时能做到有的放矢，有效解决学生的缺陷和问题。

因此，每次测试后教师一定要抓紧时间阅卷，迅速统计数据，做好试卷分析，摸准学生的心理，及时讲评，越快越好。

三、试卷评析课设计前的准备

高效试卷讲评课需要教师精心准备，这样课堂教学才能有的放矢，提高课堂教学效率。

(一)分析每个试题考查的重点

试卷上每道题都体现着命题者的意图。评析中教师要帮助学生明确对所考查知识点的要求，并结合教材的特点和学生的学习情况，分析命题人如何从不同的角度检测知识点和技能。因此，讲评中教师首先要交代试题考查知识内容和目标要求。例如，对于语法选择题，教师就要说明每道题目的考查范围，是考查时态、语态，还是短语的习惯搭配等。这样，学生就能够明确解答问题所必备的知识，认清自己学习中的不足，查漏补缺，确定今后的学习目标和努力方向。

(二)注重发挥学生的主动性

在试卷评析课前教师应把批改好的试卷发给学生，不要急于评讲，而应该给学生一定的时间让学生进行自我检查、自我分析，使学生根据自己试卷中存在的问题，主动复习教材，查阅相关资料，提出自己的疑惑。学生提出问题其实比解决问题更重要。通过提问能培养学生的问题意识及自学能力，同时发挥其学习主动性，激发了其学习兴趣。学生在听讲评课时就能结合自己的课前思考，在归纳和反思中体味重点知识，重新建立知识框架，熟练掌握知识要点和相关联系，切实提高自己的应考水平，优化自己的思维能力。

四、试卷讲评课模式探索

众多专家和学者对试卷讲评课进行了研究，提出了很多提高英语试卷讲评课效率的模式和方法。例如，张会莲(2007)提出运用现代信息技术提高讲评课效率。张新纸(2009)在高三英语试卷评讲课中采用了合作学习模式。王晓娟(2012)设计出"高三试卷讲评课流程图"。

(一)多种试卷讲评课模式

下面笔者就几种有影响性的英语试卷讲评课模式进行简单的介绍。

黄子成(2003)提出了英语测试讲评课的基本程序与模式，即准备阶段→情况分析→矫正补救→练习阶段→小结阶段。王俊(2010)设计的试卷讲评课的课堂教学结构如下：评考→析题→反馈释疑→矫正。王晓娟(2012)提出了"高三试卷讲评课流程图(如图 6-3-1 所示)"。该策略共分三步四个环节，三步是指课前自纠、课堂探究和课后反思。王晓娟把教学重点放到了课堂探究部分，主要针对课堂调控策略设置了四个环节：考情分析、合作探究、讲评展示、变式训练。

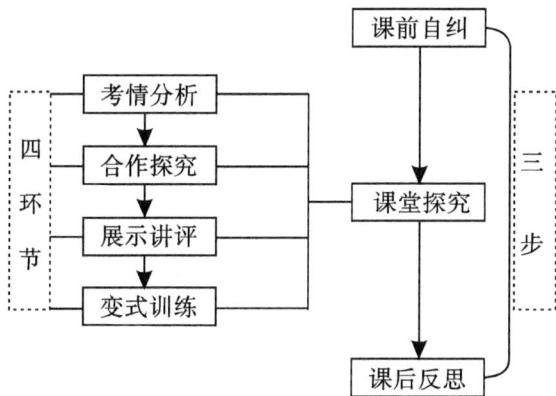

图 6-3-1　高三试卷讲评课流程图

(二)以学生为主体的试卷讲评课教学思路

刘桂章(2010)提出在高中试卷讲评中运用现代技术手段辅助教学，采用以学生为主体的高三英语试卷讲评课模式，提高课堂教学的实效性。其教学步骤如图 6-3-2 所示。

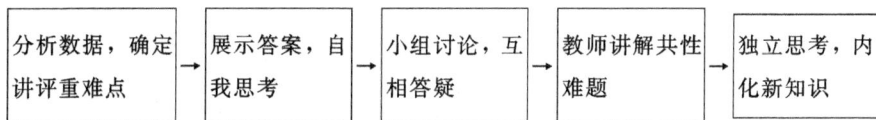

图 6-3-2　以学生为主体的试卷讲评课模式

1. 运用"客观题读卡机"收集数据，确定重难点，增加课堂教学的针对性

教师只有及时批阅试卷，才能了解学生各题的得分情况，了解学生的整体水平，才能分析普遍性错误，整理出错误的性质、类型，根据犯错的原因来确定讲评的顺序、重点和方法，从而在讲评时能有的放矢，有效地解决学生的缺陷和问题。

科学技术的迅猛发展为英语教学提供了强有力的技术保证。"读卡机"的使用为英语试卷讲评课提供了便利。读卡机使用的好处是方便、快捷，功能齐全。它能从点到面地反映每个学生、每道选择题的答题情况，也能反映不同班级学生的答题情况。教师可以获取正确率、平均分、难度系数等，甚至每一个学生的答题情况。课堂上教师要重点突出只针对错误率较高(正确率低于 60%)的题目进行全班重点讲解，而错误率较低的题目让学生在小组讨论中互助解决。

2. 借助多媒体视频展示台呈现答案、展示书面表达代表性作品

多媒体教学已被广泛地运用于课堂教学中。在试卷讲评课中教师采用幻灯片的形式将每道大题的答案逐一演示出来。学生先对照每道大题的答案自查，给学生 5～10 分钟的时间自己独立思考，对于学生个人无法解决的问题再寻求同学和老师的帮助，试卷讲评结束后再给学生五分钟的时间自己总结。

在主观题——书面表达的讲评过程中，教师可以采用视频展示台把学生作品分类展示。讲评过程可以充分发动学生展开自评、他评和互评，针对展示出来的典型问题寻找不足，商讨对策，激发学生的学习积极性、主动性，提高课堂教学的针对性和实效性。另外，在此过程中教师还可以辅之以数码相机，将学生作品拍摄出来，原汁原味地呈现在屏幕上。

笔者在一次试卷讲评课上展示了书面表达一档文的真实卷面（如图 6-3-3 所示）。

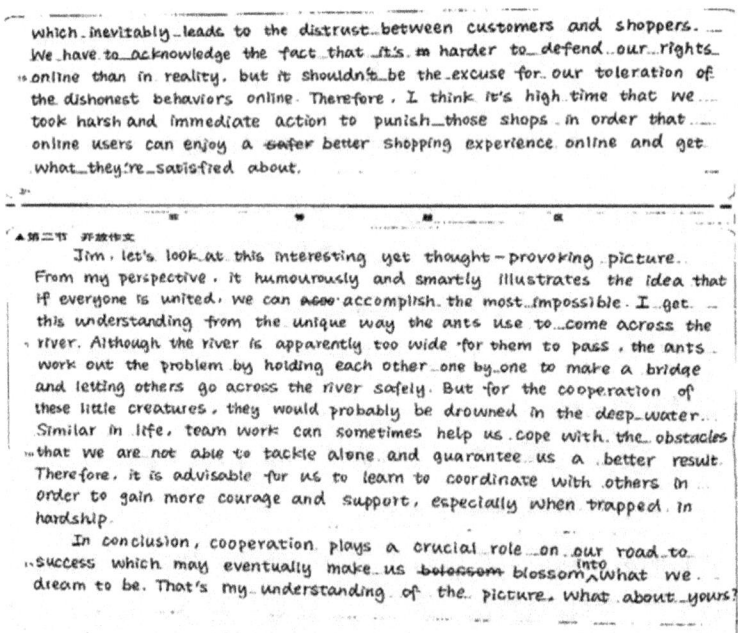

图 6-3-3 "书面表达"的真实卷面

优秀文章清秀的字体、整洁的卷面、优美的语言胜过老师的千言万语，学生也会以此为榜样，在以后的考试中效仿。而比较差的解答和书写能让学生本人和其他学生得到警示，促使学生反思自己解题过程中存在的问题，特别是书写潦草、解答不够规范会造成失去应得的分数，导致无谓的失误、失分。

3. 运用小组活动，提高学生学习积极性，提高学习实效

小组活动是英语教学中教师经常使用的课堂组织形式之一。维果茨基认为知识是在社会个体之间相互作用中形成的，小组活动使得学习者在与同伴的交互式学习中习得知识（朱文翠，2003）。研究表明（陈琦，2000）：学习成绩较弱的学生更愿意问同伴那些他担心被老师称之为"傻"的问题，并且他们不担心同伴的责备。同时成绩较好的学生在讲解中不但巩固了知识，也进一步提高了对问题的认识。

根据所教班的具体情况，教师可按座位形成小组，每4名相邻而坐的学生构成一个小组。这样每名成员都有更多的发言机会。学生在小组讨论中既解决了自己原有的部分问题和疑惑，又体会到了合作学习的重要性。对于小组内部无法解决的问题由教师进行点拨。

在试卷评析课上教师要勇于改革，适时调整小组的组成形式。可打破按原有座位形成小组的做法。学生小组活动充分发挥教学民主。教师允许学生离开座位，根据个人意愿组成小组，但要求小组组长必须成绩优秀，能够胜任"小老师"的作用。但是教师不能无限制地放任学生自由讨论、交流，这样很可能会导致学生合作探讨的盲目化、低效化，甚至学习目标离散。学生的合作必须基于教师确定的某个点、某道题，这样才能保证把有限的课堂时间投入重难点问题的解决上。

4. 培养学生独立思考并内化新知识的学习习惯

试卷讲评是对试卷知识的二次消化，是重新吸收知识、深化理解知识的过程。在这个过程中，教师要充分调动学生思维的主动性，促进陈述性知识向程序化知识的转化；要把考点知识与原有的知识经验联系起来，促进知识的正向迁移。

讲评完每套试卷后，教师可给学生留下5分钟的时间重新浏览一遍试卷，自主分析错误原因，个人进行归纳总结，并记录在个人的"错题登记本"上。

五、结语

试卷讲评是一个师生共同反思评价、调节教学的过程。测试作为一种手段，不仅检测学生的英语水平，而且也考查教师的业务能力和教学效果，因而教师也需要自我评估和反思。教师在分析试卷和讲评试卷时，除了帮助学生纠正错误外，也可以给学生分析试卷中哪些题目是因为自己教学方面存在问题而导致学生出错的，教师发现自己在教学上还需要做哪些改进。这样做不仅有利于提高教师的教学水平，也有利于形成教师与学生在思想上的共鸣，从而真诚地赢得学生对教师的信任。通过试卷分析、讲评，教师对自己的教学方法、教学内容、教学思想等进行改进、调整，找出教学中的薄弱环节，剖析其中存在的问题，以便更扎扎实实地推进教学，力争取得最佳的教学效果。

教师应克服传统的以语法为中心的讲评模式，建构起培养听、说、读、写综合语言能力，尤其是阅读理解能力的综合型讲评模式。在试卷讲评课上有些教师只注重单项填空、短文改错题的讲评，并不惜引经据典，旁征博引，而对阅读理解题、书面表达题则一带而过。这种见木不见林的讲评方式无助于学生语言能力的形成，违背了语言学习规律，也有悖于大纲及考纲的要求。正确的方法是，在阅读理解题、书面表达题的讲评过程中，培养学生对长句、难句及语篇的理解能力，重点解决"似懂非懂""似是而非"及失误率高的问题；对书面表达中表达不流畅、语言不地道等问题提出相应的对策。

思考与实践活动

一、请结合本节内容，请思考以下问题：

1. 试卷评析课的目的和重要性是什么？

2. 试卷讲评课的原则有哪些？

3. 简单介绍2~3种英语试卷讲评课模式。

二、实践活动。

根据单元测试卷内容设计一节试卷讲评课。

参考文献

陈琳，王蔷，程晓堂．英语课程标准解读[M]．北京：北京师范大学出版社，2002.

陈琦，刘儒德．当代教育心理学[M]．北京：北京师范大学出版社，2000.

高跃凤．怎样上好英语试卷评析课[J]．教师，2011(27)：75～76.

黄子成．中学英语教学建模[M]．南宁：广西教育出版社，2003：104.

刘桂章：以学生为主体的英语试卷讲评课探究[J]．山东师范大学外国语学院学报学报：基础英语教育，2010，12(6)：8～12.

佘川琴．互动：英语试卷评析的重要法则[J]．中小学电教(月刊)，2008(12).

肖慧敏．提高英语试卷讲评课有效性的思考[J]．英语教师，2009(7)：36～37.

王俊．高中英语试卷讲评课课堂教学模式实践探索[J]．英语教师，2010(7)：23～25.

王蔷．英语教师行动研究[M]．北京：外语教学与研究出版社，2002.

王晓娟．高三试卷讲评课高效教学策略研究[D]．石家庄：河北师范大学，2012.

鱼霞．情感教育[M]．北京：教育科学出版社，1999.

张新纸．提高高三英语试卷讲评课实效性的策略[J]．新课程：教师，2009(7)：19.

张会莲．现代信息技术在教学中的应用[J]．中国信息技术教育，2007(10)：9.

朱文翠．英语教学中小组与对子活动的作用与意义[J]．佳木斯大学社会科学学报，2003，21(1)：111～112.

Harmer, Jeremy. The Practice of English Language Teaching [M]. London and New York：Longman，1999.

Nolasco, Bob；Arthur, Lois. Large Class[M]. Hong Kong：Modern English Publications，1995.

Richards, C. Jack；Platt, John. Longman Dictionary of Language Teaching & Applied Linguistics[M]. Beijing：Foreign Language Teaching and Research Press，2000.

第七章　英语教师提升教学设计能力的途径

第一节　如何进行有效反思

【学习目标】
- 理解教学反思的内涵
- 了解教学反思的整体框架与具体反思要点
- 能够尝试依据学生作品、访谈等反馈信息进行某一方面深度反思

【内容要点】
- 反思的内涵以及当前教学反思的误区
- 英语学科教学反思的框架
- 教学反思案例及评析

一、反思的内涵以及当前教学反思的误区

促进教师专业发展的核心因素是教学反思。"教学反思是教师以自己的教学活动过程和学生的学习过程为思考对象，对自己课堂教学前、中、后所做出的教学判断、教学决策、教学行为以及由此所产生的结果进行审视和分析的过程。"（李宝荣，2015）合格、优秀的英语教师应该具备很强的专业反思力，要不断通过反思来提高教学实效，提升学科教学问题的专业敏

感度和专业判断力，从而带动教学研究能力的发展。

　　然而，很多教师不知道如何有效地进行反思，公开课课后研讨交流阶段的反思要么介绍授课思路，要么针对某一具体环节任务的实施情况说明成功与不足的原因。课后提交的反思基本是把评课者的建议写出来，没有体现出教师思考分析的过程、专业判断力以及行动力。常态课的反思基本是主观判断的两段论式随笔：成功与不足，从细节分析入手，关注具体活动任务的合理性，依据主观判断来确定活动任务的效果。由于缺乏学生课堂表现、作品以及课后反馈作为依据，反思缺乏成功与不足的客观因素分析和有效的后续行动思路(李宝荣，2015)。此外，很多教学反思的一个重要问题是教师缺乏对教学设计、实施中的问题背后的原因分析，不对教学实践做法提出疑问，缺乏对持续教学改进的思考与计划措施，这样的反思无法使教师感受到反思对教学的推动力和对自身专业水平提升的积极效力，教师会逐渐失去反思的动力。

二、英语学科教学反思的框架

　　没有框架的反思是随意的、笼统的、盲目的，无法使教师全面理解、评价自己的教学，导致教师缺乏客观、全面的自我教学评价能力，会极大地制约教师教学能力的提升。笔者多年来在听、评课过程中对教师反思方面的问题进行了深入思考和研究，提炼总结了英语学科反思的框架，下面将从教学理念、教学设计、课堂实施三个方面入手，概括出框架下的反思层面及具体的反思点，引导教师进行有效、客观全面的反思，希望能够帮助教师解决反思方面的问题和困惑。

(一)整体教学设计与实施是否体现了新课程理念？

　　新课程理念是有效课堂教学行为的指导思想和依据。教师要依据《课程标准》的基本理念，反思自己的教学行为。只有通过不断地反思、质疑自己的教学行为，教师才会知道自己内隐的教学理念是否和新课程的理念相一致，自己是否在落实新课程的理念。教师可以反思以下两个层面的问题：

　　1. 是否体现了知识和技能培养并重的理念？

　　具体反思点包括：

是否过于注重语言知识的讲解和操练？

是否忽视了听、说、读、写技能的综合培养？

如何通过恰当的教学任务设计很好地把技能培养与语言知识学习融合起来？

"在外语学习这一社会活动中，实践就是进行听、说、读、写的活动；而理论则是语法、语音和词汇知识的掌握。理论与实践的辩证统一是外语学科的根本原则。"（陈琳，2003）理论和实践的辩证统一在英语教学中的体现是技能训练与知识学习过程的融合与并重，而不是顾此失彼。一些教师接受新课程的理念，但是在教学中却没有把知识学习和技能培养结合起来。笔者在观摩中学教学时看到很多阅读教学第一课时聚焦于各种阅读技能的培养与提升，却忽视了在技能培养过程中语言知识的巩固、强化与学习的机会，第二课时单独进行词汇学习，而词汇学习过程中又忽视了语言知识支撑下的阅读、口语等技能的培养与提升。教师要在反思中探寻通过恰当设计教学任务来很好地把技能培养与语言知识学习融合起来的方法和策略。

2. 是否体现了动静结合的理念？

反思点包括：

是否过于关注学生活动形式的趣味性与创新性而忽视了有效性？

是否积极吸引学生思维动起来？

是否给了学生独立思考、提问的空间和时间？

新课程理念倡导自主、合作、探究的学习模式。自主、合作、探究学习模式符合语言学习规律，体现了自主静态思考与合作动态研究的结合。一些教师过于关注学习活动形式的趣味性与创新性，忽视了语言学习规律，忽视了学生个体思考、吸收的过程，贯穿整个课堂始终的都是学生之间的互动，如结对活动（pair work）、小组活动（group work），课堂动态明显，但是语言学习还需要学生个体静态思考、理解、吸收新知识和技能。

学生思考的外在表现是学生形成问题，提出问题。独立思考、勤学好问、会问，这是极为重要的学问。教师要反思：是否给予了学生提出问题、尝试解决问题的时间？是否给予了学生提问的时间和空间？英语课堂上的提问环节非常重要。提问不仅指教师向学生提问，更重要的是学生向教师提问、向同学提问，引发师生互动，生生活动，相互学习、提高。

(二)教学设计是否合理？

有效的反思是有目的、有计划的行为。没有预设反思重点的反思是随意的，低效的。在教学设计阶段，教师可以从两个重点层面反思教学设计的合理性，并依据教学目标、教学设计中的重点、探索点和创新点来确定教学实施后反思的角度和重点。

1. 目标确定的依据、维度与重点

反思点包括：

教学目标确定的依据是否明确、合理？

是否依据教学内容的价值分析合理确定了教学目标和重点？

目标是否多维且具有可行性？

目标是否体现了整体性、层次性？

依据《课程标准》的总体目标——培养学生的综合语言运用能力和"以学生为主体"的理念，教学目标的确定依据是《课程标准》中的内容和学生的已有基础。一些教师呈现的教学设计中教学内容分析和学情分析空泛，且目标表述宽泛模糊，没有体现教学目标与学生的已有基础、《课程标准》要求之间的关系，无法呈现各个维度目标之间的联系、整体性和层次性，这样的目标不具有可行性和可评价性。

除了反思教学目标的确定是否有明确合理的依据外，教师还要反思教学目标的维度和重点。依据《课程标准》的总体目标，教师可以从语言知识、语言技能、情感态度、学习策略和文化意识五个方面来确定教学目标，可以从语音、词汇、语法、功能以及话题五个方面来考虑语言知识目标。也就是说，教师可以依据教学内容的多元利用价值来确定多维教学目标，从而充分实现教学内容的价值，实现丰富教学内容下的高效教学。当然，多维并不意味着要牵强地确定三维或者五维教学目标。教师要依据可行性确定教学目标的具体维度。教师要反思：是否依据《课程标准》的内容和要求挖掘了教学内容的多元利用价值——语篇结构框架价值、话题下的语言知识学习价值、话题信息捕捉价值、各种技能培养价值和情感态度培养价值，并确定了一个或者两个重点利用价值？是否依据教学内容价值分析和学生已有的相关基础分析，确定了以实现教学内容的重点利用价值为主、其他价值为辅的多维且有重点的教学目标？

一个单元或者一节课的教学目标应该有明确的重点，教学内容价值分析为教师确定重点目标提供了依据。小学、初中、高中教材中会把同一话题不同层面的内涵、意义作为切入点，激发、培养学生对话题中具体内涵的积极情感态度。例如，就英雄这个话题，初中生已有的学习经历和生活体验使他们认为体育明星、歌星是英雄，在处理以白求恩为载体的英雄话题内容时，教师需要引导学生关注、理解白求恩"救死扶伤"意义上的英雄的含义，培养学生爱英雄、学英雄的情感以及在生活中乐于帮助他人的好品质。当然，这种情感目标要在教学中长期渗透、不断引导才能够落实，可以不作为一个课时的重点目标。即便在确定知识目标时，教师也要避免平行并重地处理单词以及句法结构，词汇目标的重点可以确定为有构词规律、语音规律引导价值的词汇与表达法。

此外，教师要反思目标表述是否体现了整体性和层次性。一些教师呈现的目标层次混乱，知识目标和技能目标交叉描述，把功能目标、语法目标等作为一个单独的维度与技能目标、情感态度目标平行列出，无法体现目标的整体性。教师可以通过在知识目标下加小标题，如语音目标、词汇目标等来体现目标的层次性。此外，教师可以通过运用不同层次的行为动词，如理解、认读、流畅说出/运用等来表述目标，体现目标的整体性和层次性。确定目标后，教师要探寻在一个单元内充分实现多维目标的方法和策略。教师要在一个课时内尽量保障充分实现重点目标，在一个课时内平行并重地去完成一系列目标，不分侧重点地安排、实施教学环节会导致所有目标都无法充分实现。

2. 教学过程设计的合理性、层次性和整体性

反思点包括：

教学过程设计是否明确描述了各个环节、活动的时间安排？

呈现环节、训练环节是否为运用环节做好了丰富的语言知识和话题信息的铺垫？

各个教学活动的安排是否目标明确、时间恰当、过渡自然、梯度适中？

话题信息、知识与技能的输入活动的内容、形式与训练、运用活动的内容、形式是否一致？

教学环节设计是否体现了整体性、层次性？

整体教学过程设计是否体现了不同类型课的环节特点？

教学过程设计的整体性和层次性要靠教学环节任务之间的内在联系、自然过渡、适当梯度以及外显形式来保障。除了常见的环节割裂问题，常见的教学设计外显问题是环节多而无序。例如，一位教师呈现的环节是 step 1 review；step 2 lead-in；一直到 step 11，这样的环节呈现方式本身就无法体现教学过程的整体性和层次性。如果教师按照 pre-learning，while-learning，post-learning 三个大环节下再呈现"步骤"（step）小任务，就会清晰地呈现教学设计的整体性和层次性，无须读者细细挖掘各个环节之间的联系。此外，要体现教学过程的整体性，教师还要描述各个环节、活动的设计意图和时间安排，作为实施教学的依据。

保障课堂教学实效的一个重要因素是承载信息、知识与技能的输入活动与训练、运用等输出活动在形式、内容、时态、语态方面要一致。教师要有输入与输出一致的意识和判断能力，对自己、他人，甚至是教材中所设计的活动任务的合理性做出判断，提升教学内容价值分析能力。例如，上面提到英雄主题单元的阅读语篇内容是介绍白求恩大夫在中国救死扶伤的英雄事迹，读后写作任务是让学生写袁隆平。而实际上袁隆平和白求恩不是一个意义层面上的英雄。学生描述袁隆平的事迹时无法模仿或利用阅读语篇中的知识结构和信息。一位教师依据输出与输入一致原则删掉了教材中的写作内容，选择了与教学内容相匹配的任务让学生完成：Write some sentences to tell the story about Lin Hao saving his classmates during 2008 Wenchuan earthquake.

如果教师不调整输出任务，学生在完成写作任务输出时会有很大困难，而输入的知识和信息却因没有运用强化的机会而无法落实。输出与输入一致是英语教师对教学设计有效性反思的重点，可以在教学设计过程中开展，也可以在教学实施后开展。

此外，教师要依据《课程标准》中对听、说、读、写技能教学的建议，研究不同课型的教学思路，反思自己的教学是否体现了该课型的整体思路和环节特点。

（三）教学实施是否有效？

教师要依据学生的课堂表现、作品、课后反馈来反思教学实施是否有效，不断提升自己的专业判断力。上课时教师需要认真观察、分析学生的表现、作品、遇到的困难，课后通过分析学生的作品等形式来获得有效的反馈信息。当然，也可以依据课堂实录进行反思，但是实录有时无法提供具体清晰的学生学习活动信息。此外，教师可以采用聊天式访谈来获得有效信息，作为评价教学实施是否有效的客观依据。下课后教师可以按照目标分层的情况找几个学优生、中等生、学困生的代表或者有计划地确定访谈对象，提出以下问题：

这节课你印象最深的环节和内容是什么？

这节课你的收获（知识、技能、情感态度、学习策略、文化意识等方面）是什么？

你希望老师帮助你解决的疑惑或问题是什么？

课后你会如何复习本节课的内容？

你对老师教学的一个主要建议是什么？

依据学生的课堂表现、作品、课后反馈信息，教师可以从以下五个层面来反思教学实施的有效性。

1. 教学目标的达成度

反思点包括：

教学目标是否充分达成？

什么原因促成目标达成或者无法达成？

教学目标的达成度是教师反思的切入点和重点，它能够引导教师思考教学目标、活动任务设计的合理性和改进措施。如果学生反馈信息表明，学生就教学目标（收获）方面的反馈很模糊。例如，仅仅能够说出几个词语；一节阅读课的收获仅仅是提升了阅读技能，但是却无法列出具体技能以及如何提升了该技能；一节阅读课后学生的复习内容是看课后词汇表记忆单词，这时教师要反思落实目标的过程：是否没有引导学生形成目标意识？是否缺乏强化目标的过程？是否需要留出一点时间引导学生总结评价学习收获？

2. 教师的课堂作用发挥恰当、充分

反思点包括：

是否生动地示范了重点语言知识和技能？

是否在学生学习过程中适时地捕捉学生的学习问题、困难和障碍，并进行了有效的引导？

是否在评价学生语言表达过程中引导其语言和思维的发展？

是否就学习策略的发展给予了充分的指导？

是否通过各种手段强化了教学目标和教学重点？

《课程标准》中列出了英语教师的很多作用，在反思过程中教师要关注自身示范作用、引导作用和评价作用的发挥。英语教师在课堂中要通过多次示范运用重点功能结构和词汇来帮助学生吸收、落实知识目标。就示范作用教师还要反思：是否运用了多样而丰富的语言为学生丰富的语言表达做出了示范？很多教师课堂语言基本是日常教学任务指令语，没有为学生丰富的语言表达做出示范。

教师引导作用的一种体现是引导学生落实、强化学习内容。一些英语教师缺乏课堂教学强化意识，教学中缺乏对教学重点的强化过程，强化形式局限于反复训练与反复做题，忽视了教师教学行为作为一种有效的强化手段应起到的作用。例如，教师的语音语调的变化、停顿、重复等对重点内容的强化作用。教师要反思自己是否通过教学强化行为引发了学生的有意注意，引导其关注、落实教学目标和重点，避免了学生无具体收获的低效教学；是否在学生完成任务时观察了其合作方法和学习策略；是否捕捉到了其语言运用中的问题、困难和障碍，并在引导学生解决问题过程中，引导其发展有效的学习策略。英语教育界关于英语学习策略研究结果表明：使用有效的英语学习策略，不仅可以提高学习效果和质量，还可以减轻学习负担，减少学生学习的困难。

在反思评价作用时，教师思考的问题是：是否对学生的语言形式和内容进行了引导性评价，而不是单纯用鼓励语言，如 good try, excellent, wonderful 等进行了评价？这些语言的作用是强化学生积极参与、积极表达的行为，而不是对学生语言的评价。一节课中教师要依据语言目标重点，明确评价学生语言形式和内容的重点以及时间、时机。否则，就会出现教师一直运用表扬鼓励性语言，却没有引导学生关注重点语言的形式和运用，使学生错过语言接触、理解、强化的时机。

3. 学生的参与积极有效

反思点包括：

学生是否积极参与？

学生是否有效参与？

今后如何能够促进更多学生有效参与？

很多教师在反思中会侧重教学过程是否顺利流畅，课堂氛围是否活跃，学生是否积极参与。似乎气氛活跃、积极参与就是课堂实效的佐证。但是，如果在新知识、技能的操练与运用环节，学生的积极参与是基于已有的知识和技能，而没有运用本课时新获得的重点知识和技能，这种参与无法使学生在原有基础上形成新的输出能力，则不是有效参与。而不活跃的表现，如没有举手回答问题，也许是学生积极思维、建构语言知识结构的过程，是思维积极有效参与的表现。为此，在反思中教师要注意区分学生的积极参与和有效参与。如果学生没有积极参与，教师要反思在教学中是否利用了各种方法、策略营造了有利于学生学习的氛围，促进了学生，特别是学习动机不强的学生积极参与。教师还要反思自己对学生不活跃所做出的反应是否体现了正确的即时判断能力和行为能力。对于学生的有效参与，教师要反思学生在语言输出时是否关注了新的语言知识的准确性，所运用的语言知识和承载的信息的丰富性，或学生语言承载的信息内容和观点是否合理、恰当。在反思学生输出的基础上，教师要反思自己是否就这些方面对学生进行了引导。教师还要反思是否给学生足够时间来保障其能够用丰富的语言来正确表达对某一个话题的观点与评价，形成了新的输出能力。教师要在反思基础上，探索以后让更多学生有效参与的方法和途径。

4. 教学资源的合理、有效、充分利用

反思点包括：

教学资源利用是否合理、有效、充分？

是否捕捉时机强化学生输出中有价值的生成？

教师资源、学生资源是否利用充分？

一些教师依赖多媒体投影呈现教学环节和具体内容，而多媒体快节奏、大容量的信息使学生对信息的吸收和反应灵敏度大大降低，很少有学生记笔记，很少有学生提问，很少有学生知道应该如何从大量信息中筛选重点。这些问题说明教师要慎重使用多媒体手段。笔者的学生调查结果显示，学生会关注、记录教师板书上写的内容，包括写下教师和学生语言中出现的新词语和结构。那么，教师要反思：是否合理并充分地利用了板书资源？在板书的设计上，是否突出了教学重点和化解难点的措施？是否在师生问答中自然地呈现了板书的内容？即便是利用多媒体资源，教师要本着少而精的原则，要充分实现一个资源的多元利用价值。例如，运用一个3分钟的录像片段作为导入环节引导学生预测一个语篇的主题和内容。那么教师要反思：这样一个语境、语言丰富的资源，还可以如何利用？有了这种多元价值利用意识，教师就会在多媒体资源搜集上花尽量少的时间，多思考一个资源的多样利用价值，甚至是在不同课时反复、充分利用一个资源，为语言信息的复现提供机会。

教师资源和学生资源是教学中最宝贵、最便捷的资源。教师要及时捕捉、利用学生在课堂上随机输出的语言，及时做出语言回应，提前让学生感知将要学习和拓展的语言。当学习或者拓展新语言时，有些学生就能够自己说出来，避免机械带读，形成教师预设的学习内容和学生生成的和谐。这种在学生生成基础上基于师生互动的目标语言铺垫活动，可以增加学生感知、理解目标语言的机会，增强学生对新语言的敏感度，使其形成捕捉教师和其他学生语言中有价值新语言的意识和能力，促进其语感的发展。

5. 教学中的亮点与不足之处

反思点包括：

教学中的亮点有哪些？其原因是什么？

教学中的不足有哪些？其原因是什么？

如何在今后的教学中强化亮点？

如何在今后的教学中改进不足？

就教学亮点与不足部分，教师要侧重反思其原因并思考在今后教学中强化好的做法，改进不足的思路和具体改进策略。即便整体课堂教学很流畅，教师要反思流畅的原因是否是教学目标太低、教学内容不够丰富、活动任务太简单。否则，教师会被流畅的表象禁锢住思维，不能够发现教学中隐含的问题。在貌似没有问题的过程中看到问题所在是教师通过反思需要发展的重要能力。"专家型教师的特征是不断探索和实验、质疑看似'没有问题'的问题以及积极回应挑战。"（徐碧美，2003）

当然，笔者建构的英语教学反思框架并不是让教师们完成一节课后都要从教学理念、教学设计、课堂实施三个方面对自己的教学进行反思，而是给教师们提供反思的系统思路，教师们在实践中要就某一点进行持续、深入的反思。要进行有效的反思，教师们在进行教学设计、实施前要明确通过本节课例自己想研讨、尝试、探讨的一两个方面。例如，教学设计的合理性——导入活动的有效性、读前活动的有效设计；学习策略培养目标的落实——如何培养学生记笔记的策略、如何培养学生语境中猜词的策略等。教师在上课中、课后可以重点反思研究、尝试的方面，避免就一节课设计、实施中全面地对教学环节的不足、优点以及改进思路进行反思。就教学环节设计与实施的全面反思会因没有重点而缺乏就某一方面教学目标改进思路的思考，从而无法促进教师某一方面的深入研究与发展，反思会流于形式。

此外，教师要明确反思的目的是促进教师的教学能力，要形成一定的反思思路。笔者建议针对公开课后的反思，教师要分析评课专家和教师对教学环节、教学实施过程提出的建议的合理性，分析这些建议背后的教学理念。此外，教师要结合评课者就具体教学环节的建议来分析自身教学理念与教学技能、教学行为方面的欠缺和不足，思考改进的具体措施，否则公开课的教学反思会成为评课者评课语言的记录，无法促进教师的发展。教师的日常教学反思也要形成一定的思路：

第一，开展有目的、有计划反思——在教学设计阶段，教师要确定反思的重点方面；

第二，开展有依据的反思——依据学生课堂表现、作品、课后反馈等数据信息来反思教学实施是否有效，提升专业判断力；

第三，开展持续、深度反思——要持续深度聚焦于一个问题，要通过不断追问来分析问题的原因，确定解决思路。例如，我的教学中哪个环节出现了问题？为什么会有这样的问题？在今后的教学中我如何避免类似的问题？

当然，除了要形成一定的反思框架、思路，英语教师还要形成书面呈现一节课例反思的具体框架。例如，教师可以在一节课的反思中包括以下几项内容：

介绍本节课教学设计时预设的反思点；

结合学生课堂语言输出、参与情况、学生作品等反思是否达到预期目标；

思考今后改进这个方面的措施和方法；

反思教学过程中的收获——对教学、学生方面的新理解和新认识等；

提出新的反思点；

明确自身需要改进、发展的方面——教学设计技能、教学实施技能以及具体方面。

三、教学反思案例及分析

很多教师呈现的反思由于缺乏学生课堂表现、作品以及课后反馈等信息作为教学成效的依据，反思中所做的对教学活动成功与不足以及对整体教学实效的判断不准确。教师要以学生作品分析、访谈信息为依据，进行有效反思。

【案例 1】依据学生作品，反思教学目标、教学过程的合理性

外语教学与研究出版社（以下简称外研版）《英语》八年级下册模块 7 第 2 单元 *Lingling's uncle told us not to worry* 是一节阅读课。教学内容是萨莉(Sally)正在湖南武陵源旅游，给爸爸妈妈写了一封信。第一段萨莉说自己在武陵源，并介绍了武陵源的风景，用了一般现在时；第二、三段中萨莉介绍了自己昨天晚上、今天早晨的所见所闻，用了一般过去时。北京市郊区一所学校的王老师在教授该内容时，确定的教学目标是学生能够仿照课文内容，写一封信介绍自己的旅行经历。其阅读教学过程是逐段阅读，每段设计几个问题，让学生填表、回答问题。输出任务是让学生模仿课文内容，给爸爸妈妈写信介绍自己在灵山的游玩经历。听课时笔者引导该教师记录下学生书面写作时的作品：

S1：We're spending some time off with Lingling's uncle in Lingshan

Mountain.

S2：I am spent some time off with my classmate in Lingshan Mountain.

该教师依据学生的作品，在反思中分析学生的输出问题时写道："学生的替换、改写意识有待加强。例如，spend some time 没有改写成自己旅程花费的具体时间，有的甚至连 with Lingling's uncle 都没有变，大部分学生写作时基本是简单模仿抄写，没有运用本节课输入的语言、信息进行输出的能力"。

【分析】

此案例中教师依据学生作品反思学生学习问题，这种做法很好。但是，反思中缺乏依据学生作品、探究学生问题背后教学原因的过程，缺乏对教师整体教学理念、教学目标合理性以及教学技能的分析与思考，使该反思缺乏实效，流于形式。该教师要反思：学生输出问题的真正原因是学生没有改写意识吗？答案是否定的。如果教师从学生的输出问题反思自身的教学目标、教学过程设计的合理性，会发现自己确定的教学目标重点不明确，阅读任务设计对阅读文本中描述事件的语言知识、句法结构以及时态引导不够，输入的语言知识和话题信息没有为学生完成输出任务做好铺垫，导致学生没有输出能力，教学实效低下。这种以学生作品为切入点，反思教学目标、过程设计，从而反思自身教学技能、教学理念的做法会使教师感受到反思对教学的推动力和对自身专业水平提升的积极效力，是教师形成反思思维与反思习惯的动力。

通过引导，案例 1 中王老师在教学中不断关注输入与输出匹配的问题。下面的案例是王老师在一次公开课后的反思。

【案例 2】基于一次公开课的反思片段

1. 关于本节课的收获——加强了输入与输出要匹配的意识

通过这次上课后的指导教师点评，我认为我最大的收获是再一次强化了输入与输出要匹配的意识，并深刻地体会到，只有设计了合理的、充分的输入任务才能够期待学生有较好的语言输出能力，否则教学效果要打折扣。

今后教学中实现输入与输出匹配的思考：教师给学生输入 A 让学生输出 B 对学生太不公平了。我想以后在教学中可以体现分层：多数学生输入

A 就输出 A，好学生输入 A 可以输出 A＋1，在 A 的水平上有所提升。此外，通过这次课后听评课研讨我学习到了匹配包括话题、内容、时间、时态、语言结构等多方面的内容，知道了从哪些方面匹配之后，今后在执行过程中思路就清晰了。

2. 这次公开课的教学心态反思

这次上课我最大的顾虑就在于自己的心态。心中总想着这是公开课，有老师听课，要上好，要上完整，要完成教学目标。

在设计教学目标时，已经完全不是按照学生实际水平、教材、《课程标准》来确定。在这些因素外，还考虑有听课教师，就要设计完整步骤，多少有些为面子。在执行过程中，也有点顾不上观察学生，顾不上学生的真实需求，就想拽着学生走，一定要走完全过程。

3. 基于公开课的疑问

怎样把这次阅读课作为整体学习这一话题的一部分？这次阅读课的后续内容应该怎样加强、巩固呢？怎样让学生通过仿写作文，真正能自己写出作文呢？我感觉过两天学生就把这些写作框架、句式忘记了。

就课型而言，这是一节阅读课。从文章中提出结构，提出并补充表达法，最后输出是写作文。在整个过程中阅读似乎变成了写作的铺垫，是为写作服务的。我们应该怎样看待课型，以及读和写的关系呢？

【分析】

可以看出，王老师的反思比较深刻、有效。他的反思并没有聚焦于如何改进一个教学活动或者环节，而是对输入与输出匹配这一个反思点进行了持续、深入的反思。他还对公开课中自己的教学心态进行反思，反思的焦点是自己的教学是否促进了学生的学习和发展。这是教学反思的核心。此外，王老师还对英语教学中一些基本的问题进行了思考，思考的中心是学生英语学习的发展，这种反思会促进教师不断深入研究，不断发现新的问题。教学中问题的提出与思考能够提升教师教与学的敏锐度，提升其倾听与理解能力，促进其在学习、观察、研究中解决问题，提升教学能力。当然，教师要在提出多个问题、疑问后对问题的重要性和解决的可能性进行分析、判断，确定一两个重点问题作为一个阶段反思、研究的重点，努力寻找多种途径解决问题、化解疑问。

四、结束语

除了关注反思的框架和角度，教师还要注意反思的方法和后续问题解决过程的有效性。在教学反思中教师要持续深入地聚焦于一个问题，即要持续关注一个问题，要通过不断追问来分析问题的原因，确定解决思路。同时，深度追问会拓展反思点和面，达成反思的广度。而后，在教学中教师要持续实践解决该问题的思路和方法，这就是教学研究的过程，会促进教学研究力的提升。当然，如果刻意避免，努力改进，有些教学问题在一两周内似乎可以解决。但是，很多教学中的问题是由教师的行为习惯和思维习惯或者说是内隐的教学理念形成的，即便是短期见效，还会有重复出现的可能。在持续努力解决一个重点问题时，如果教师能够控制问题解决的过程，并在聚焦一个问题过程中兼顾其他问题，那么一个问题的解决能够带动另外一两个问题的解决。

教学反思的重要作用是引导教师后续的教学行为和学习行为。在思考解决一个问题、困惑的过程中，教师要全面思考自身教学技能和素养的优势与不足，思考提升教学技能，实现专业发展的方法和途径，并开始制订行动计划。当然，在基于反思的问题解决过程中，教师要不断反思自己的时间管理策略，要对自己的教学、学习时间做出规划，不断根据自身教学需要和专业发展需求进行嵌入式学习，提升自己的教育教学知识和技能，实现自主专业发展。如果不对自身时间的利用成效进行反思，教师很容易在忙碌中迷失了方向，无法得到持续的专业提升和发展。

思考与实践活动

一、请根据本节内容，请思考以下问题：

1. 教学反思对教师专业发展的作用有哪些？

2. 教师的教学反思可以包括哪些方面？

3. 教师最需要从哪几个方面反思，以此提升教学能力？

二、实践活动。

请设计、实施一节课例，并结合本节所探讨的反思框架中的一个方面写一份教学反思。

1. 教学设计时要明确本节课的一个反思重点——教学设计的合理性或者实施的有效性，以及具体反思点；

2. 收集学生作品，开展课后访谈等作为有效反思的依据；

3. 分析相关教学环节是否促进学生的发展及其原因。

参考文献

陈琳. 外语学科中的辩证法[N]. 中国教育报，2003-06-03(3).

李宝荣. 以提升能力为本——基于学生研究的英语教学[M]. 北京：教育科学出版社，2015：254.

徐碧美. 追求卓越——教师专业发展案例研究[M]. 北京：人民教育出版社，2003：290.

第二节　如何进行课堂观察

【学习目标】

- 掌握课堂观察的一般框架
- 掌握不同课型的课堂观察重点
- 掌握课堂观察的过程和策略
- 了解课堂观察后的反思

【内容要点】

- 课堂观察的意义
- 课堂观察的一般框架
- 不同课型课堂观察的重点
- 课堂观察的过程和策略
- 课堂观察后的反思

一、课堂观察的意义

课堂观察就是通过观察，对课堂的运行状况进行记录、分析和研究，在此基础上谋求学生课堂学习的改善，促进教师发展的专业活动。与一般的观察活动相比，作为专业活动的课堂观察要求观察者带着明确的目的，凭借感官及相关辅助工具，直接或间接从课堂上收集资料，并依据资料做相应的分析、研究。它是教师日常专业生活必不可少的组成部分，是教师专业学习的重要内容。课堂观察是一种行为系统，它由明确观察目的、选择观察对象、确定观察行为、记录观察情况、处理观察数据、呈现观察结果等一系列不同阶段的不同行为构成。

课堂观察对改善学生课堂学习、促进教师专业发展都具有极其重要的意义。

首先，课堂观察的起点和归宿都指向学生课堂学习的改善。无论是教师行为的改进、课程资源的利用，还是课堂文化的创设，都是以学生的有效课堂学习为落脚点。课堂观察主要关注学生如何学习、会不会学习，以及学得怎样。这与传统的听评课主要关注教师的单方行为有很大的不同。即使所确定的观察点不是学生，最终还是需要通过学生是否学得有效来检验。

其次，课堂观察是促进教师专业发展的重要途径之一。一方面，课堂观察的专业品性不是为了评价教学，面向过去，而是为了促进课堂学习、追求内在价值，面向未来，在观察的过程中进行平等对话、思想碰撞，探讨课堂教与学的专业问题；另一方面，教师参与研究的课堂观察是教师专业发展的最重要且最有效的途径之一。课堂作为教师教学的主阵地，是教师从事研究的宝贵资源。课堂观察促使教师由观察他人课堂而反思自己的教育理念和教学行为，感悟和提升自己的教育教学能力。无论是观察者还是被观察者，无论处在哪个发展阶段的教师，都可以根据自己的实际需要，有针对性地进行课堂观察，从而获得实践知识，汲取他人的经验，改进自己的教学技能，提升自身专业素养。高质量的课堂观察就是一种研究活动。它在教学实践和教学理论之间架起一座桥梁，为教师的专业发展提供一条有效的途径。

二、课堂观察的一般框架

进行课堂观察首先必须解构课堂。课堂涉及的因素很多，需要有一个简明、科学的观察框架作为具体观察的"抓手"或"支架"，否则课堂观察就会显得随意、散乱。沈毅、崔允漷（2012）认为，可以从教师教学、学生学习、课程性质及课堂文化四个维度构建课堂。学生维度主要关注学生是怎么学或学得怎么样的问题；教师维度主要关注教师怎么教的问题。教师是课堂的组织者、引导者、促进者。教师对各种教学资源的灵活运用、教学方式、教学行为等在很大程度上影响着课堂教学的有效性。课程性质具体说来指的是教和学的内容是什么，它是师生在课堂中共同面对的教与学的客体。学生学习和教师教学通过课程发生联系，在整个互动、对话、交往的过程中形成课堂文化。因此，课堂文化具有整体性，关注的是整个课堂怎么样的问题，是课堂中各要素多重对话、互相交织、彼此渗透形成的一个场域。

　　课堂观察中四个要素之间的关系可以用简图来进行概括（如图 7-2-1 所示）。

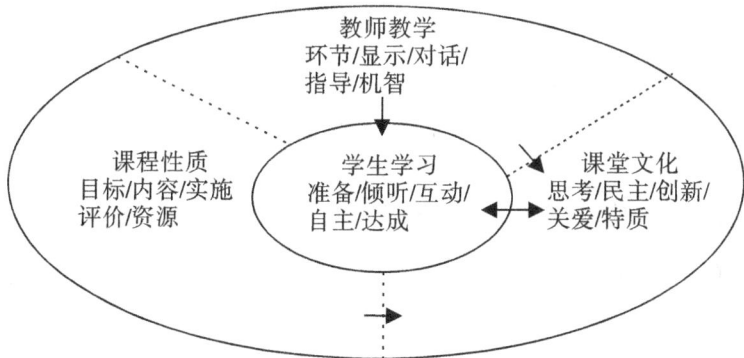

图 7-2-1　课堂观察四要素之间的关系

　　这四个维度既关注课堂整体，又从不同维度对课堂进行观察和评价，每一个维度下还有更细化的视角和更进一步的观察点。可以通过表格对其进行简要概括（如表 7-2-1 所示）。

表 7-2-1　课堂观察框架

维度一：学生学习	
视角	观察点举例
准备	课前准备了什么？有多少学生做了准备？ 怎样准备的(指导/独立/合作)？不同层次的学生的准备习惯如何？ 任务完成得怎样(数量/深度/正确率)？
倾听	有多少学生倾听教师的讲课？倾听多长时间？ 有多少学生倾听学生的发言？能复述或用自己的话表述同学的发言吗？ 倾听时，学生有哪些辅助行为(记笔记/查阅/回应)？有多少人发生这样的行为？
互动	有哪些互动/合作行为？有哪些行为直接针对目标的达成？ 参与提问/回答的人数、时间、对象、过程、结果怎样？ 参与小组讨论的人数、时间、对象、过程、结果怎样？ 参与课堂活动(小组/全班)的人数、时间、对象、过程、结果怎样？ 互动/合作习惯怎样？出现了怎样的情感行为？
自主	自主学习的时间有多少？有多少人参与？不同层次的学生的参与情况怎样？ 自主学习形式(探究/记笔记/阅读/思考/练习)有哪些？各多少人？ 自主学习有序吗？不同层次学生情况怎样？
达成	学生清楚这节课的学习目标吗？多少人清楚？ 课中有哪些证据(观点/作业/表情/板演/演示)证明目标的达成？ 课后抽测有多少人达成目标？发现了哪些问题？
维度二：教师教学	
视角	观察点举例
环节	教学环节怎样构成(依据/逻辑关系/时间分配/)的？ 教学环节是怎样围绕教学目标展开的？怎样促进学生学习的？ 有哪些证据(活动/衔接/步骤/创意)证明该教学设计是有特色的？
呈示	讲解效度(清晰/结构/契合主题/简洁/语速/音量/节奏)怎样？有哪些辅助行为？ 板书呈现了什么？怎样促进学生学习的？ 媒体呈现了什么？怎样呈现的？是否适当？ 动作(体态语/示范动作)呈现了什么？怎样呈现的？体现了哪些规范？
对话	提问的实际、对象、次数和问题的类型、结构、认知难度怎样？ 候答时间多少？理答方式、内容怎样？有哪些辅助方式？ 有哪些话题？话题与学习目标的关系怎样？
指导	怎样指导学生自主学习(读文/思考/作业/活动)？结果怎样？ 怎样指导学生合作学习(分工/讨论/活动/作业)？结果怎样？ 怎样指导学生探究学习(课题研究/作业)？结果怎样？
机智	教学设计有哪些调整？结果怎样？ 如何处理来自学生或情境的突发事件？结果怎样？ 呈现哪些非言语行为(表情/移动/体态/沉默)？结果怎样？

维度三：课程性质	
视角	观察点举例
目标	预设的学习目标是怎样呈现的？目标陈述体现了哪些规范？ 目标根据什么(课程标准/学生/教材)预设？适合该班学生的水平吗？ 课堂有无生成新的学习目标？怎样处理新生成的目标？
内容	怎样处理教材？采用了哪些策略(增/删/换/合/立)？ 怎样凸显本学科的特点、思想、核心技能以及逻辑关系？ 容量适合该班学生吗？如何满足不同学生的需求？ 课堂中生成了哪些内容？如何处理？
实施	预设哪些方法(讲授/讨论/活动/探究/互动)？与学习目标的适合度？ 怎样体现本学科特点？有没有关注学习方法的指导？ 创设什么样的情境？结果怎样？
评价	检测学习目标所采用的主要评价方式有哪些？ 如何获取教/学过程中的评价信息(回答/作业/表情)？ 如何利用所获得的评价信息(解释/反馈/改进建议)？
资源	预设哪些资源(师生/文本/多媒体)？怎样利用？ 生成哪些资源(错误/回答/作业/作品)？怎样利用？ 向学生推荐哪些课外资源？可获取程度怎样？
维度四：课堂文化	
视角	观察点举例
思考	学习目标怎样体现高级认知技能(解释/解决/迁移/综合/评价)？ 怎样以问题驱动教学？怎样指导学生独立思考？怎样对待学生思考中的错误？ 学生思考的习惯(时间/回答/提问/作业/笔记/人数)怎样？ 课堂/班级规则中有哪些条目体现或支持学生的思考行为？
民主	课堂话语(数量/时间/对象/措辞/插话)怎样？怎样处理不同意见？ 学生课堂参与情况(人数/时间/结构/程度/感受)怎样？ 师生行为(情境设置/叫答机会/座位安排)怎样？师生/生生间的关系怎样？ 课堂/班级规则中有哪些条目体现或支持学生的民主行为？
创新	教学设计、情境创设和资源利用怎样体现创新？ 课堂有哪些奇思妙想？学生如何表达和对待？教师如何激发和保护？ 课堂环境布置(空间安排/座位安排/板报/功能区)怎样体现创新？ 课堂/班级规则中有哪些条目体现或支持学生的创新行为？
关爱	学习目标怎样面向全体学生？怎样关注不同学生的需求？ 怎样关注特殊(学习困难/反应迅速/疾病)学生的需求？ 课堂话语(数量/时间/对象/措辞/插话)、行为(叫答机会/座位安排)怎样？ 课堂/班级规则中有哪些条目体现或支持学生的关爱行为？
特质	在哪些方面(环节安排/教材处理/导入/教学策略/学习指导/对话)体现特色？ 教师体现了哪些优势(语言/学识/技能/思维/敏感性/幽默/机智/情感/表演)？ 师生/生生关系(对话/话语/行为/结构)体现了哪些特征(平等/和谐/民主)？

课堂观察框架将课堂分解成教师教学、学生学习、课程性质、课堂文化四个维度，每个维度由五个视角构成，每个视角又由一些问题组成观察点。这个框架为教师理解课堂提供了一个支架。课堂观察框架的观察点为教师立足于"点"来思考问题提供了支持，而这些观察点、20 个视角和 4 个维度的综合又避免了"只见树木、不见森林"的问题，为教师从"面"上理解课堂提供了支持。（沈毅，崔允漷，2012）所以，课堂观察框架从"点"和"面"出发引领教师理解课堂、反思课堂、改进课堂、提升教师教学的有效性和专业发展。

课堂观察框架为教师选择观察点、选择/开发观察工具提供了参照体系。开展课堂观察时，教师可以联系自己的教学实践，认真阅读观察框架中每个维度的"观察视角"和"观察点"，寻找自己感兴趣的问题，从中确定自己的观察点。在熟悉课堂观察后，教师可以根据自己的发展需要，从观察框架中寻找相关的观察维度、视角和点，设计自己的观察点。观察点确定后，可以根据观察框架的架构体系选择或设计观察工具，如量表、记录单、调查问卷等，选择合作观察的伙伴，商讨分工合作的观察内容，研讨双方观察的规则等。在实际操作中，教师根据观察框架选择观察点时，可以根据需要形成"一人一点，多人一点，一人多点，多人多点"的观察模式。

课堂教学错综复杂且变化多端。课堂观察要求根据观察点的品质、观察目的和内容等事先确定好观察点。

首先，要根据观察点的品质——可观察、可记录、可解释来确定观察点。这是由观察的特点所决定的。我们只能观察到具体的行为表现，如师生之间的提问与应答、阐释与分辨、辅导与练习，教师移动与教学手段的运用等，而很难观察学生、教师头脑里的东西；同样，所确定的观察点必须是可记录、可解释的。不可记录等于不可观察，不可解释等于没有观察。

其次，要根据观察者和被观察者的个体需要确定观察点。处在不同发展阶段的教师关心的问题不同，需求不同，因而确定的课堂观察点也不同。如教师可以根据自己需要加强的教学领域或某一方面素养确定观察点，并在此基础上"设计—观察—反思—改进"，从而形成发展的跟进链条。

三、不同课型课堂观察的重点

英语课一般可分为阅读课、写作课、听说课。根据教学内容的不同又可以划分为词汇课、语法课等。根据课程内容与学生已知的联系程度可分为新授课和复习课。不同课型中教师的教学侧重点有所不同。听说课重点培养学生听得懂、说得出、说得好；阅读课重点引导学生读懂文本、读懂作者、读出社会和自己，在阅读过程中学习阅读技能，并达到迁移运用；写作课重点引导学生学习如何确定写作目的，如何谋篇布局，如何遣词造句并进行准确表达；词汇课重点引导学生掌握词汇的音、形、义等基本用法，并把词汇恰当地运用到实际情境中；语法课重点引导学生理解语法基本概念，并能够准确使用这些概念。由于每种课型的侧重点不同，教师教学时使用的教学策略、教学材料、学生学习活动类型等也各不相同，课堂观察时所关注的重点也不尽相同。

(一)阅读课的侧重点

《高中英语课标》中明确指出，阅读技能教学的目的是培养阅读策略，增强语感，特别强调培养学生在阅读过程中获取和处理信息的能力。阅读过程中使用的基本阅读技能有略读、扫读、预测下文、理解大意、分清文章中的事实和观点、猜测词义、推理判断、了解重点细节、理解文章结构、理解图表信息、理解指代关系、理解逻辑关系、理解作者意图和评价阅读内容。

英语阅读课是语言信息输入的重要途径，是每个单元的教学重点，在英语教学中一直占主要地位。阅读文本引发学生对丰富的话题进行深入思考，提升学生自身的人文素养，也是语言知识学习和语言技能巩固运用的载体。同时，阅读文本是引导学生学习使用阅读策略，培养学生在阅读过程中获取信息和处理信息的能力的重要载体。此外，很多阅读文本的篇章结构或段落也能够成为学生仿写的范文。因此，一节高效的阅读教学课离不开教师引导学生对文本进行多角度的阅读。要想在课堂上把学生的思维引向深入，教师首先要深入解读文本，为设定教学目标、生成教学过程提供必要的依据，然后在解读的基础上展开以阅读为主的课堂教学。(段湘萍，2012)因此阅读教学中要重点关注以下几个方面。

第一，教师是否在课堂活动中给予学生充足的阅读时间，让学生与文本进行对话。

第二，教师是否设计有深度和广度的阅读任务，激发学生思考，并在阅读活动中给予学生思考的空间和自由。

第三，教师是否在启发学生对文本进行深层理解的过程中重视学生阅读能力的培养。

第四，教师是否引导学生归纳有效的阅读策略，关注策略使用的实效性。

第五，教师是否适时对学生进行情感、态度、价值观和文化意识的渗透。

第六，教师是否给予学生机会，针对文本的理解进行梳理和表达。

阅读课最需要关注的是学生在阅读理解过程中思维卷入和思考的深度。表 7-2-2 是用来观察学生阅读理解活动深度的量表。

研究问题：学生阅读理解活动的深度如何？

观察维度：学生活动·阅读理解深度。

表 7-2-2　阅读理解深度的量表

教学环节	阅读理解过程中学生活动类型					
	识记	理解	应用	分析	评价	创新
环节 1						
环节 2						
环节 3						
环节 4						
环节 5						

(二)写作课的侧重点

《高中英语课标》中明确指出，写作技能教学的目的是表述事实、观点、情感，激发学生丰富的想象力，能用英语恰当交流信息，养成规范的写作习惯。在写作教学中，学生在教师引导下进行写作，因此教师要激发学生的写作热情、指导学生学习如何使用写作方法、自主组织素材、筛选合适的写作内容，并根据写作内容搭建文章框架，然后组织语言并根据不同写作目的有逻辑、恰当地进行书面表达。

有效的写作教学一定要以学生为主体，不仅要根据学生的生活实际设计写作任务，按照学生的认知水平和认知规律引导写作，还要关注学生的个体差异和情感体验，这样学生才会有兴趣写、有内容写、有能力写，增强英语写作的兴趣和自信心，获得积极的情感体验。（罗慧英，2011）因此，进行写作课课堂观察时，要重点关注以下几点：

第一，教师是否根据学生的生活经历，设计真实的写作任务，让学生有兴趣写。

第二，教师是否考虑学生的现有认知水平，并搭建支架，支撑学生的写作。例如，引导学生搭建词汇、句子和篇章支架，让学生有能力写；引导学生搭建写作内容支架，让学生有内容写。

第三，教师是否关注学生的认知规律，重视写作过程的指导。例如，写作过程：列提纲—拟草稿—修改；整节课的过程：输入—内化—输出。

第四，教师在授课过程中是否关注学生的个体差异和情感体验。例如，关注全体学生的情感体验；在小组活动中帮助学困生；在教学要求和课堂展示中满足学优生。

教师可以基于上述教学重点关注点确定研究问题，并根据相关观察点制成观察量表（如表 7-2-3 所示）。

表 7-2-3 对学生进行过程性指导写作观察量表

观察点	环节 1		环节 2		环节 N	
	教师活动	学生活动	教师活动	学生活动	教师活动	学生活动
写作任务的真实性						
引导学生搭建写作框架						
激发学生思考写作内容						
提升学生写作语言						
学生的兴趣						
考虑学生的差异						

研究问题：教师的教学设计对学生的过程性指导体现得如何？

观察维度：教学设计·过程性指导。

(三)听说课的侧重点

听力教学中，教师指导学生采取有效的听力策略，通过多种有目的的听力活动获取、加工和整合信息，从而理解信息的主要内容、逻辑关系以及事物发展过程，理解说话者的意图、观点和态度等。听力教学中往往伴有说的活动。听和说经常密不可分。听说教学是中学英语课堂的一种主要课型。

听说教学对教师提出了多维度的能力要求，如准确理解听力文本内涵的能力；根据听力文本特点设计多样活动的能力；鼓励学生不仅关注听的语言，更加关注听的内容的能力；引导学生进行听力策略的学习的能力；设计与听的内容相一致的说的活动的能力等。这些能力决定了听说教学是否高效。因此，在听说教学的课堂观察中要重点关注以下内容：

第一，教师是否充分挖掘听力文本的内涵，挖掘是否到位。

第二，教师是否设计关注文本内容理解的听力活动。

第三，学生是否在听前充分做好听的准备。

第四，听力活动是否多样。

第五，学生是否学习或运用听力策略。

第六，学生是否从听的过程中获得足够的内容或语言支持，完成与听力内容相一致的说的活动。

听说课最需要关注的是学生听的活动要为说做好充足的铺垫。针对听说活动的一致性，可以用表7-2-4来进行课堂观察。

研究问题：学生听说课中的听说活动是否一致？

观察维度：学生活动·听说活动的一致性。

表 7-2-4　听说活动的一致性量表

教学环节	听说活动的一致性		
	内容	形式工	相关性(语言/话题)
听前			
听中			
听后			
说			
……			

（四）词汇课的侧重点

词汇教学是英语教学的一个重要组成部分。词汇是学好英语的基础，是提高听、说、读、看、写各项能力的必要保障。词汇量不足势必影响学生用英语理解和表达的能力。

一般说来，学生学习词汇不仅要知道它的发音、拼写和词义，还应了解词汇的词性、语法和句法特征、不同功能及在不同语境中的意义、常用搭配、词性变化及派生形式等。一般说来，词汇教学往往与阅读教学相伴相生。教材中的词汇通常分成三个层次：第一层次是课程标准规定要掌握的词汇，属于核心词，要求学生掌握并灵活运用；第二层次是话题拓展词汇，属于认读词，大部分不需要学生掌握，只要求听读、会读；第三层次是因行文需要出现的词汇，学生只要理解即可，并不需要掌握。（伊慧，2012）教师备课时要根据这三个层次对词汇进行区分。课堂观察时，教师要能够分清所学词汇属于哪一类型，再根据应该掌握的程度来评价学生的学习效果。

词汇学习过程是一个渐进、有层次性的累积过程，需要学习者有多次机会接触词汇，并在语境中体会其语法和句法意义，才能逐渐掌握。因此，在词汇课课堂观察中，需要主要关注以下几个方面的做法。

第一，教师是否给学生提供充足的词汇学习语境，支撑学生建构词汇的基本含义和用法。

第二，教师创设的词汇应用语境是否逐渐深入，话题是否逐渐脱离原始文本的情境。

第三，教师在词汇学习中呈现词汇的方式是否便于学生理解和记忆，如以词块形式出现等。

第四，教师在课堂中复现词汇的次数是否充足，以便帮助学生理解和运用。

针对以上词汇教学中需要关注的问题，可以使用表 7-2-5 对学生是否在语境中学习词汇进行课堂观察。

研究问题：词汇学习是否在语境中充分内化？

观察维度：词汇复现，语境。

表 7-2-5　词汇学习观察量表

词汇学习	语境的充足情况			词汇学习的角度		
	语境 1	语境 2	语境 3	音、形、义/复现频次	音、形、义/复现频次	音、形、义/复现频次
词汇 1						
词汇 2						
词汇 N						

(五)语法课的侧重点

语法教学要从语法的三个维度进行，即形式（Form）、意义（Meaning）和用法（Use），而交际运用是核心。语法是一种动态技能，而不是静态规则。只有在动态的交际运用中学生才能自觉地把语法的形式、意义和用法有机结合起来，通过自身的知识结构重组，使语法技能发展成为运用语法进行交流的能力。（朱文英，2012）

语法课的课堂观察过程中要注重以下几个方面。

第一，语法学习过程是否遵循学生的认知规律，采用体验语法现象—发现规律—操练内化—情境运用的流程进行学习。

第二，教师是否创设符合学生年龄特点和生活实际的语法运用情境，促使学生在情境中思考真实生活中的语言交际问题，然后用语法去交际，确保语法运用的真实性。

第三，教师是否注重情境的价值和文化内涵的挖掘，引导学生在恰当、有意义的情境中学习和理解语法形式和意义，确保语法运用的质量和效果。

第四，教师是否引导学生适时、精要地归纳和总结语法规则，促进学生领会语法意义，从而准确、得体地运用语法。

第五，教师是否把学生看作交际活动的主体，并给予学生足够的机会和时间在情境中运用所学语法进行交际，教师只在必要的时候发挥指导和帮助的作用。

第六，教师是否关注语法的形、义、用三个维度在不同学习阶段的侧重点。例如，讲授新语法知识时要侧重形和义，而在复习阶段就要注重深入、灵活地运用语法。

总之，语法教学中要充分关注学生在语用中学会使用语法。针对语法教学的语用性观察量表见表 7-2-6。

研究问题：语法学习中体现学生在语用中学习语法的主体性。

观察维度：学生学习·语用。

表 7-2-6　学生在语用中学习语法

环节	学生的主体性			
	语境 1	语境 2	语境 3	语境 N
体验语法				
发现规则				
操练内化				
综合运用				

四、课堂观察的过程和策略

(一)课堂观察的过程

课堂教学中，教师的教与学生的学相互交织。学生通过与教师对话、交流建构自己的学习，改善学习行为，获得新的认知与情感体验。课堂观察中要通过观察学生的活动来分析教师的"教"；要记录学生如何通过课堂活动来理解和运用知识；要记录学生个体解决问题的方法，以及个体学生的反应。(任军利，2012)

课堂观察是一个系统工程，类型多样，观察点多元。开展课堂观察需要一定时间的投入和教师的广泛参与，因此一套基本的程序对保证课堂观察的日常化和规范化、减少观察成本、提高观察效率尤为重要。课堂观察的过程主要包括课堂观察前、课堂观察中、课堂观察后三个部分。

课堂观察前，观察者要先确定自己感兴趣的主题。如果能够和上课教师进行交流，可以简要了解即将进行课堂观察班级的学生特点、教师教学设计的素材内容、具体课型等情况，然后根据这个课型的听课侧重点和自己关注的主题确定具体的观察角度和课堂观察工具。如果希望观察学生的思维程度，观察者就要坐在能看到学生表情的侧面；如果需要观察小组活动的深度，观察者就要坐在小组旁倾听小组讨论，以便记录真实的数据。

课堂观察中，观察者要依据课堂观察前的计划及所选择的记录方式对所需要的信息进行记录。在关注课程性质时，主要观察本节课目标的设定是否科学、符合学生实际。在观察教师"教"的过程中，要记录教师采用何种方式来教，这种方式对于目标的达成是否有效；教学过程的引导是否合理，是否关注学生的思维生成。针对学生的学习过程，要关注学生的思维发展层次和思维深度，记录学生活动的思维层次（识记、理解、应用、分析、综合、评价）以及目标达成程度。另外，观察课堂管理时，可以记录学生是否清晰地知道本节课的教学目标，是否参与学习、是否在做该做的事情、是否有相互尊重的氛围。

课堂观察后，观察者要基于收集到的数据对课堂情况做出简要概述。但要注意，所有的概述都应该基于课堂观察的证据，而且要重点围绕课堂观察前设定的观察点来进行概括，要对课堂中好的做法加以提炼，以便应用到自己的课堂教学中。对于通过观察数据不能直接判断的教学效果，可以采用与学生非正式访谈等形式了解实际效果，以便做出判断；也可以在课堂观察后与授课教师就其中理解不是很透彻的现象或理念进行交流。

(二)课堂观察的策略

课堂观察中，为了更好地"回放"课堂原貌，可以采用录音或录像的形式辅助观察，以随时查看课堂实际情况。课堂观察主要有以下三个策略。

1."显微镜"策略——放大细节，深刻分析

没有细节就没有"观察"。"细节"是观察的第一特征。进行课堂观察时应注意教学细节的描述和放大。用显微镜般的眼光审视自己或别人的教学，就能发现平时难以发现的优点与不足，将课堂中鲜活的"研究资源"加以挖掘放大，从而捕捉到有价值的研究课题。

2."多棱镜"策略——透过现象，解读理念

研究名师优秀课例时，可以采取"多棱镜"策略。一是通过对充满灵气的课堂现象的"折射"，解读出隐藏在现象背后的先进教学理念，从而通过借鉴提升自己的教学水平。二是从多角度分析和评价一节课，尽量做到全面客观。课堂教学具有不确定性和随机性。课堂观察不仅要考虑观察到的现象，还要对执教教师进行访谈，倾听他们自己的设计意图和相关考虑。同时更要参考学生对这一节课的感受和收获，然后再做出判断，这样才能

保证课堂观察结论的科学性和可靠性。

3. "望远镜"策略——具有前瞻性，把握基础教育教学发展的前沿方向
和视角

思想超越时空，理念指引行动。面向未来的前瞻性眼光与崭新的教育理念营造了开放且内涵丰富的教育生态，从而为教学奠定了坚实的思想基础。开展课堂观察时，第一轮以教师个人的教学积累和体会立题，第二轮从教学实际问题入手立题，第三轮则为了深化课堂观察研究，开展一些有专题、有方向、有目标的"试验研究"。教师可以运用"望远镜"策略捕捉这类站得高、看得远的课题，以提升研究的层次。（李杰，2010）例如，学科素养是英语课程标准修订中的最新概念，可以把它作为研究课题，通过课堂观察促进学科素养的落实。

五、课堂观察后的反思

课堂观察后进行反思和实践会帮助教师更好地把自己收获的理念运用到实践中，并在实践中加以检验和完善。首先，观察者在课堂观察后及时撰写反思日志。反思日志既要反思所观察课的亮点，也要思考其不足。对于亮点，要全面思考其成因和关键点，记录有效的教学策略和学习活动，便于自己在教学实践中模仿运用。对于不足，也要分析原因，避免自己教学中出现同类问题。其次，可以持续跟踪一位教师进行课堂观察。因为教学往往是按照单元进行的。孤立地观察一两节零散的课无法看到教师的教学理念和教学特色的全貌。持续跟踪、持续反思，可以更全面地观察教师的教学风格，透彻地分析学生特点，师生与课程性质的匹配度，以及最终呈现的课堂文化。反思之后，要重点进行教学实践。只有实践才能让自己学到的理念逐渐转化为有效的课堂行为，才能了解理念在课堂实施中需要考虑和关注的相关因素，才能将理念真正转化为自己的教学技能。

思考与实践活动

一、结合本节内容，请思考以下问题：

1. 课堂观察的内容有哪些？

2. 课堂观察所使用的观察量表如何能够保障教学设计实施的有效性？

3. 如何将课堂观察中学到的好理念变成自己的课堂实践？

二、实践活动。

1. 依据本课程提供的课堂观察量表，跟踪观察某一位教师并及时撰写观察日志。

具体过程任务如下：

(1)依据本节提供的课堂观察量表，确定自己要重点观察的阶段性指标。

(2)进入跟踪教师的课堂进行观察，并根据观察量表认真记录课堂情况。

(3)根据课堂观察记录，当天及时进行反思，撰写反思日志。

(4)根据反思日志中的情况，确定下一次课堂持续观察的指标，并确定是否需要调整观察策略。

2. 根据所观察教师课堂最大的亮点或者自己最需要改进的方面，在自己的课堂上进行实践。可以采用录音或录像形式收集课堂实践情况，及时自评实践效果和改进措施。

(1)确定自己要在课堂实践的要素，并思考如何在教学设计中加以体现。

(2)进行教学设计论证，预估课堂实践要素可能的实施效果。

(3)进行课堂教学实践，并录音或录像。

(4)听录音或看录像，观察并搜集自己的课堂实践要素的实施情况，并填写课堂观察表。

(5)总结自己课堂实施中的优点和不足，明确下一步的改进方向。

(6)进一步进行课堂实践、课堂观察和反思。

参考文献

段湘萍. 基于文本解读的高中英语阅读教学实践[J]. 中小学外语教学(中学篇)，2012(12)：21～25.

李杰. 课堂观察策略和数据分析技巧[J]. 广西教育，2012(32)：44～47.

罗慧英. 关注学生，提高高中英语写作教学的实效性[J]. 中小学外语教学(中学篇)，2011，34(7)：1～6.

任军利. 课堂观察在英语课堂中的应用[J]. 中小学外语教学(中学篇),2012(2):19～25.

沈毅,崔允漷. 课堂观察 走向专业的听评课[M]. 上海:华东师范大学出版社,2012:104～107.

伊慧. 高中英语阅读课中的词汇教学[J]. 中小学外语教学(中学篇)2012(5):37～43.

中华人民共和国教育部.《普通高中英语课程标准》(实验)[M]. 北京:人民教育出版社,2003:29～30.

朱文英. 例析优化高中英语语法教学的方法[J]. 中小学外语教学(中学篇),2012(1):17～23.

后　　记

　　经过三年多的不断修改、润色，《中学英语教学设计优化策略》书稿终于完成了。书中所呈现的以合理的英语教学设计来培养、发展学生的英语语言学习策略、积极的情感态度以及文化意识的思路和实践策略是2012年至2015年北京市中学英语骨干教师研修工作室指导教师和学员在研修过程中和深入开展课堂教学研究中不断积累、沉淀的成果。该书稿的内容是集体智慧的结晶。

　　感谢英语学科团队的核心成员，他们的教学智慧使本书中的研究思路和研究案例更加丰富、有价值。感谢邸磊、张敏、吴薇老师在确定书稿框架内容、修改书稿内容过程中的付出与帮助。感谢国际语言与文化学院张金秀院长、李慧芳副教授对本书稿给予的专业建议和专业支持。感谢北京教育学院外语系同事们的专业支持。

　　感谢北京教育学院副院长钟祖荣教授引领"北京市中小学教师继续教育课程建设项目"团队不断深入开展研究。本书中的内容是英语学科子项目研究深入开展的成果。

　　最后，感谢北京教育学院各级领导为我们提供了专业发展的平台与机会，使我们能够在北京市英语骨干教师研修工作室中与优秀的一线教师一起深入开展研究，提炼研究成果。

　　由于本研究团队深入进行主题研究的时间有限，疏漏和错误之处在所难免，敬请有关专家学者不吝赐教。

李宝荣
2016 年 7 月 3 日